本书系国家自然科学基金项目（青年科学基金项目）"基础设施 PPP 项目'契约—关系'二元综合治理机制研究"(71603041)、教育部人文社会科学研究一般项目（青年基金项目）"基于不完全契约的 PPP 项目风险分担效能研究"(15YJC630046)、辽宁省社会科学规划基金一般项目"网络治理视角下基础设施 PPP 项目治理绩效提升机制研究"(L20BGL037) 的阶段性研究成果，由大连理工大学人文与社会科学学部资助出版

中国基础设施PPP项目
"契约—关系"二元治理机制研究

Dual-governance Mechanism of Contractual and
Relational Governance of Infrastructure PPP Projects in China

姜　影◎著

人民出版社

序　言

　　我怀着好奇和学习的心态读了本书的书稿，感到书中提出了我国现发展阶段在走向法治的道路上面对的一个具有重大现实意义的问题。

　　书名是《中国基础设施PPP项目"契约—关系"二元治理机制研究》，关注的公私伙伴合作（Public Private Partnership，PPP）问题是近年来我国讨论十分热烈，出台的政策很多，政策内容也起伏变化很大的问题。研究的重点是PPP项目的"契约—关系"二元治理机制。书稿从什么因素影响治理机制、如何获得治理绩效出发，聚焦到"契约治理"和"关系治理"这两种治理机制在我国PPP项目治理中的重要性和互动关系。作者将契约治理定义为"通过正式契约对PPP项目进行的治理，包括契约完备性、契约柔性和履约严格性"；将关系治理定义为"通过非正式契约对PPP项目进行的治理，包括信任、联合计划和联合解决问题"。这是一个具有中国特色、符合中国现有制度环境，且现实意义重大的问题。感觉上，契约治理和关系治理的定义似乎还应该更宽泛一些。比如说，契约治理关系到法律体系、法律细则、项目评估、执法能力等许多问题。国际上对契约问题有纷繁复杂的文献、细则和制度体系，本身就可以是另外一本或多本书的题目。关系治理面对的不仅仅是信任问题，还有司法意识、文化认同、共识打造等。这些细节都可以包括在这个二元治理的研究之中。事实上，这个二元治理的问题，不仅仅存在于我国PPP项目的管理上，也普遍存在于我国许多其他的治理领域，比如说拆迁、农村土地流转承包、家庭财产分割、员工与企业老板的薪酬合同等许多方面。在中国从传统社会走向现代、从农耕关系文明走向工业契约文明的过程中，契约和关系问题必然同时存在，之间的张力也会大于已经有长期工业化和商业化经验的国家，这是我国走向法治道路的一段必经历程。当法律契约与社会认同的公平正义有差距、有冲突的时候，孰是孰非？如何把握冲突的解决方案？不少一线的官员和群众，都对这些问题有困惑。

本书作者尽自己的努力和掌握的研究技巧，在 PPP 的研究意义、研究热点、可视化分析、政策演变、发展趋势、政策创新、网络分析、基础理论、绩效治理、分析框架、研究设计、问卷调查、模型校验、政策建议及未来方向等每一个方面都进行了细致的阐述和论证，提出了自己的观点，既是学习，也是贡献，反映了青年学人关心国家大事和国家政策的拳拳之心。书中列举的数据、描述的案例、进行的分析，特别是甄别的研究方向，都有十分深刻的理论意蕴和继续深入研究的空间，对我国 PPP 事业的良性发展、健康成长、造福于民，有重要的启示。

什么是 PPP

PPP（也被称为 P3），指的是政府和私营企业共同建设公共工程或提供公共服务的一种契约型合作，具体领域大多在基础设施建设和维护、住房、交通、健康、教育、能源，甚至国防（武器、车辆、航空器的制造等），形式上也十分多样，至少有 100 多种，可以说只要能想到，就是一种可能。法律上，PPP 一般有三大类的关系：提供专项营运特区、公私契约及将公私合作伙伴关系制度化（包括订立专门法律条款及成立专门的法庭处理 PPP 相关的诉讼等）。一般情况是，政府使用权威、信誉、担保、政策、税收减免甚至部分资金参与，而企业则提供主要的资金、技术、建设和营运，双方共同承担风险。PPP 的基本目标为：让私营企业提供资金，缓解有债务的政府部门提供公共服务的压力；让私营企业的高效率应用在公共工程和公共服务上；加强记账和收支明细管理；降低私营企业税收；

鼓励公共服务技术和方法创新；双方共担风险。PPP项目一般都是长期项目，需要多年持续投入，成立独立核算的公司，然后多年还本付息。

PPP 的前世今生

政府与企业的合作从有国家的时候就存在，但PPP这种特殊的平等合作形式是比较近代的事情。最早的记录是17世纪在美国出现的公私合营的收费道路和桥梁。1640年，马萨诸塞州赋权给当时的哈佛学院以营运波士顿到查尔斯顿的码头，可以收费100年。到了1785年，因为渡河的人口多了，查尔斯桥梁公司提议建桥。州议会批准建桥并同意该公司收费40年（40年后将桥归还给州政府），同时每年支付700美元给哈佛学院以补偿其损失。到了1792年，马萨诸塞州议会又同意将这个期限从40年变成70年。这一过程原本十分成功，既方便了公众，又使查尔斯桥梁公司在第一个40年就收到了100万美元的过桥费，让早期投资者赚得盆满钵满，他们将桥的股份用很少的钱卖给了新的投资者。然而，此后公众开始抱怨，称桥梁公司已经挣到了足够多的钱，不该继续收费。但新的投资者认为自己刚花钱买了股份，已经投入了，不能收费则不愿意修桥和改善服务。马萨诸塞州政府没有办法，只好授权另外一家公司再造一座桥，作为安抚，他们给查尔斯桥梁公司延长了30年合同。在这一轮合作中，州政府学聪明了，只给了第二家公司6年的收费时间，6年之后政府收回桥梁，公众过桥是免费的。查尔斯桥梁公司自然很愤怒，认为州政府毁约，夺走了他们的专属权，并告到了美国最高法院。法院最后判定州法有回溯权，不构成侵犯专属权。1900年，美国联邦政府出台联邦高速公路援助法案，要求州政府用联邦资金雇用工程师设计、建设和管理高速公路，并将公路权收归政府，这让美国的PPP有所降温。这个案例揭示了很多问题，值得后人认真研究和思考。

最近这一轮的PPP运动，一般认为是从英国开始的，如伦敦的地铁改造，通过公私合作更新了机车和铁路。最早的直接原因是英国政府债务的积累。英国政府记账往往把年度预算和长期资产管理账户混淆，逐渐造成了财务困难。在 20 世纪七八十年代，政府企业营运困难、资不抵债、服务低下，在撒切尔首相的领导下，英国政府开始大规模私有化改革，鼓励私营企业承接公共服务，购买公共机构如铁路、公共汽车公司的股权。经过一段时间改革后，发现还有问题，于是 1992 年，在梅杰首相的领导下，英国政府开始推动私营企业投资公营事业（Private Finance Initiative，PFI）。这或许是近些年来最早的政府系统推进 PPP 的政策。这一举措也开始向全球扩散。

从 1990 年到 2006 年，英国出资 500 亿美元支持 PPP 项目，而美国只出了 100 亿美元。但近年来，PPP 项目在美国也引起了更多的关注，有人认为是新公共管理改革推动的结果。当然，各州推动的力度不同，差别很大，但需求是明显的。从 20 世纪 80 年代里根改革到布什下台的 12 年间，政府债务翻了四倍，到 2020 年底，美国国债已经是 GDP 的 99.3%，其中 37% 是外债。同时，美国的很多基础设施已有 70 年到 100 年之久历史，根据其有关部门的估计，如很多地下水管，在未来 30 年需要 250 亿美元的投入来进行更换；联邦高速公路上老化的桥梁，在未来 14 年至少需要 200 亿美元来进行翻修。美国工程师协会认为，基础设施如桥梁、道路、机场、电网、给排水等的不足，会使美国在未来 20 年损失至少 23 万亿美元的收入。这不仅对家庭、企业影响巨大，而且制造、卫生、住房、食品、休闲活动和就业都会受到损害。从现在到 2039 年，美国至少需要 13 万亿美元才能填补这些基础设施的空白。这些巨大的资金缺口，如果能够从预算外集资，自然是一个期望使用的方法。

总结起来，西方 PPP 兴起的理由，可以归纳为以下几条：（1）西方基础设施建设大力发展的年代是 100 年前的进步运动时代和二战以后。到现在，老牌帝国主义靠掠夺和率先工业化攫取的第一桶金建设的基础设施已经开始老化。（2）经过 20 世纪 80 年代全球性私有化和分权化改革以后，政府财政比较捉襟见肘，想要做的事情缺乏资金，特别是基础设施的更新和建设。（3）西方二战后的婴儿潮人口进入老年阶段，已经存入的退休金和过去40年全球化过程中掌握在私企的基金和企业手上的巨大资本量，也需要很好的投资机会。（4）在过去有限的PPP实施中，确实有一些诱人的效果，只要设计、建设、资本提供和营运得当，可加强各种政治势力对基础设施建设支持的共识和认可度。（5）全面的私有化（英国20世纪70年代以来一直在干的事情）或全由政府控制工程的低效率，促进了公私合作整个新的思路和方法。期望能把私营企业的知识、技能和管理方法与政府部门的规制结合起来，共同推动公共利益。

PPP 的优劣与关注点

PPP 被认为有不少好处：对政府来说，可以借助企业在市场环境中培育出来的服务精神，提高设施使用和服务效率；利用民间资本，扩大公共基础设施和服务投入，减缓债务压力；推动管理创新、风险分担和长期资金流保障。对私有资本来说，可以增加投资项目，提高资本的安全度，扩张营运人才和专业队伍，扩大影响力，花小钱办大事。一般私营的参与者都需要通过公开招标靠竞争入选，以防止利益输送等腐败行为的发生。

但是，以上这些理想化好处的前提是企业有优良素质，政府清正廉明且稳定。事实上，这一理想的境界不容易实现，PPP 还是有很多风险，其中最重要的就是契约风险。契约风险与政府组织制度的稳定性、法治意识、人员素质、法律的详细性（招投标、资质审核、监督执行、保障体制、计算准确等）和司法体制的配合性相关，也与企业组织的合规能力、运行能力、盈利能力、支付能力紧密相连。第二个风险就是社会文化风险。不同的社会处于不同的发展阶段，人民的认知和法律意识不同，传统社会中的人情、道德、习俗、公理常常与法律有冲突。其原因可能是法律的不合理、不完善、不公正，或者签约方法和程序草率、漏洞多，也可能是受众的认知不足且缺乏现代法律意识。前文提及的美国波士顿桥的案例，很经典地说明了 PPP 这种长期合作项目需要全面思考的必要性。

现实中，PPP 实践成功和失败的案例都非常多，到目前依然是争议性非常强的问题。一般的情况是条件越不足的地方，PPP 推动的力度和牵涉的资金也越大。而管理好的地方，PPP 的推动力度相对在可控制范围之内。这些地方政府财政丰盈，基础设施建设单独立账，并按市场变化预测来还本付息投入和回报，必要时中央或地方政府靠特别税收、国债、项目债券甚至有限通货膨胀来进行集资，企业投入仅仅为辅。也有大型金融机构和资金富足的个人或企业为追求投资保值，按国民经济增长水平的低利润参与国家和公益项目，目的并不是资产的高回报。有稳定的政府政策、完善的法律体系、优越的公益性项目的名声和良好的经理人，投入规模和时长在可控范围之内，PPP 项目才能够成功；违反了这些基本原则，PPP 项目多以失败而告终。本书中提到的一些 PPP 项目交易中出现逆向选择、道德风险、敲竹杠、交易成本高等问题，都是基本条件不足，违反了这些原则而出现的问题。根据科斯定理，交易成本决定企业规模，为什么交易成本如此之高还有企业愿意参与，回答是必有不义之财能够对冲交易成本。所以说，要在发展中国家推行 PPP，需要的正是良好的契约治理和关系治理，这也是本书的精华所在。

PPP 未来会怎么走，变数其实难以预料。最近一轮对 PPP 的需求，是与政府负债、经营不善和改革方向选择密切相关的。PPP 的实施，坑了一些企业，也使得一些企业暴富并得到了机会和快钱。所以说，PPP 让一些政府很快有了可显现的政绩，也给未来挖了不少坑。如何控制和管理好 PPP，让它真正为公益服务，为人民服务，是一个非常具有挑战的事业。在 PPP 合作中，需要高度关注政府与企业的合理投资与回报。政府和企业都需要做投入和回报的详细分析，进行年度的投入和利润回报的计算，保证企业的盈利和公共资产的回收，达到真正的双赢。

应该提到，本书的作者姜影是当年我在哈尔滨工业大学讲学时计划了要教却没有教到的学生。那年夏天，她从她那一班学生中提前出国了。不过后来发现，她出国学习的指导老师是我在美国读博士时期的同学，加上后来她又到美国做访问学者，有了更多的学术交往，自然就有熟悉的感觉。他们是努力和用功的一代，也是压力很大的一代，论述颇丰。我们这些随着改革开放的步伐进入大学的一代其实也十分努力，但我们并没有具体的目标，只知道一切为国家的建设和发展服务。而新一代的努力，开始以发表多少论文、出多少书、拿多少项目进行评估，想来也是新公共管理提倡的绩效评估的结果吧。不经意之间，他们已经进入了著书立说的学习阶段，有了完整的学术成果，值得我们欣慰。姜影的著作，希望我做些评论或序言，感觉也是义不容辞。所幸书中研究的题目，正是我国 PPP 治理的亟须，凑上几句赞誉和勉励的话，以显支持，实不为过。在此感谢她给我这个学习的机会，也衷心预祝她在未来的学术生涯中，再接再厉，出版更多的好书。

蓝志勇

2021 年 10 月 18 日

目　录

绪　论 1

第一章　中国 PPP 政策演变 21

　　第一节　PPP 政策主体网络演变呈现 23

　　第二节　PPP 政策主体网络演变分析 33

第二章　中国 PPP 政策创新的扩散 47

　　第一节　政策创新扩散理论研究 48

　　第二节　PPP 政策创新扩散分析 51

第三章　中国基础设施 PPP 项目"契约—关系"

**　　　　　二元治理机制的理论论证** 62

　　第一节　理论基础 62

　　第二节　"契约—关系"二元治理机制的理论分析框架 86

　　第三节　"契约—关系"二元治理机制的研究假设 98

第四章　中国基础设施 PPP 项目"契约—关系"
　　　　二元治理机制的实证研究......................................109

　　第一节　研究设计 109

　　第二节　测量模型的 CFA 验证...................................121

　　第三节　理论模型验证 134

第五章　制度质量对中国基础设施 PPP 项目投资影响.........................140

　　第一节　制度质量对中国基础设施 PPP 项目
　　　　　　投资影响的研究现状 142

　　第二节　制度质量对中国基础设施 PPP 项目
　　　　　　投资影响的研究假设 145

　　第三节　制度质量对中国基础设施 PPP 项目
　　　　　　投资影响的实证研究 151

　　第四节　政策启示 161

第六章　中国 PPP 模式发展困境与发展趋势 164

　　第一节　中国 PPP 模式的发展困境 164

　　第二节　中国 PPP 模式的发展趋势 170

参考文献 181

附　件：基础设施 PPP 项目治理情况调查问卷 204

绪　论

所有理论问题的研究都脱离不了现实基础，其研究目的是解决现实社会中存在的问题。因此，本书的撰写也是基于对目前基础设施政府和社会资本合作（Public Private Partnership，以下简称"PPP"）项目的现实而考虑的。在当前阶段，基础设施PPP模式[①]是基础设施投融资和建设领域的创新模式及新兴方向。但是，国内大规模的基础设施PPP项目绩效水平不甚理想，这使得如何有效地改善基础设施PPP项目绩效成为理论界和实务界共同关注的焦点。而如何从制度层面来提升基础设施PPP项目治理绩效，则是我国进一步发展基础设施PPP项目需要重点关注的课题。

一、研究背景与研究意义

（一）研究背景

国务院于2010年5月7日发布了《国务院关于鼓励和引导民间投资健康发展的若干意见》（国发〔2010〕13号）。以2013年11月12日《中共中央关于全面深化改革若干重大问题的决定》为标志，PPP模式上升到体制机制改革层面。进入2014年，在国家相关部委，尤其是在发展改

---

① PPP模式最早以BOT形式提出，2003年后普遍使用PPP一词。

革委和财政部的大力推动下，PPP 在国内广为传播，迅速成为热点话题。2014 年 11 月 29 日，《财政部关于印发政府和社会资本合作模式操作指南（试行）的通知》（财金〔2014〕113 号）发布；12 月 4 日，《国家发展改革委关于开展政府和社会资本合作的指导意见》（发改投资〔2014〕2724 号）发布。为贯彻党的十八届四中全会精神，坚持立法先行和依法采购，2014 年 12 月 31 日，《财政部关于印发政府采购竞争性磋商采购方式管理暂行办法的通知》（财库〔2014〕214 号）和《财政部关于印发〈政府和社会资本合作项目政府采购管理办法〉的通知》（财库〔2014〕215 号）同时发布，以推进政府购买服务、推广政府和社会资本合作 PPP 模式来深化政府采购改革制度。2014 年全年颁布的与 PPP 有关的重要法律法规超过 40 部。据统计，2014 年以来至 2020 年 5 月，PPP 累计入库项目 9575 个、投资额 14.7 万亿元；累计签约落地项目 6500 个、投资额 10.2 万亿元，落地率 67.9%；累计开工建设项目 3879 个、投资额 5.8 万亿元，开工率 59.7%。因此，2014 年也被称为"中国 PPP 元年"。

基础设施 PPP 项目具有 5 个显著的特征：一是资产专用性高；二是生命周期较长；三是创新性较差；四是准公共物品性质；五是公众参与程度高。一方面，2015 年 3 月 28 日，国家发展改革委、外交部、商务部联合发布《推动共建丝绸之路经济带和 21 世纪海上丝绸之路的愿景与行动》，指出基础设施互联互通是"一带一路"建设的优先领域；2015 年 10 月 29 日通过的《中共中央关于制定国民经济和社会发展第十三个五年规划的建议》提出拓展基础设施建设空间，加快完善安全高效、智能绿色、互联互通的现代基础设施网络，更好发挥对经济社会发展的支撑引领作用。为强化基础设施支撑能力，"十三五"期间将实施交通建设、能源发展、水安全保障、互联网方面的一系列重大工程项目。另一方面，基础设施被认为是为"工业和家庭提供基础性服务"，具有所谓的"乘数效应"（即能带来几倍于投资额的社会总需求和国民收入）。

基础设施 PPP 项目具有向私营部门转移部分风险、降低政府部门的管理成本、解决政府预算不足的约束、提供高质量的公共产品和服务、缩短项目的工期等优点。[①] 然而，作为创新机制而推行的 PPP 模式，由于被过度放大其融资功能，出现了认识和操作层面的偏差：第一，项目盈利模式、激励措施不清，导致社会资本不愿参与，最终合作空悬；第二，为吸引合作方，放任公共服务领域投资者自定价、高收费，损害公众利益；第三，承诺固定高回报或以政府购买服务名义给予长期高额补贴，项目建设、运营看似社会资本融资、负债，实则变相财政兜底，留下时序后延的政府债。

以上现实困境对应着两个理论问题：第一，PPP 项目中多层级委托代理链导致的委托—代理问题，包括投资人之间、投资人与项目管理层之间，以及项目业主与承包商之间的委托—代理问题。第二，由于交易成本过高，PPP 项目的契约是不完备契约。PPP 项目的本质是临时性契约组织，项目组织之间以契约为纽带，面临着大量的委托—代理问题，以及利益冲突和协调合作问题。经济学视角下的项目治理研究，以"经纪人"为假设前提，通过以正式契约为载体的治理机制来响应交易风险。实际上，交易双方的行动是不可确认的，这就忽略了非正式契约治理的影响。因此，可以说项目已经从"临时性契约组织"[②] 过渡到"临时性社会网络组织"[③]。传统的项目治理研究强调正式的契约治理，完全忽略非正式关系的影响作用。随着项目受交易环境和社会环境影响越来越得到重视之后，非正式的关系逐渐被用到项目治理中来。信任的缺乏可影响项目利益相关方

① 　Li B., Akintoye A., Edwards P. J., Hardcastle C., The allocation of risk in PPP/PFI construction projects in the UK, *International Journal of Project Management*, Vol.23, No.1(2005), pp.25-35.

② 　Turner J. R., Müller R., On the nature of the project as a temporary organization, *International Journal of Project Management*, Vol.21, No.1 (2003), pp.1-8.

③ 　Pryke S. D., Towards a Social Network Theory of Project Governance, *Construction Management and Economics*, Vol.23, No.9 (2005), pp.927-939.

的行为。① 正式的契约治理在有限理性约束下克服机会主义，包括合同约束、规章、规程等②；非正式的关系治理基于信任降低交易费用及减少风险，包括共同规范和联合行动③。因此，有效的项目治理应该从正式的契约治理和非正式的关系治理两个方面来提升治理水平。已有的研究大都是独立地对契约治理和关系治理进行研究，而把二者的相关性考虑在内的研究还非常不足。

综上所述，通过 PPP 模式来创新基础设施项目治理，关键点在于研究正式的契约治理和非正式的关系治理共同作用于基础设施 PPP 项目治理的内在机理，解决这一关键点的难点在于如何准确把握影响基础设施 PPP 项目治理水平的契约治理和关系治理层面的因素，并进行定量化。为此，本研究选择基础设施 PPP 项目"契约—关系"二元综合治理机制为研究主题。进一步，本研究凝练的科学问题为：探索针对基础设施 PPP 项目"契约—关系"二元综合治理框架，并挖掘其影响因素，阐明影响因素和二元综合治理对治理绩效的作用机理，以给出相应的干预机制与制度设计。

（二）研究意义

本研究的理论意义在于：第一，现有研究大多仅基于经济学视角进行分析，或者仅基于社会学视角进行分析，本研究将进行双视角分析，将正式的契约治理与非正式的关系治理同时纳入项目治理，有望拓展契约治理、关系治理、项目治理理论的适用边界，用于帮助解释"契约—关系"

---

① Smyth H., Edkins A., Relationship management in the management of PFI/PPP projects in the UK, *International Journal of Project Management*, Vol.25, No.93 (2007), pp.232-240.

② Sward A. R. S., Lunnan R., Trust and control in fixed duration alliances, *International Journal of Strategic Business Alliances*, Vol.2, No.1 (2011), pp.41-68.

③ Poppo L., Zenger T., Do formal contracts and relational governance function as substitutes or complements?, *Strategic Management Journal*, Vol.23, No.8 (2002), pp.707-725；Bercovitz J, Jap S D, Nickerson J A., The antecedents and performance implications of cooperative exchange norms, *Organization Science*, Vol.17, No.6 (2006), pp.724-74.

二元综合治理对项目治理绩效的作用机理，对公共管理领域中项目治理提供科学的理论依据和管理借鉴。第二，本研究将识别正式的契约治理和非正式的关系治理层面的影响因素，并探索其影响因素对于项目治理绩效的作用机理。本研究将在治理绩效的条件识别和概念关系建立等方面对原有理论进行拓展。

本研究的实践应用价值在于：第一，本研究通过建立一个"契约—关系"二元综合治理分析框架，有望为政府、项目业主和承包商提供决策参考，以期提高项目治理绩效。第二，本研究中契约治理和关系治理对项目治理的作用机理研究，能对项目各利益相关方主体决策和行为进行分析，从而为国家基础设施供给市场化提供政策支持。第三，本研究通过对基础设施 PPP 项目治理的实证研究，可以为政府以及相关部门提供 PPP 项目决策依据以及制度设计建议。

二、中国 PPP 研究热点与趋势

PPP 是西方公共管理经历了私有化风潮之后创新出来的一种新制度安排形式，其本质是公共部门和私有部门充分发挥各自的优势，兼顾公平和效率，相互合作，进而提高公共产品及公共服务供给质量和效率。① 我国在城镇化建设背景下，基础设施建设带来的投融资需求往往是通过政府财政资金、土地财政及融资平台举债的模式来进行，其带来的现实困境就是政府财政负担过重、债务危机重重、不具有可持续性，急需创新来破解困境。PPP 就是国际上顺应这种需求产生的基础设施和公共服务投融资的创新模式，自从出现以来就一直是政府关注的焦点、政策制定的热点。然而，我国 PPP 模式应用并不是一帆风顺，出现了"国进民退""政

---

① ［英］达霖·格里姆赛等：《PPP 革命：公共服务中的政府和社会资本合作》，济邦咨询公司译，中国人民大学出版社 2016 年版，第 2 页。

策热、实践冷"等困境。因此，围绕 PPP 模式的推进与各领域的广泛应用，我国学术界进行了各种理论探讨与实证分析，产出了丰硕的可借鉴研究成果。

虽然学者针对 PPP 的研究涉及各个方面，但是 PPP 文献综述类研究成果较少。目前 PPP 相关文献回顾以定性述评为主，或者涉及 PPP 模式某个领域的研究，具有一定的局限性，有碍于 PPP 研究现状以及发展趋势的整体考察。因此，本研究在我国特殊的制度及现实背景下，综合使用文献计量学方法与内容分析法，对中国知网 PPP 研究领域文献进行全面系统的梳理并进行知识图谱可视化分析，进而探索我国 PPP 研究的热点主题及前沿趋势，有助于推动 PPP 理论探讨、制度创新以及应用实践的发展，具有重要借鉴意义。

本研究以中国知网数据库中，SCI、EI、CSSCI 期刊以及核心期刊为文献样本来源，采用的检索条件的主题为"公私合营"或"公私合作"或"公私伙伴关系"或"公共项目"或"政府与社会资本合作"或"PPP"或"PFI"或"BOT"或"BT"或"TOT"或"BOO"。在检索结果中，通过阅读初级检索所得文献的题目和摘要对数据进行清洗，最终得到 PPP 研究的有效期刊文献共 2469 篇，形成最终本研究使用的文献样本库。

依据陈超美等 ① 关于 CiteSpace 的应用流程，采用文献计量法和可视化分析方法，具体研究思路如下：首先从数据库对 PPP 研究进行初级的文献收集，然后通过初级检查文献是否与 PPP 研究相关，以及内容分析以确定最终的用于分析的文献集合，最后使用 CiteSpace 软件绘制知识图谱及可视化研究热点与前沿趋势。

---

① 陈超美、陈悦、侯剑华等：《CiteSpace Ⅱ：科学文献中新趋势与新动态的识别与可视化》，《情报学报》2009 年第 3 期。

（一）中国 PPP 研究热点的知识图谱分析

经统计，从 1995 年至 2019 年的发文总量为 2469 篇，政府相关部门出台 PPP 相关政策 134 部，PPP 项目数量高达 1272 个。本研究将我国 PPP 的发展历程分为 4 个阶段：在试点阶段（1995—2002 年），以吸引外商投资 BOT 形式为主的 PPP 项目达 284 项，12 部政策陆陆续续出台以回应地方 BOT 热潮及乱象。研究发文量占总量的 12%，且年度发文量基本变化不大。在推广阶段（2003—2007 年），政府积极推动非公有资本 / 民营资本进入基础设施和公用事业领域，PPP 项目高达 412 项，政策出台 12 部。研究发文量占总量的 16%，且呈现小幅度增长。在调整阶段（2008—2013 年），2008 年全球金融危机、"四万亿"计划、"中国模式"思潮造成"国进民退"，PPP 模式受到冲击，PPP 项目有 295 项，PPP 研究发文量占总量的 22%。在规范化阶段（2014 年至今），在"三期叠加"和"经济新常态"背景下，PPP 作为政府和市场的合作载体受到了前所未有的重视。PPP 项目有 225 项，规范性文件出台 99 部。研究发文量占总量的 50%，出现猛增。由此可见，PPP 文献数量与 PPP 项目浪潮及 PPP 政策发展的阶段特征相符，学术界对于 PPP 领域的研究由最初的不关心转变为目前的焦点关注。

1. 公私合作关系研究热点关键词分析

关键词是文献核心内容的表征体现，通过分析高频关键词来透析该研究领域的研究热点。本研究通过 CiteSpace5.2 运用关键词的路径搜索算法（Pathfinder）来分析该领域的知识结构，进而得出研究热点主题。选取每个时段（1 年）频次大于 50 的关键词，进而得到 356 个节点、992 个链接的关键词共现网络知识图谱（见图 0–1），以及中心性最高的前 20 位关键词列表（见表 0–1）。

从图 0–1 可以看出，依据共现频次形成的热点关键词以 BOT、PPP 及 PPP 模式为中心，与其他相关关键词形成密集的网络。与 PPP 模式相关的主要有 BOT、PPP、PPP 模式、PFI、公私合作、公私伙伴关系；与

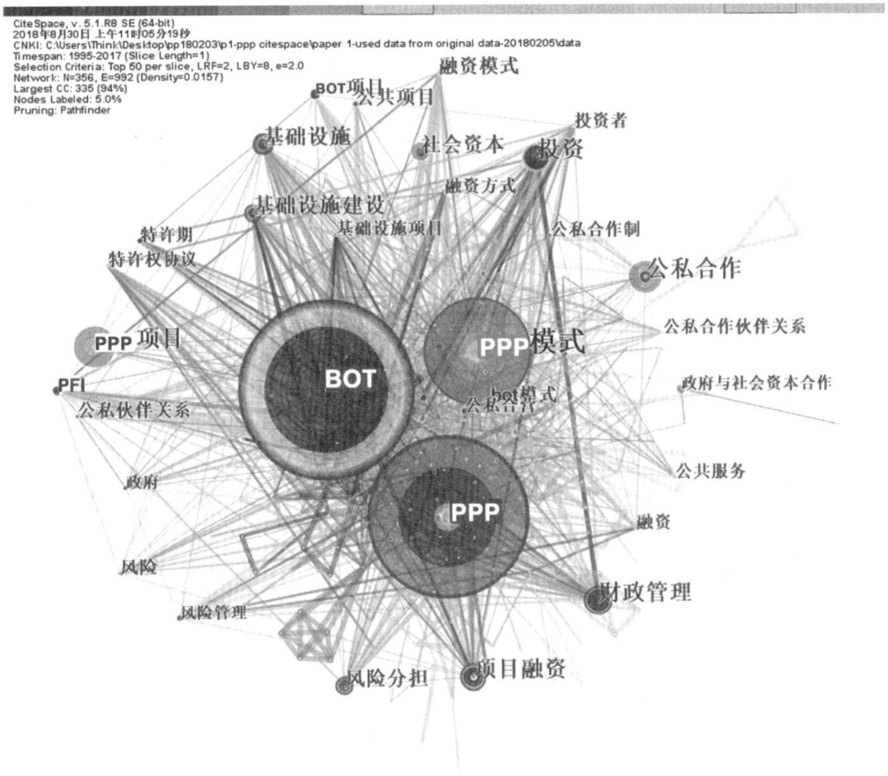

图 0-1　关键词共现网络

管理相关的主要有财政管理、项目融资、风险分担、风险、投资、BOT
项目、特许权协议、融资方式、投资者和政府；与 PPP 应用行业相关的主
要有基础设施、基础设施建设和基础设施项目。从表 0-1 中关键词中心性
来看，与 PPP 模式相关的 BOT（0.30）、PPP（0.21）、PFI（0.12）和公私
合作（0.09）等，与基础设施相关的基础设施建设（0.19）和基础设施项
目（0.08），与融资和风险相关的项目融资（0.16）、财政管理（0.11）、风
险分担（0.13）、风险（0.10）、风险管理（0.10）等，与公共部门相关的
政府（0.06）、公私合作伙伴关系（0.06）均显示了 PPP 研究热点集中在
PPP 模式、项目管理、政府以及基础设施等相关领域。

表 0-1　Top20 高中心性共现关键词

排序	关键词	词频	中心性
1	BOT	529	0.30
2	PPP	475	0.21
3	基础设施	83	0.21
4	基础设施建设	81	0.19
5	PPP 模式	324	0.17
6	项目融资	104	0.16
7	风险分担	65	0.13
8	PFI	50	0.12
9	财政管理	105	0.11
10	风险	36	0.10
11	风险管理	27	0.10
12	公私合作	122	0.09
13	投资	114	0.09
14	BOT 项目	54	0.09
15	基础设施项目	30	0.08
16	特许权协议	29	0.07
17	公私伙伴关系	38	0.06
18	投资者	31	0.06
19	融资方式	29	0.06
20	政府	27	0.06

2.PPP 研究热点领域归纳分析

对文献进行聚类分析可透析该领域的研究热点，使用 CiteSpace5.2 中对数似然率算法从关键词中提取名词性术语来命名聚类得到关键词聚类知识图谱来解析 PPP 研究的科学领域结构。本研究得到 25 个聚类结果（见图 0-2），聚类中关键词数量多少代表了聚类的重要性，根据聚类大小（size>=5），图 0-2 仅显示位于前 9 位的聚类。通过自动聚类结果结合聚类关键词及相关文献的研读，得出 PPP 的 4 个研究领域：PPP 理论领域、管理领域、治理领域及应用领域。

第一，PPP 理论研究领域。此领域包含 7 个聚类（#0 公共项目，

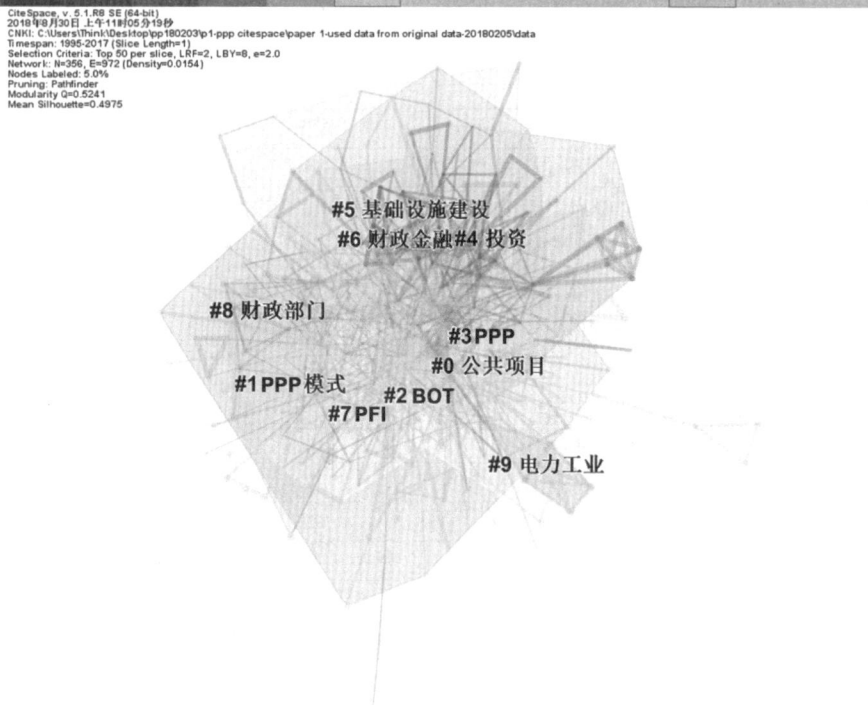

图 0-2　关键词聚类知识图谱

#1PPP 模式，#2BOT，#7PFI，#17BOT、TOT、PPP 模式，#19 公私伙伴关系，#21BOO），其研究内容主要涉及对 PPP 模式的理论探讨，比如关键词"博弈论、项目管理、价值管理、系统动力学、决策模型、决策分析、扎根理论、公共治理、契约治理、不完全契约治理"等；对 PPP 模式的分析，比如关键词"公共项目、PPP、BOT、PFI、TOT、BOO、公私伙伴关系、特许经营权"等；对 PPP 模式行业实用性的讨论，比如关键词"高速公路、轨道交通、垃圾焚烧发电、后勤社会化、医院、保障性住房、公租房、新药研发、中小企业、农业保险、公共体育场馆、宽带建设、城中村改造、电信业、市政工程、环境保护、公共基础设施"等。PPP 模式的理论探讨在国内还没有达到共识，因此将继续是学术界的讨论焦点。

第二，PPP 管理研究领域。此领域包含 7 个聚类（#4 投资，#10 互联网金融，#12 外汇收支平衡，#13 公司合营，#15 上海，#16 不可抗力风险，#18BOT 项目融资），其研究内容主要涉及对制度框架的需求的探讨，比如关键词"行政契约、法律分析、外商引进"等；对项目参与方的分析，比如关键词"投资方、贸易商、外商"等；对项目投资的讨论，比如关键词"民间资本、外国投资者、互联网金融、众筹、BOT 项目融资"等；对项目风险管理的分析，比如关键词"不可抗力风险、外汇风险、规避、保险公司"等；对项目绩效的讨论，比如关键词"关键绩效指标、投资回报率"等。项目管理的成功与否是 PPP 模式持续推进的必要条件，尽管 PPP 项目生命周期过长，但是成功的项目管理必然会为 PPP 模式提供坚实的发展基石。

第三，PPP 治理研究领域。此领域包含 5 个聚类（#6 财政金融，#8 财政部门，#14 项目监管，#3PPP，#23 政府补偿），其研究内容主要涉及对政府财政的讨论，比如关键词"地方政府债务、政府性债务、财政风险"等；对政府部门作用的探讨，比如关键词"政府补贴、政府补偿、项目监管、服务领域"等；对国家经济发展形势顺应需求的讨论，比如关键词"经济模式、新常态、一带一路"等。政府在 PPP 模式推进过程中，不仅需要建立完善的制度框架，还需要通过利用 PPP 模式的特殊属性，来发挥私有部门和公共部门的各自优势，来提高公共产品和公共服务的供给效率和质量。

第四，PPP 应用研究领域。此领域包含 6 个聚类（#5 基础设施建设，#9 电力工业，#11 建设，#20 港口，#22 港口建设，#24 农业基础设施），其研究内容主要涉及多个行业基础设施建设的 PPP 模式应用，比如关键词"基础设施建设、电力行业、港口建设、农业基础设施"等。基础设施建设是我国经济发展的重要支撑，因此 PPP 模式的持续推进是我国"十三五"规划以及"一带一路"倡议的实施中不可缺少的一个创新模式。

3.PPP 研究热点主题分析

第一，从概念维度，PPP 内涵及本质探讨主题。西方发达国家已经建立了成熟的 PPP 制度体系。然而，我国对于 PPP 的认知大多借鉴国外解释，还没有达成共识，且存在一定的歧义，但是，PPP 普遍被解释为公共部门和私人部门为提供公共产品或服务通过正式契约建立的一种项目全生命周期①的融资模式②、契约关系③、长期合作伙伴关系④等。我国城市公共项目建设经历了传统的政府部门统筹管理（改革开放以前）、BOT 项目融资（1999 年始）、建设项目业主制（2000 年始）、代建制（2005 年始）及 PPP 模式（2008 年始）。在混合经济体制下，我国 PPP 模式应用有一定的特殊性，PPP 的参与方为项目发起/投资主体—公共部门（政府相关部门、公用事业部门、事业单位等）、投融资合作主体—私人部门（企业、个人）和监督主体（公众、咨询组织、政府监管人）。⑤ 但是 PPP 的本质是在供给公共产品和服务的过程中充分发挥公共部门和私人部门各自的优势，达到帕累托最优⑥，实现公众利益最佳⑦。对 PPP 概念的正确理解，有助于进行相应的制度框架创新⑧，进而提高公共产品/服务的供给效率和质量。

第二，从过程管理维度，PPP 风险管理主题。PPP 项目的风险分担一直是 PPP 研究的热点主题，因为风险管理决定着 PPP 项目成功与否。风

---

① 叶晓甦、徐春梅：《我国公共项目公私合作（PPP）模式研究述评》，《软科学》2013 年第 6 期。

② 杨超、唐莹：《PPP 项目投资决策的优化研究综述》，《企业家天地》2011 年第 4 期。

③ 叶晓甦、易朋成、吴书霞：《PPP 项目控制权本质探讨》，《科技进步与对策》2011 年第 13 期。

④ 连红军：《中小企业参与 PPP 模式与技术创新关系的实证研究》，《改革与战略》2011 年第 5 期。

⑤ 叶晓甦、徐春梅：《我国公共项目公私合作（PPP）模式研究述评》，《软科学》2013 年第 6 期。

⑥ 李晓东：《基于 AHP 法的公共项目 PPP 模式选择》，《企业经济》2010 年第 11 期。

⑦ 杜亚灵、尹贻林：《基于治理的代建项目管理绩效改善研究》，《北京理工大学学报（社会科学版）》2010 年第 6 期。

⑧ 叶晓甦、徐春梅：《我国公共项目公私合作（PPP）模式研究述评》，《软科学》2013 年第 6 期。

险分担是 PPP 项目中最常用的激励机制之一，降低风险发生的概率、避免发生复杂的谈判，可以确保项目的顺利进行。针对 PPP 项目的风险分担的研究主要有两方面。一方面是风险分担原则研究。项目风险分担理论有三种普遍认可的分担原理：经济学分担原理、可预见性风险分担原理和可管理性分担原理。① 项目参与方的风险态度也对风险分担有影响关系。② 另一方面是风险分担方法研究。有效的风险分担机制要能迫使项目投资者尽量采用市场手段和自身高效经营来降低风险，而不是转移给其他参与者；要有利于降低各方的风险、控制成本，提高私营投资者控制风险的积极性；使投资者控制风险的行为有利于项目社会效益的提高。③ 风险分担的功能在于其具有激励相容性，即风险分担应能够激励合同双方努力使自身利益最大化的同时也能有利于完成项目总体目标④，项目效率和效果的实现依赖于合同风险的有效分担。除此之外，风险识别⑤、风险控制⑥也是 PPP 研究的重要内容。

第三，从结果管理维度，PPP 绩效管理主题。PPP 项目涉及公私部门合作项目的融资、建设、经营及移交的全过程，因此，PPP 项目绩效的研究有利于提高项目全生命周期的绩效水平，其研究主要集中在绩效评价和绩效影响因素识别。PPP 绩效评价的研究重点集中在评价指标体系的构建和评价方法。PPP 绩效评价方法有关键绩效指标法、平衡计分法、数据

---

① 刘新平、王守清：《试论 PPP 项目的风险分配原则和框架》，《建筑经济》2006 年第 2 期。

② 张水波、何伯森：《工程项目合同双方风险分担问题的探讨》，《天津大学学报（社会科学版）》2003 年第 3 期。

③ 罗春晖：《基础设施民间投资项目中的风险分担研究》，《现代管理科学》2001 年第 2 期。

④ 楼海军：《国际 EPC 工程风险分担原则研究》，《混凝土与水泥制品》2010 年第 4 期。

⑤ 亓霞、柯永建、王守清：《基于案例的中国 PPP 项目的主要风险因素分析》，《中国软科学》2009 年第 5 期。

⑥ 张水波、高颖：《国际 BOT 项目合同框架分析以及风险防范》，《国际经济合作》2010 年第 1 期。

包络分析、层次分析法、物元分析法等[①]，对应建立了关键绩效指标评价体系[②]、平衡计分法指标体系[③]、绩效评价 DEA 模型[④] 等，来对 PPP 项目绩效进行评价。PPP 项目绩效影响因素识别的研究表明：PPP 项目绩效与项目的特征因素、参与方的满意度、项目的功能和质量[⑤]、项目本身特性、项目参与人与项目发展过程[⑥] 有直接关系；PPP 项目的监管绩效与政府、公众、法律环境等影响因素存在正相关的关系，且政府以及项目监管的相关外部因素的影响最为显著[⑦]；PPP 项目履约绩效与政府方、社会资本方、公私双方合作 3 个主范畴内的影响因素有关[⑧]；PPP 项目绩效与组织间信任（制度型信任、关系型信任与特征型信任三个维度)[⑨]、关系治理[⑩]、信任水平[⑪] 等关系契约方面影响因素有关；PPP 项目绩效评价涉及城市轨道交通、垃圾焚烧

---

① 杨中宣、杨洋洋:《基础设施 PPP 项目绩效评价研究综述》,《科技创新与应用》2017 年第 19 期。

② 袁竞峰、J. S M、邓小鹏等:《基础设施建设 PPP 项目关键绩效指标识别研究》,《重庆大学学报（社会科学版)》2012 年第 3 期。

③ 王玉梅、严丹良:《基于平衡计分卡的 PPP 项目绩效评价体系研究》,《会计之友》2014 年第 2 期。

④ 程言美:《基于 DEA 法的水环境 PPP 项目绩效评价与支付设计》,《财会月刊》2016 年第 18 期。

⑤ 孙慧、申宽宽、范志清:《基于 SEM 方法的 PPP 项目绩效影响因素分析》,《天津大学学报（社会科学版)》2012 年第 6 期。

⑥ 吴贤国、冉连月、张立茂等:《基于 SEM 的 PPP 项目绩效关键影响因素分析》,《工程管理学报》2017 年第 5 期。

⑦ 向鹏成、黄四宝、蒋秋燕:《基于 SEM 的 PPP 项目监管绩效影响因素分析》,《建筑经济》2017 年第 4 期。

⑧ 杜亚灵、赵欣、温莎娜:《基于扎根理论的 PPP 项目履约绩效影响因素》,《中国科技论坛》2017 年第 4 期。

⑨ 吴迪、简迎辉:《组织间信任与风险分担对 PPP 项目绩效影响的实证研究》,《经济研究导刊》2018 年第 2 期。

⑩ 李晓光、郝生跃、任旭:《关系治理对 PPP 项目控制权影响的实证研究》,《北京理工大学学报（社会科学版)》2018 年第 3 期。

⑪ 张云宁、陆中伟、欧阳红祥:《信任水平、互惠性偏好与 PPP 项目绩效协同关系研究》,《资源开发与市场》2018 年第 8 期。

发电 ①、公共事业 ②、保障性住房 ③、基础设施 ④ 等多个行业。

第四，从治理维度，PPP 协同治理主题。PPP 项目的特殊性包括项目不完全契约本质和委托代理关系。一方面，PPP 项目是围绕公共产品供给具有生产功能的临时性契约组织 ⑤，然而，"契约的不完全性"是出现治理问题的共同原因 ⑥。另一方面，PPP 项目的契约本质决定了其委托代理关系的存在。⑦PPP 项目签约前和签约后的信息不对称性和环境不确定性，必然导致代理问题，即逆向选择和道德风险问题。⑧ 多层级委托代理链导致的委托代理问题是 PPP 项目治理的重要原因之一。有效的 PPP 项目治理机制可以实现其项目价值。公共项目治理机制可分为内部治理机制和外部治理机制。⑨ 前者是以项目所有权为主线的内在制度安排，包括基于项目所有权配置的风险分担机制和基于项目风险分担的报酬机制，以项目契约组织为载体；而外部治理机制则是以竞争为主线的外在制度安排，主要是基于声誉的代理方法选聘机制、基于绩效考评以及信息披露的代理方激励机制、公共项目的监管机制，以公共项目市场为载体。针对利益冲突和风险环境两大诱因，结合项目治理理论和激励理论，PPP 项目也可以从内

---

① 刘赤、张瑶：《基于 DPSIR 模型的垃圾焚烧发电 PPP 项目绩效评价》，《绥化学院学报》2017 年第 9 期。

② 佟庆远、高建：《PPP 模式影响公共事业财务绩效的实证研究》，《技术经济》2018 年第 5 期。

③ 史富文：《保障性住房 PPP 项目绩效评价指标体系研究》，《财政科学》2018 年第 6 期。

④ 陈都：《中国高铁基础设施 PPP 项目模糊综合绩效评价研究——以京沪高铁项目为例》，《理论月刊》2017 年第 12 期。

⑤ TURNER J R, MüLLER R., On the nature of the project as a temporary organization, *International journal ofproject management*, Vol.21, No.1(2003), pp.1-8.

⑥ 杨其静：《合同与企业理论前沿综述》，《经济研究》2002 年第 1 期。

⑦ JENSEN M C, MECKLING W H., Theory of the firm: Managerial behavior, agency costs and ownership structure, *Journal of financial economics*, Vol.3, No.4 (1976), pp.305-360.

⑧ 王晓州：《建设项目委托代理关系的经济学分析及激励与约束机制设计》，《中国软科学》2004 年第 6 期。

⑨ 石莎莎、杨明亮：《城市基础设施 PPP 项目内部契约治理的柔性激励机制探析》，《中南大学学报（社会科学版）》2011 年第 6 期。

部契约治理的柔性激励机制来探讨其治理作用机理。①基于契约的治理模式关键在于契约能够在跨组织交易过程中规避一定的不确定性,明确双方在不确定性情况下的责任和义务,从而能够在一定程度上降低或避免机会主义行为的产生。②PPP项目业主和承包商之间也存在关系契约合作机制③来影响PPP项目的成功与否。关系治理作为一种中间治理模式④,通过建立基于信任的长期合作关系,建立处理合作伙伴间关系的激励和约束机制⑤。

(二)中国PPP研究趋势的可视化分析

1.PPP研究演进路径的可视化分析

本研究使用CiteSpace5.2的Timeline功能得到PPP研究时间线知识图谱(见图0-3),来透析PPP研究热点的演进路径,图上方是年代标签,时间线知识图谱显示了各聚类(图中只显示了size>=5的9个聚类时间线的研究演进)研究热点随时间变化的交互情况以及演进过程。从时间线知识图谱上来看,我国学术界对PPP的研究无论横向还是纵向都给予了持续关注。PPP研究热点主题演进可分为三个阶段:1995—2002年、2003—2013年、2014年至今。

在第一阶段,我国主要通过吸引外资进入我国基础设施BOT项目来调动地方经济,因此,研究热点主体主要集中在政府吸引外商投资基础设施建设项目上,比如关键词"基础设施建设、基础设施项目、投资、外国投资者、特许期、项目融资、政府保证"等。

---

① 石莎莎、杨明亮:《城市基础设施PPP项目内部契约治理的柔性激励机制探析》,《中南大学学报(社会科学版)》2011年第6期。

② 王俊豪、金喧暄:《PPP模式下政府和民营企业的契约关系及其治理——以中国城市基础设施PPP为例》,《经济与管理研究》2016年第3期。

③ 陈帆、王孟钧:《基于关系契约的PPP项目业主与承包商合作机制研究》,《项目管理技术》2010年第5期。

④ 王清晓:《契约治理与关系治理耦合的供应链知识协同机理研究》,《中国商论》2015年第16期。

⑤ 云虹、胡明珠:《供应链中的关系治理模式比较研究》,《物流技术》2004年第11期。

　　在第二个阶段，为解决地方政府财政危机、满足公众对市政公用事业以及基础设施的迫切需要，PPP 模式被推进多个行业领域，由于相关制度、执行及监管机制的不完善，PPP 项目的缺陷愈加明显。在此期间，学术界开始关注 PPP 项目本身及应用行业的相关研究，比如关键词"PPP 模式、融资模式、风险分担、VFM、管理模式、绩效评估、城市轨道交通、污水处理厂、公租房"等。

　　在第三个阶段，在经济新常态、"十三五"规划、新型城镇化、"一带一路"倡议宏观背景下，我国推出了一系列法律法规来规范 PPP 市场，然而却出现了"政策热、实践冷"的困境，因此，研究热点转移到如何通过立法来改善 PPP 项目的制度环境，进而提高项目效率和质量，比如关键词"新常态、新型城镇化、一带一路、立法、财政部门、治理"等。由此可见，PPP 的研究演进路径与我国宏观经济发展状态以及 PPP 实践密不可分，具有很强的时代特性，既有事后实证研究也有事前规范分析，为我国 PPP 模式的应用提供宝贵的借鉴建议。

　　2.PPP 研究趋势展望

　　学科前沿预示着学科未来发展方向与研究趋势，为更加清晰地透析 PPP 研究前沿，本研究主要关注 PPP 研究演进的第三个阶段（2014年至今）。本研究使用突变检测算法[①] 提取的 2014 年以后关键词突变值（详见表 0-2），结合突变值强度以及突变时间来进一步得出 PPP 研究趋势。结合研究前沿时区图和关键词突变值列表可以发现，PPP 的突变值高达88.2182，爆发值非常高，由此可见，PPP 将一直是研究热点及前沿。与资本相关的关键词"社会资本、资本、财政金融、财政"的突变值分别为17.2505、7.0364、4.0923、3.8137，意味着资本融资也一直是学术界关注的焦点。关键词"财政部、财政部门、地方政府"的突变值分别是 5.6745、

　　① KLEINBERG J., Bursty and hierarchical structure in streams, *Data Mining and Knowledge Discovery*, Vol. 7, No. 4(2003), pp.373-397.

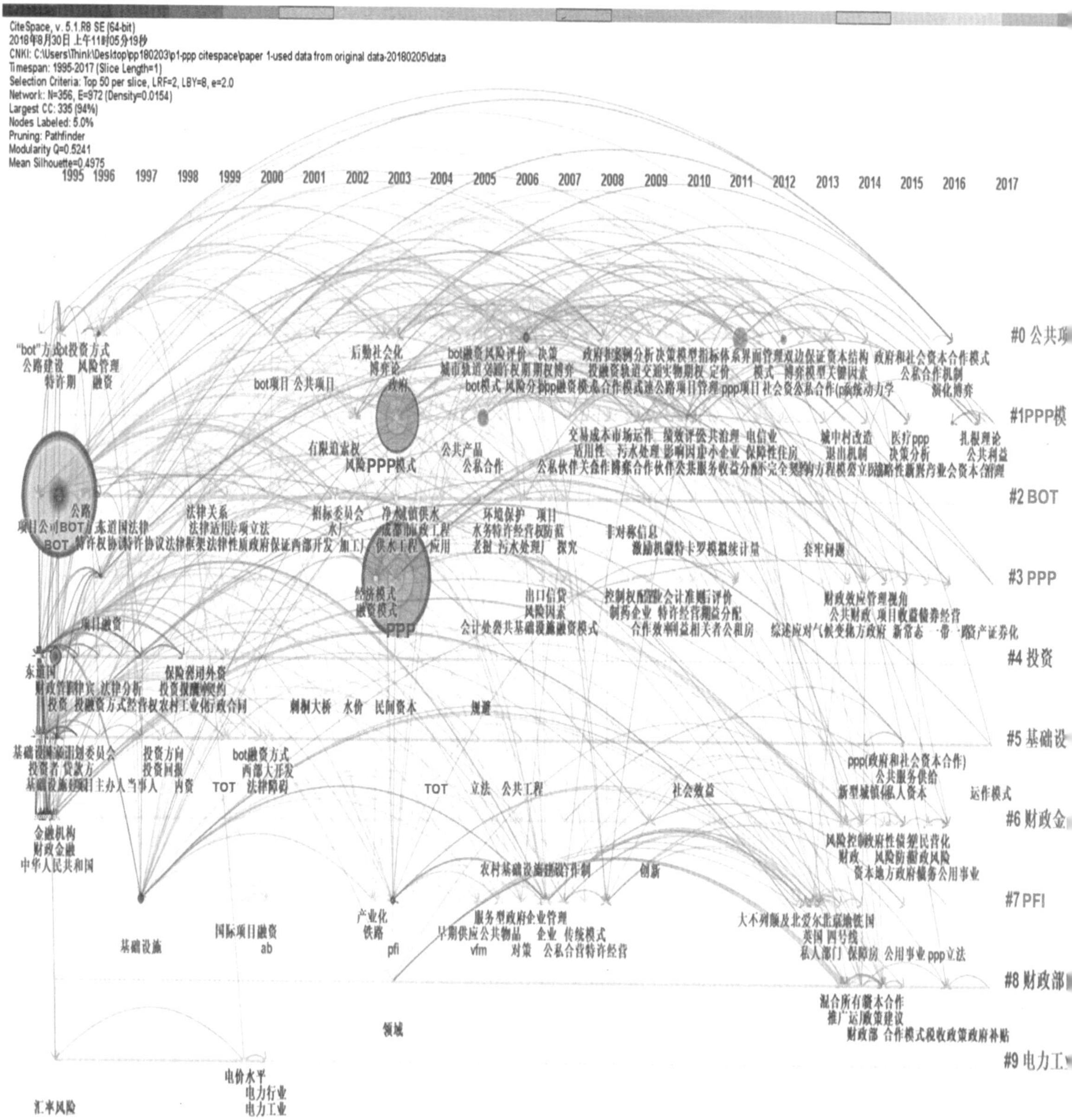

图 0-3   PPP 研究的时间线知识图谱

3.2856、3.7749，与政府部门相关的研究显示公共部门的职能以及角色等在 PPP 模式应用中起着至关重要的作用。与 PPP 模式应用相关的关键词"公共服务、公私合营、PPP、混合所有制、领域、推广应用、新型城镇化"的突变值分别为 4.9240、4.3981、88.2182、3.3889、3.3942、4.2388、3.2856，表明我国混合经济背景下还需要 PPP 在众多领域进行深入推广，更加高效地提供高质量的公共产品和服务。

表 0-2　2014 年以后关键词突值词列表

关键词	突变值	开始（年）	结束（年）	1995—2018 年
资本	7.0364	2014	2018	
财政部	5.6745	2014	2018	
公私合营	4.3981	2014	2018	
推广应用	4.2388	2014	2018	
财政金融	4.0923	2014	2015	
财政	3.8137	2014	2018	
地方政府	3.7749	2014	2018	
混合所有制	3.3889	2014	2017	
财政部门	3.2856	2014	2015	
新型城镇化	3.2856	2014	2015	
PPP	88.2182	2015	2018	
社会资本	17.2505	2015	2018	
公共服务	4.9240	2015	2018	
领域	3.3942	2015	2018	

　　自从我国经济进入新常态（2014 年开始），新型城镇化（2014—2020年）、供给侧结构性改革（2015 年开始）、"十三五"规划（2016—2020 年）、"一带一路"倡议（2013 年开始）的持续推进都要求我国发挥 PPP 模式在提供基础设施等公共产品和服务方面的优势并弥补其不足。在学术界，PPP 研究也一直是研究热点和研究前沿。随着 PPP 模式的演进，如何有

效地引进社会资本，使 PPP 模式在更多的领域进行推广应用，是政府部门需要决策的主要内容，也是学术界在 PPP 研究领域的主要焦点，可见 PPP 研究具有很强的时代特性。

本研究使用 CiteSpce 软件对中国知网（1995—2019 年）PPP 研究领域的 2469 篇文献进行了知识图谱分析，从作者、期刊来源、关键词、聚类、时间线、时空以及突变值等凝练出 PPP 领域的研究热点与研究前沿趋势，得到如下结论。

第一，PPP 文献数量与我国 PPP 政策及 PPP 模式实践相吻合，体现 PPP 研究的时代特征。因此，在我国"十三五"规划以及"一带一路"倡议下，PPP 模式不仅是政府相关部门决策的主要内容，PPP 领域的研究也是学术界持续关注的焦点。

第二，PPP 研究领域主要为 PPP 理论研究领域、PPP 管理研究领域、PPP 治理研究领域和 PPP 应用研究领域。

第三，PPP 研究热点主题为 PPP 概念及本质主体、PPP 风险管理、PPP 绩效管理和 PPP 协同治理。

第四，PPP 研究前沿趋势依然是资本、政府角色和 PPP 模式应用。

第一章　中国 PPP 政策演变

　　政府与社会资本合作（PPP）模式是指政府公共部门与民营部门存在一种合作关系，目的在于让非公共部门所掌握的资源能够参与到公共产品和服务的提供中，使得政府公共部门能够实现职能，同时民营部门能够获得利益。[①] 随着"十三五"规划建议的深入推进与"一带一路"倡议的需求，PPP 模式被广泛应用于各个领域，不仅是基建项目与公共服务项目建设的重要融资手段，也是与"一带一路"沿线国家开展项目交流的主要合作模式。为规范 PPP 模式的应用，自 1995 年起，我国政府部门便开始出台与PPP 模式相关的政策、法规、法律文件[②]，以鼓励、引导民间投资的健康发展，在此过程中，由于 PPP 项目涉及多个政府部门且关系复杂，进而造成了权责不明、资源浪费的现象。为何会出现政府部门"权责不明、机构资源浪费"的问题？现有文献主要从政府职能转变、政府与社会资本方的利益博弈、项目风险管理、法律制度健全等实务角度对 PPP 模式的参与主体的职责进行研究分析[③]，认为 PPP 模式的法律法规仍不健全，与外

---

　　① 贾康、孙洁：《公私伙伴关系（PPP）的概念、起源、特征与功能》，《财政研究》2009 年第 10 期。

　　② 刘薇：《PPP 模式理论阐释及其现实例证》，《改革》2015 年第 1 期。

　　③ 周正祥、张秀芳、张平：《新常态下 PPP 模式应用存在的问题及对策》，《中国软科学》2015 年第 9 期；亓霞、柯永建、王守清：《基于案例的中国 PPP 项目的主要风险因素分析》，《中国软科学》2009 年第 5 期；周阳：《我国城市水务业 PPP 模式中的政府规制研究》，《中国行政管理》2010 年第 3 期。

部社会资本间的风险分担不明确,导致出现权责分配盲区。与上述侧重于政策外部主体与环境的研究视角不同,本研究试从 PPP 政策内部主体(即与 PPP 相关的政府部门,以下简称"PPP 政策主体")的角度来进行探讨。参与 PPP 政策制定的主体越来越多,特别是政出多门现象频发,往往随之而来就是政策重复或冲突,不仅会导致有限资源的浪费,还会导致政策失灵,这都违背了 PPP 政策的初衷。PPP 政策主体网络的复杂性要求完善的合作网络及协作机制来实现。因此,本研究关注 PPP 政策主体网络结构、角色及功能随时间的演变,并将其放到政策主体网络中进行分析,而不是孤立地观察,进而进一步透析 PPP 模式在我国应用出现的各种现实问题,这对于完善我国 PPP 政策体系及提高 PPP 模式的应用效率具有一定的实践意义。

政策网络理论为此提供了很好的观察角度。政策网络主要被用来分析和探讨人际交往的相互关系,即存在的依存网络。对于政策网络理论,美国学者将其发展为一种描述和解释动态的、复杂的政策过程的分析手段,而英国学者将其发展为研究政策制定过程的主导范式。① 基于欧美学者的解释和定义,博雷尔从政策网络的概念与网络工具的视角将政策网络理论归纳为两个流派,即政治学角度的利益协调派与管理学角度的公共事务治理派。② 前者主要关注的是政策网络合法性的问题,注重从政治的角度探讨它对政策过程的作用;后者则是承认政策网络的合法性,侧重于网络治理中的管理策略问题研究,关注网络结构内不同利益主体间的互动关系,以及这些互动关系对政策制定与政策执行过程的影响作用。③ 政策网络具

---

① 石凯、胡伟:《政策网络理论:政策过程的新范式》,《国外社会科学》2006 年第 3 期。

② Borzel, Tanja, Organizing Babylon: On the Different Conceptions of Policy Networks, 1998, pp.254-264.

③ 李瑞昌:《政策网络:经验事实还是理论创新》,《中共浙江省委党校学报》2004 年第 1 期;郭巍青、涂锋:《重新建构政策过程:基于政策网络的视角》,《中山大学学报(社会科学版)》2009 年第 3 期;任勇:《政策网络:流派、类型与价值》,《行政论坛》2007 年第 2 期。

体包括三种要素，即参与主体、主体间关系与网络边界。① 参与主体为参
与政策制定的行动者，主体间关系为行动者之间的联系交流，网络边界为
行动者对功能及角色认知的结果。在整合网络模式中，结构与个人、网络
与环境、网络与政策结果之间是存在辩证关系的，即政策主体会在特定的
结构中产生相应的关系网络，在不同的关系网络中取得不同的策略信息，
进行政策学习与互动交流，从而认识到自身的功能及角色重要性，并做出
相应的行动。

　　本研究将从政策网络理论的视角，采用社会网络分析方法，运用
UCINET6 软件，设计 PPP 政策主体网络演变研究框架，呈现其网络演变
趋势，并对其政策主体构成（参与主体）、网络结构（主体间关系）、角色
演变与功能演变（网络边界）进行分析，结合具体发展环境，解释各时期
出现的政策结果。这种通过事实依据来证明政策网络实用性的方法，也是
政策网络理论发展的新途径。

第一节　PPP 政策主体网络演变呈现

　　本研究采用社会网络分析的方法。社会网络是社会能动者及其之间关
系的集合，采用点和线来表达网络②，对点与线之间关系的量化描述，以
关系为核心，从不同的视角对社会网络进行分析，这种分析方法不同于其
他研究范式。本研究基于社会网络分析方法，通过绘制政策主体网络图
谱，进一步分析 PPP 政策主体网络演变研究。

---

　　①　Marin&Mayntz., Policy Networks, *Empirical Evidence and Theoretical Considerations*,
Campus Verlag: Westview Press, 1991, pp.41-42；Nunan, F, Policy Network Transformation: The
Implementation of the EC Directive on Packaging and Packaging Waste, *Public Administration*,
Vol.77, No.3 (1999), pp.623；Atkinson, M.M& Coleman, W.D, Policy Networks, Policy Commu-
nities and the Problems of Governance , *Governance*, Vol.5, No.2 (1992), pp.172-175.
　　②　刘军:《社会网络分析导论》，社会科学文献出版社 2004 年版。

作为 PPP 政策内部主体的中央政府组成部门，它们是政策制定者与执行者，在不同政策活动中处于不同的位置，作用力也有强弱之分。不同的机构组成，相当于形成了一个多步的局域网，其步长越长，网络发散越大，研究越困难[①]，对政策的制定和实施影响力也越大。采用社会网络分析的方法，可以绘制出局域网节点的社会网络图谱，分析出结构演变的模式特征及各个阶段政策主体的角色及功能的变化。这种政策网络模式作为一种分析问题的新框架，在解释行动者的行为与互动上具有很强的实用性[②]，适用于 PPP 政策主体网络演变研究。基于社会网络分析方法，PPP 政策主体网络演变研究分析框架如图 1-1 所示。

本研究数据来源于两部分：第一部分来源于余文恭主编的《政府与社

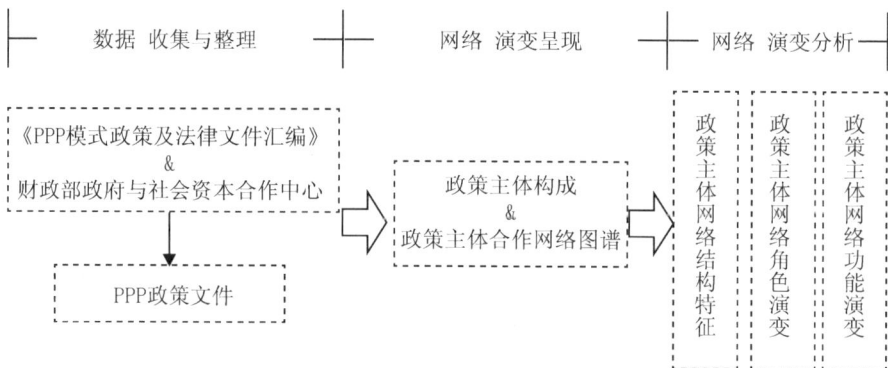

图 1-1   PPP 政策主体网络演变研究分析框架

会资本合作（PPP）模式政策及法律文件汇编》[③]，从中梳理出 1995 年至 2014 年国务院中央部门发布的政策文件；另一部分来源于财政部政府与社会资本合作中心网站，从中整理出 2014 年至 2019 年中央级政府部门发布

---

①   刘军：《整体网分析》，上海人民出版社、格致出版社 2014 年版，第 13 页。

②   李瑞昌：《关系、结构与利益表达——政策制定和治理过程中的网络范式》，《复旦学报（社会科学版）》2004 年第 6 期；Emirbayer, Mustafa and Jeff Goodwin, Network analysis, culture, and problem of agency, *America Journal of Sociology 99*, 1994, pp.1411-1454.

③   余文恭：《政府与社会资本合作（PPP）模式政策及法律文件汇编》，中国建筑工业出版社 2015 年版，第 6—13 页。

的政策法规，并对第一部分进行补充、核对。最终确定研究政策文件样本共 201 项。

　　本研究将政策文本数据进行阶段性划分。从 20 世纪 80 年代开始，我国开始出现政府与社会资本合作的项目，但是正式制定相关的政策及法律则是从 1995 年开始。对其合作模式的发展演进，目前主要有五阶段与三阶段两种主要观点。金永祥在环保产业"铿锵三人行"栏目中，以时间为节点将 PPP 模式划分为五个阶段[①]：改革开放至 1994 年为第一阶段的探索阶段；1994 年至 2002 年为第二阶段的试点阶段；2003 年至 2008 年为第三阶段的推广阶段；2009 年至 2012 年为第四阶段的反复阶段；2013 年至今为第五阶段的全新阶段。但是在 2014 年，颜俊提出了不同的想法。他认为中国的 PPP 模式发展不能单纯按照时间发展的顺序进行划分，而是应按照其产业技术特征划分为点、网、片三个阶段：点主要是早期比较有特点和代表性的外方投资项目，以 BOT 方式进行，以厂为项目界限；网主要采用特许经营的模式，不再以厂为界限，原事业企业可以和新投资人合作经营；而片则是参与主体更加复杂化，协议需配套为支持这个项目发展的各方面政策性文件，注重法制规范，他认为这样更具有科学性。[②] 而伍迪、王守清则是从中国科学基金支持的角度，将其分为 2001 年以前，21 世纪初至 2008 年，2009 年至今三个阶段，通过对基金支持项目的数量金额分析，得出 PPP 模式的发展速度与热度愈来愈高。[③] 本研究结合上述点、网、片的阶段划分体系，以及余文恭对 PPP 模式的政策及法律文件汇编指南，按 PPP 模式的应用目的，将中国 PPP 模式的发展划分为三个阶段：第一阶段为试点阶段（1995—2003 年），主要目的

---

　　① 　金永祥：《PPP 模式在市政及环境产业应用及发展》，见 http://news.solidwaste.com.cn/view/id_54681。

　　② 　阿尔法工场：《中国式 PPP 三人谈》，见 http://www.water8848.com/news/201405/31/18273.html。

　　③ 　伍迪、王守清：《PPP 模式在中国的研究发展与趋势》，《工程管理学报》2014 年第 6 期。

在于引入 BOT 项目，吸引外资；第二阶段为推广阶段（2004—2013 年），主要目的在于从政府垄断经营向以市场化竞争机制转变进而来满足公众对公用事业的需求，采用政府特许经营方式；第三阶段为规范化阶段（2014 年至今），主要目的在于规范 PPP 项目的操作流程，使 PPP 模式进入法治规范化阶段。

一、PPP 政策主体构成

参与主体，作为政策主体网络三大要素之一，既是政策内部主体，也是参与政策制定的行动者。上述 201 项 PPP 政策文本的发布主体，涉及中共中央、国务院、财政部、国家发展改革委等 57 个部门机构，其中包括已撤销及更名机构 5 个，可以看出 PPP 模式的政策发布主体范围宽泛。依据我国中央机构设置及国务院组织机构设置，可将上述 57 个部门机构分为主要组成机构与辅助机构，主要组成机构包括中共中央、国家机构及中央政府组成部门，辅助部门包括中央政府管理下的直属特设机构、直属机构、议事协调机构、国家局、事业单位及企业单位，其构成、代码及发文情况如表 1-1 所示。

表 1-1　PPP 政策主体机构设置

主要组成机构	中共中央 ZGZY （单独发文：1 联合发文：0）		
	国家机构 （单独发文：57 联合发文：0）	全国人大常委会 RDC	最高人民法院 ZGF
		国务院 GWY	国务院办公厅 GWYB
	中央政府组成部门 （单独发文：78 联合发文：57）	发展改革委 FGW （国家计委 GJW）	发展改革委办公厅 FGWB
		财政部 CZB	财政部办公厅 CZBB
		司法部 SFB	中国人民银行 ZRYH

主要组成机构	中央政府组成部门 （单独发文：78 联合发文：57）	环保部 HBB （环保总局 HBJ）	环保部办公厅 HBBB
		交通部 JTB	交通部办公厅 JTBB
		农业部 NYB	农业部办公厅 NYBB
		铁道部 TDB	民政部 MZB
		住建部 ZJB （建设部 JSB）	住建部办公厅 ZJBB
		水利部 SLB	水利部办公厅 SLBB
		国土资源部 GZB	国资部办公厅 GZBB
		教育部 JYB	人社部 RSB
		卫生计生委 WSW	文化部 WHB
		科技部 KJB	科技部办公厅 KJBB
		商务部 SWB （对外经贸部 DWJMB）	公安部 GAB
		工信部办公厅 GXBB	工信部 GXB
辅助机构	直属特设机构 （单独发文：1 联合发文：0）	国资委 GZW	
	直属机构 （单独发文：0 联合发文：12）	国家工商总局 GGJ	国税总局 GSJ
		国家林业局 LYJ	国家旅游局 GLJ
		国家体育总局 GTJ	国家食药监管总局 SYJJ
		国家知识产权局 GZCJ	国家质量监督检验检疫总局 ZJZJ
	议事协调机构 （单独发文：0 联合发文：2）	全国老龄工作委员会办公室 QLWB	
	国家局 （单独发文：1 联合发文：6）	国家能源局 NYJ （电力部 DLB）	国家海洋局办公室 HYJB
		中国民用航空局 MHJ	国家国防科技工业局 GKGJ
		国家铁路局 TLJ	
	事业单位 （单独发文：5 联合发文：11）	中国工程院 ZGCY	银监会 YJH
		证监会 ZJH	保监会 BJH
		国家农业综合开发办公室 GNKFB	
	企业单位 （单独发文：1 联合发文：3）	中国铁路总公司 ZTGS	国家开发银行 GKYH

PPP 政策参与主体与我国的政府机构设置相吻合，总体呈现出主要组成机构单独发文为主，辅助机构联合发文为辅的特点。中共中央于 2013 年 11 月 12 日发布了《中共中央关于全面深化改革若干重大问题的决定》，将政府与市场间关系的定位作为全面深化改革的重大问题之一提出①，强调市场在资源配置过程中的决定性作用，从核心权力上提出了 PPP 政策制定的指导意见；全国人大常委会于 2004 年发布《中华人民共和国公路法》，从法律层面上对 PPP 公路项目流程进行规范；最高人民法院于 2016 年 12 月 28 日发布了《关于充分发挥审判职能作用切实加强产权司法保护的意见》，从产权保护上保证 PPP 项目的履约；国务院及其办公厅则是从宏观规划上制定政策意见，为各部委及辅助机构提供 PPP 政策发展指导依据。根据表 1-1 中数据来看，中共中央单独发文 1 项，国家机构（包括全国人大常委会、最高人民法院、国务院及办公厅）单独发文 57 项，没有联合发文。中央政府的组成部门即各部委也是单独发文（78 项）高于联合发文（57 项）。辅助机构基本以联合发文（总计 34 项）为主，单独发文（总计 8 项）较少。由此可见，国家机构以及各部委是政策发文的主要参与主体，且以单独发文为主，联合发文为辅。

为进一步观察各政策主体的参与形式与参与程度，本研究按照发文独立性将其分为独立发文主体与联合发文主体两种（见表 1-2），参与程度通过主要发文政策主体及发文数量体现（见表 1-3）。首先，从参与形式来看，在 201 项政策文本中，独立发文主体发布的文件数量占总体的 71.64%，联合发文主体发布的文件数量占总体的 28.36%，而三个阶段总发文数量比例分别为 6.47%、11.94% 及 81.59%。从整体结构上可以看出，政策主体主要以单独行动的形式参与，政策主体间的协作行动参与较少，

---

① 习近平：《关于〈中共中央关于全面深化改革若干重大问题的决定〉的说明》，《求是》2013 年第 22 期。

且仅在第三个阶段（2014 年至今）才渐渐形成。其次，从参与程度来看，少数政府机构部门的参与程度远远高于其他部门。在 57 个相关部门机构中，发文数量居于前 9 名的主要部门机构分别为财政部、国务院办公厅、国务院、住建部（原国家建设部）、发展改革委（原国家计委）、中国人民银行、银监会、交通部与环保部，这 9 个机构都是国务院及其各部委，独立发文及联合发文数量分别为 125 项和 54 项，占发文总量的 62.19% 和 26.87%。除此之外，这九大机构部门在这三个阶段中的发文数量也存在较大差距，财政部发文数量达发文总量的 43.28%，在 PPP 模式的政策制定上处于核心地位，其次为国务院办公厅、国务院、住建部等。换言之，我国目前有关 PPP 政策主体以单独发文形式参与为主，少数政策主体参与程度极高，其中以财务部为首。

表 1-2　PPP 政策主体构成及发文数量

	1995—2003 年	2004—2013 年	2014—2019 年	发文总量
独立发文主体	6	10	19	144
联合发文主体	7	5	50	57
发文总量	13	24	164	201

表 1-3　主要发文政策主体及发文数量

	独立发文数量	联合发文数量	合计
财政部（CZB）	46	41	87
国务院办公厅（GWYB）	29	0	29
国务院（GWY）	26	0	26
住建部（ZJB）	11	11	22
发展改革委（FGW）	4	17	21
中国人民银行（ZRYH）	2	15	17
银监会（YJH）	3	9	12
交通部（JTB）	2	8	10
环保部（HBB）	2	8	10
合计	125	54	179

注：各时间段更改名称的政策主体以现有名称进行统计。

　　由此可见，我国 PPP 政策参与主体以国家机构及其各部委为主，辅助机构为辅,参与形式以国家机构及各部委单独发文为主,辅助机构联合发文为辅,参与程度高的是以财政部为首的 9 个机构部门。在明确了 PPP 政策参与主体的基本构成的基础上,明晰 PPP 政策主体合作网络的演变进程,有助于进一步分析 PPP 政策主体间关系。

二、PPP 政策主体合作网络图谱演变

为了更加明晰 PPP 模式的政策主体合作网络的演变,依据上述划分的三个阶段,运用 UCINET6 软件,构建 n 维对称邻接矩阵,若政策主体间有合作关系,则令其值为 1,若无合作关系,则令其为 0,得到图 1-2 所示的 PPP 模式政策主体合作网络图谱。根据各阶段 PPP 政策参与主体所属机构设置的数量,得到图 1-3 所示柱形图。

我国 PPP 政策主体合作网络的演变与 PPP 政策在第三阶段的井喷现象相一致。从 PPP 政策主体网络演变图谱及各阶段 PPP 政策主体所属机构变化柱形图可以看出:首先,PPP 政策主体网络在第一和第二阶段相对简单,而在第三阶段变得极其复杂,不仅政策参与主体个数大幅度增加,从第一阶段 10 个、第二阶段 11 个,到第三阶段高达 54 个政策参与主体,而且网络结构也变得极其错综复杂(见图 1-2)。其次,增加的政策参与主体以中央政府组成部门即各部委为主、各辅助机构为辅,且均在第三阶段增加幅度巨大(见图 1-3)。再次,在第一、二阶段中,各政府机构之间合作较少,以单独发文为主,而在第三阶段中,各政府机构间合作紧密,联合发文的数量高达 50 个。最后,在第三阶段,PPP 政策参与主体扩大至国家司法部门、各部办公厅及各部直属机构。这也意味着随着 PPP 模式的应用的深入,PPP 政策主体的合作网络规模变得越来越大。

■国务院办公厅
■对外贸易经济合作部
■国家开发银行

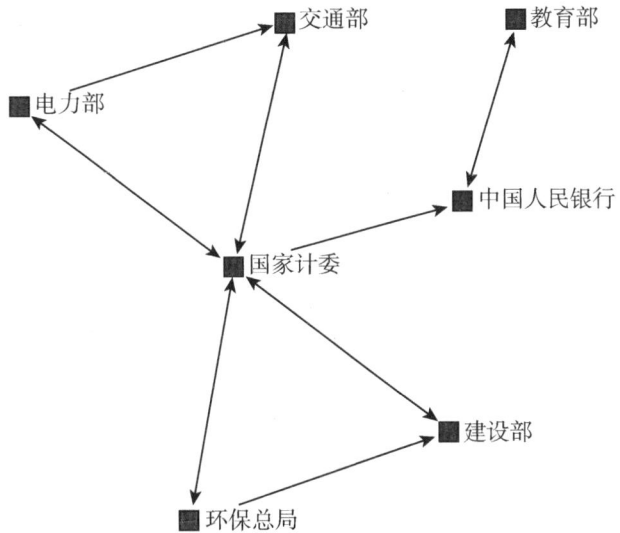

交通部　　　■教育部

■电力部

■中国人民银行

■国家计委

■建设部

■环保总局

第一阶段：1995—2003 年

■全国人大常委会

■国务院

■国务院办公厅

■住建部（建设部）

■铁道部

■中共中央

■交通部

■发改委

■中国人民银行

■财政部

■银监会

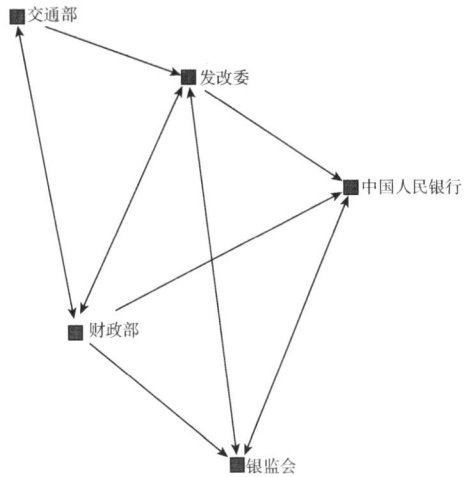

第二阶段：2004—2013 年

注：国家计委后更名为国家发展改革委，环保总局后更名为环境保护部，建设部后更名为
　　住建部

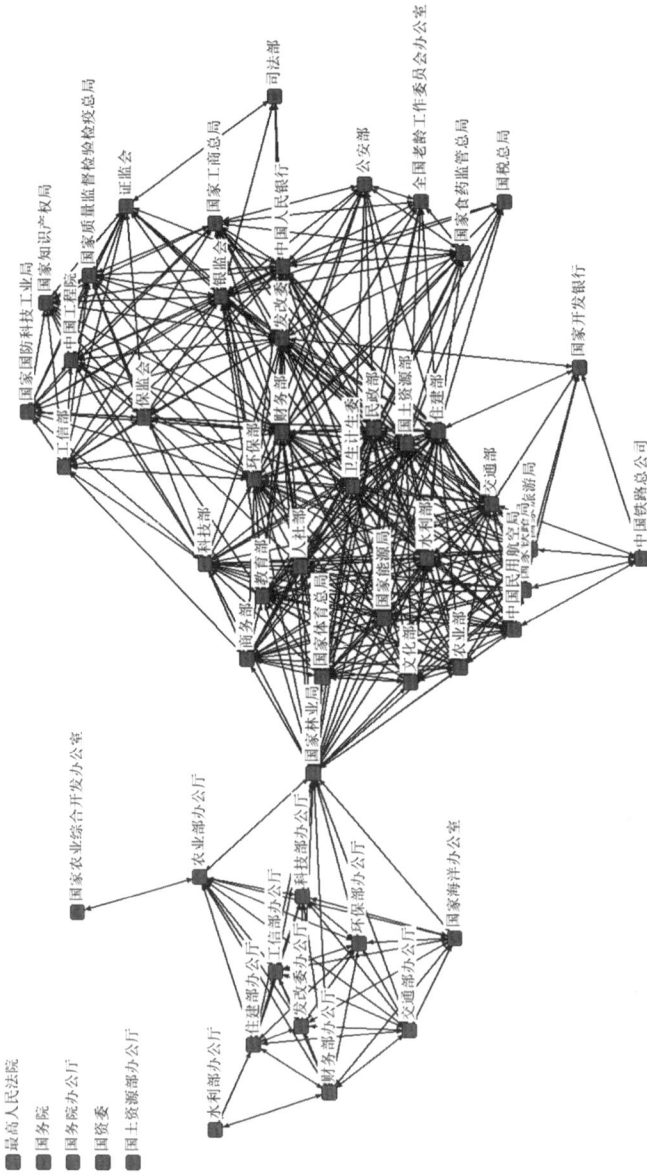

图 1-2　1995 年至今 PPP 模式政策主体合作网络图谱

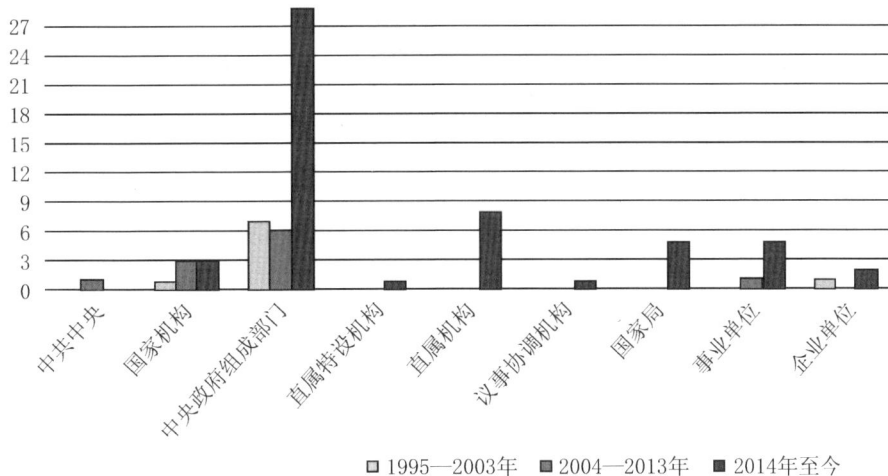

■ 1995—2003年 ■ 2004—2013年 ■ 2014年至今

图 1-3 各阶段 PPP 政策主体所属机构设置数量柱形图

可以说，PPP 政策主体网络图谱呈现了 PPP 政策参与主体间合作的直观演变，不仅 PPP 政策参与主体数量迅速增加，网络结构也呈复杂化趋势，这就需要进一步分析 PPP 政策主体网络结构（即主体间关系）及 PPP 政策主体网络角色及功能（即网络边界），来透析 PPP 政策主体网络的演变。

第二节　PPP 政策主体网络演变分析

一、PPP 政策主体网络结构演变

PPP 政策主体网络结构可以体现 PPP 政策参与主体间的关系。在上述网络图谱呈现的基础上，本研究利用网络结构指标对三个阶段的中国 PPP 政策主体的合作网络结构演变进行描述（见表 1-4）。样本数量指的是网络中不同阶段发布政策文本的数目；网络规模表示网络中包含的所有政策主体的数目；网络关系数代表政策发文主体两两之间联合发文的链接

数量；网络联结频次表征主体间联合发布政策文本的频数；网络凝聚力指数反映的是网络中政策主体间的联系紧密程度，指数越大，该网络越具有凝聚力；整体网络密度体现的是实际关系数除以理论上的最大关系数，密度越大，成员间联系越紧密；节点平均距离源于节点距离，节点距离指的是两个政策主体间存在的最优途径长度，而节点平均距离则是所有最优途径长度的平均值，它反映了主体间沟通合作需要通过多少节点的传递，距离越长，其沟通通过的节点越多。以下按照阶段来分析 PPP 政策主体网络结构特征，进而来进一步明晰 PPP 政策主体间关系随时间的变化。

表1-4　中国 PPP 政策主体合作网络结构特征

	1995—2003 年	2004—2013 年	2014—2019 年
样本数量	13	24	164
网络规模	10	11	54
网络关系数	8	8	425
网络联结频次	8	16	607
网络凝聚力指数	0.307	0.164	0.528
整体网络密度	0.178	0.146	0.297
节点平均距离	1.810	1.200	1.883

（一）第一阶段政策试点阶段（1995—2003 年）：局部集中型的网络结构

PPP 政策发文主体共有 10 个，发文数量仅 13 项，其中独立发文 9 项，联合发文 4 项，政策主体间两两合作的数量（8）以及合作发文的频数（8）极少，凝聚力（0.307）以及密度（0.178）处于弱趋势，但节点平均距离（1.810）较长。这一阶段对国家计委（后改名为国家发展改革委）这个核心节点的依赖性较大，部分主体合作网络结构相对集中，属于局部集中型的网络结构。

在这一时期，负责国家财务的财政部并未位列其中，而是由国家计委为主导，牵头进行政策制定。当时的政府与社会资本合作模式刚在中国引起关注，国家计委主导了广西来宾 B 电厂、成都自来水六厂及长沙电厂等几个试点项目的开展①，这也解释了为何国家计委是这一时期的核心节点。为将这种融资模式更好地在中国落地，国家计委先后发布了《境外进行项目融资管理暂行办法》《关于试办外商投资特许权项目审批管理有关问题的通知》《关于印发促进和引导民间投资的若干意见的通知》等文件，对项目招商与审批进行政策规范，为试点项目提供政策依据。但这一时期我国引入 BOT 模式的起点是为吸引投资而非实现双方效益最大化，因此其出现水土不服、运作数量少、难以推动完成的问题。这也与上述网络结构特征相符合。

（二）第二阶段政策推广阶段（2004—2013 年）：松散多主体型的网络结构

PPP 政策主体仅增加 1 个，政策文本颁布数量也相对较少仅有 24 项，其中独立发文 21 项，联合发文 3 项，平均每年仅增加了 1 项，发展速度缓慢。但是，政策主体间两两合作的数量（8）及合作发文的频数（16）表明 PPP 政策主体间的合作有所增加，而网络凝聚力（0.164）以及密度（0.146）较第一阶段有所下降。国家计委不再是 PPP 政策主体网络的唯一核心，而是与财政部、中国人民银行、银监会及交通部形成一个多节点的邻接矩阵，节点平均距离较短（1.200），表明政策主体间沟通合作经过的节点较少，属于松散多主体型的网络结构。

经过试点阶段之后，国家对于 PPP 模式的应用进入调整推广期，PPP 项目开展逐步进入市政项目，特许经营成为主要项目方式。原建设部发布的《关于加快市政公用行业市场化进程的意见》及《市政公用事业特许经营管理办法》，为 PPP 项目开展的规范化奠定了法律基础。尽管有了规范化的进程，但 2008 年全球经济危机的爆发，使我国的财政政策向积极性

---

① 朱守鹏：《PPP 模式在我国的发展历程、运用困境及对策研究》，《工程经济》2016 年第 3 期。

方向推进。因此，尽管中共中央、全国人大常委会将其明确制定在指导意见与法律法规的文件中，国务院也在 2010 年出台了《关于鼓励和引导民间投资健康发展的若干意见》，但是 PPP 模式在中国的格局并未有很大变化。政府在经济刺激过程中仍占主导地位，国企获得了银行的大量贷款，主要投入在交通运输行业，银监会进入其中，对其进行金融监管，但却出现社会资本难以进入市场的局面，PPP 出现下降调整现象。

（三）第三阶段政策规范化阶段（2014—2019 年）：均衡多主体型的网络结构

PPP 政策主体共颁布政策文件 164 项，政策主体数量上升至 54 个，其中独立发文 114 项，联合发文达 50 项，但是政策主体间两两合作的数量（425）以及合作发文的频数（607）表明 PPP 政策主体间的两两合作大幅度增加，且合作越来越频繁。财政部依然占据网络核心地位，住建部、交通部、发展改革委、环保部、银监会、中国人民银行等成为网络次核心，整体网络密度（0.297）和凝聚力（0.528）也提高许多，网络结构在这一阶段趋于稳定，复杂程度增加，节点平均距离（1.883）较长，表明整体沟通协调性加强，各部门间基本实现可达。除此之外，多部门办公厅也开始进入合作阶段，PPP 工作进入常态化阶段。这一时期，政策主体网络呈现出多主体、多核心的均衡趋势，属于均衡多主体型的网络结构。

在党的十八届三中全会后，中央将政府与社会资本合作（PPP）模式推广到了公共服务、投资融资等更多领域，PPP 模式政策进入井喷时代。仅近 5 年的时间，发布政策数量就已经是前 20 年发文数量的 4 倍。其中，2015 年 5 月 19 日财政部、国家发展改革委及中国人民银行发布的《关于在公共服务领域推广政府和社会资本合作模式的指导意见》最为重要。文件明确表述将 PPP 模式广泛应用到能源、交通、水利、环保、农业、林业、科技、保障性安居工程、医疗、卫生、养老、教育、文化等公共服务领域，这也说明了为何这一时期的政策主体会增加至 54 个，各部门之间的沟通协作逐渐加强。除此之外，这些政策规范还集中反映了我国政府推行 PPP 模式运营的领域、目标及内容，以及运行过程中政策制定者与执行者之间的合作关系。2016 年，国务院常务会议明确将 PPP 工作的部门职责进行了分工，基础设施领域由发展改革委牵头负责，公共服务领域由财政部牵头负责，PPP 模式的应用常态化趋势明显，这也与各部办公厅参与其中相匹配。除此之外，最高人民法院、国家司法部也进入了 PPP 工作中，但各自发文仅 1 项，PPP 立法及司法审查工作的重新提出，也将是未来 PPP 政策发展的重要研究问题。

　　通过以上对 PPP 政策参与主体及主体间结构关系的演进分析，需要进一步探究 PPP 政策主体不同阶段网络中的作用，即 PPP 政策主体网络角色和功能的演变。

二、PPP 政策主体网络角色演变

　　为进一步透析 PPP 政策主体网络中政策主体角色演进，本研究利用 UCINET6 软件，将结点度数与联结频次作为指标来研究其演变过程。其中，结点度数表示某个政策制定主体联合其他主体的数量，数量越多，度数越高，该政策主体进行联合颁布政策的部门越多，部门间协调能力越强，用来衡量合作的"广度"。联结频次代表某个政策制定主体联合其他主体进行发文的数量，数量越多，度数越高，该政策主体与其他主体联合发文越频繁，其合作程度越深，用来衡量合作的"深度"。通过 Excel 软件建立"广度—深度"二维矩阵，以广度为横坐标，以深度为纵坐标，可以把政策主体在其网络中的角色划分为四种类型：高广度—高深度型（HH）的核心节点、高广度—低深度型（HL）的重要节点、低广度—高深度型（LH）的一般节点、低广度—低深度型（LL）的边缘节点。① 图 1-

---

　　① 刘凤朝、徐茜：《中国科技政策主体合作网络演化研究》，《科学学研究》2012 年第 2 期。

4 显示了三个阶段政策主体在政策网络中的角色分布。

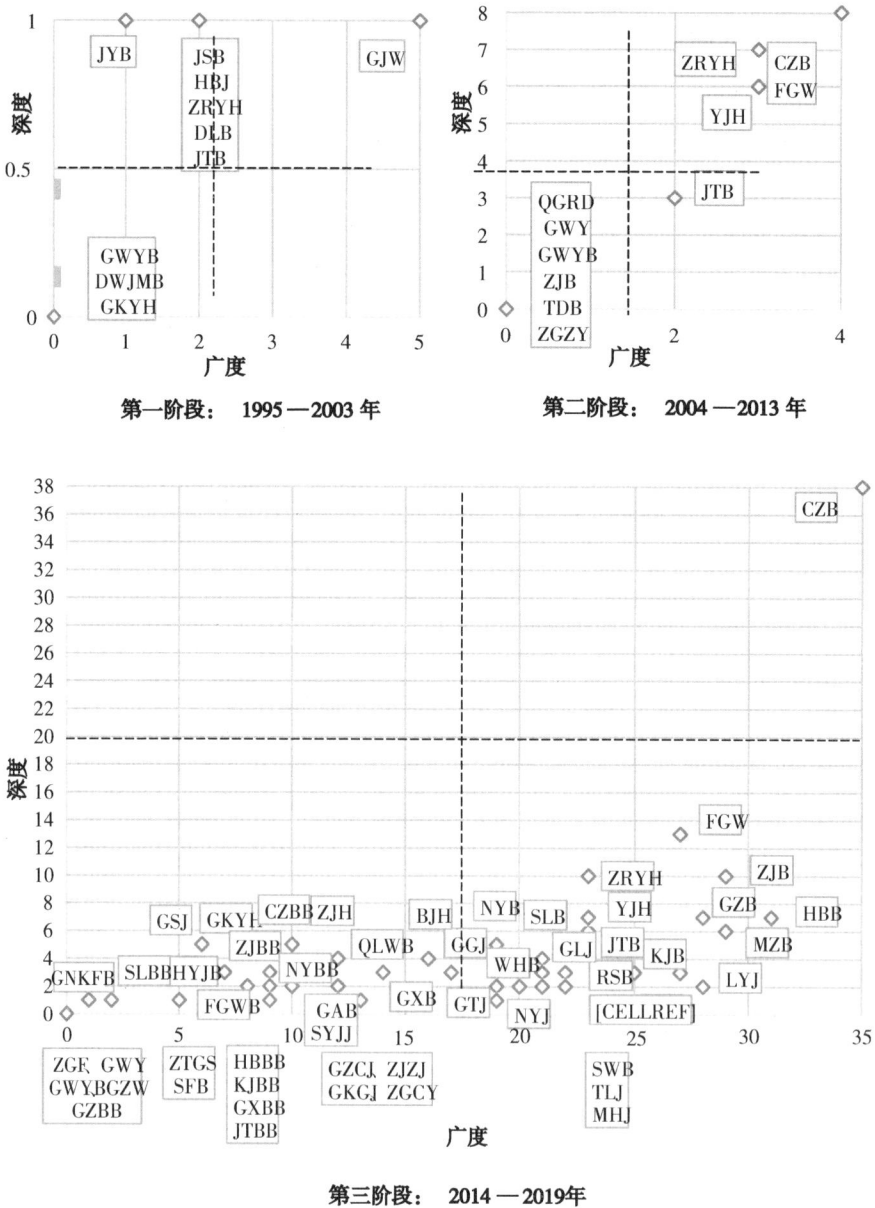

第一阶段：　1995—2003 年

第二阶段：　2004—2013 年

第三阶段：　2014—2019年

图 1-4　三个阶段的政策主体在政策网络中的角色分布

（一）第一阶段局部集中型的试点阶段（1995—2003 年）：国家计委主导阶段

在 PPP 政策进行试点的这一阶段，PPP 政策主体间的互动合作很少，除了与国家计委联合的政策主体有 5 个以外，政策主体或者不联合或者仅和 1、2 个其他主体联合，部门间协调度很低，即部门间合作的广度很低。除此之外，政策主体间联合发文的数量也不多，所有政策主体间的合作发文数量仅为 0 或者 1 项，部门间合作程度很浅，即部门间合作的深度也低。这一时期 PPP 政策主体间合作广度和深度呈明显的分散状。但特别的是，国家计委在图中位于右上角 HH 象限，与其他部门相比，其合作广度最高，是较突出的 HH 型核心节点，处于 PPP 模式政策制定的主导地位。而建设部、环保总局、中国人民银行、电力部、交通部及教育部是 LH 型的一般节点，这些部门是最初制定 PPP 政策，进行 PPP 模式应用尝试的部门。国务院办公厅、对外经贸部与国家开发银行都是独立发文。这一阶段主要是通过引入 BOT、吸引外资，进而形成了以国家计委为主导的 PPP 政策主体网络。

（二）第二阶段松散多主体型的推广阶段（2004—2013 年）：财政部与发展改革委主导阶段

在 PPP 模式进行推广的这一阶段，PPP 政策主体间合作的广度和深度都有所提升，但是幅度不大。财政部进入 PPP 模式政策的制定主体，国家计委更改为发展改革委，二者处于图中的右上方（广度为 4，深度为 8）HH 象限，是政策制定的核心主体，中国人民银行（广度为 3，深度为 7）与银监会（广度为 3，深度为 6）也位于 HH 象限，是仅次于财务部和发展改革委的次核心主体，表明它们不仅为 PPP 模式提供财政支持、项目审批及特许经营许可等基本服务，还促进 PPP 模式的推广应用，加快公共基础设施建设，提高公共服务的社会效率。交通部处于中间层次（广度 2，深度为 3），位于 HL 和 LL 象限的中间位置，表明此阶段以交通领域为主要投资建设方向；住建部（广度、深度均为 0）虽然是 LL 型边缘节

点，但也表明了住房及城乡基础设施建设也是 PPP 模式的应用领域。中
共中央、国务院、国务院办公厅等 5 个部门处于低层次（广度和深度均为
0），均是独立发文，与其他政策主体间没有合作。结合上述网络结构特征
分析，这一时期，主要为满足公众对公用事业的需求，特许经营权被引入
使用，PPP 模式进入调整期，政策由单一向联合过渡，以政府推动为主要
发展动力，各级政府成立的公司担当融资平台，严重挤压了民间资本的生
存空间，PPP 进程相对滞后，政策主体间的合作有限，但是合作程度相对
第一阶段有所提高，总体处于财政部与发展改革委主导的 PPP 模式推广
阶段。

**（三）第三阶段均衡多主体型的规范化阶段（2014—2019 年）：财政部
与多部门主导阶段**

在 PPP 模式进入规范化阶段之后，财政部处于绝对的主导地位（广
度为 35，深度为 38），是 HH 型核心节点，其合作部门达 54 个之广，
联合发布政策文本也有 38 项之多，不仅与其协调合作的部门多、合
作程度深，而且还成立了财政部政府和社会资本合作中心，专门负责
PPP 政策研究、信息统计、融资支持等工作。发展改革委在这一时期，
由核心节点变成 HL 型重要节点（广度为 27，深度为 13），虽然不及
财政部，但是在 PPP 模式的政策制定中依然是关键角色，与其他部门
间的合作程度也是非常广而深。此外，住建部、环保部、中国人民银
行、银监会、交通部等都处于 HL 象限，都是 HL 型重要节点，其联合
发文的广度和深度也有较大提升。其他处于 LH 型一般节点的各部门发
展也均有明显提升且相对均衡。而国务院、国务院办公厅、最高人民
法院等仍处于单独发文的 LL 型边缘节点。此阶段涉及的 PPP 政策主
体高达 54 个，发文数量也有 164 项之多，表明我国 PPP 已经推广至公
共服务的各个领域，各个部门之间协调合作均有明显提升，且逐渐进
入规范化阶段，总体上 PPP 政策主体网络处于由财政部及多部门主导
的规范化阶段。

　　总体而言，结合政策发文数量以及合作的广度和深度数据比较分析，财政部、发展改革委、中国人民银行、银监会、交通部、住建部及环保部7大机构是我国 PPP 政策主体网络的核心或重要主体，在复杂的合作网络中起着十分重要的角色。图 1-5 显示了主要 PPP 政策核心或重要主体的在三个阶段的合作广度—深度变化图，在第三阶段，所有核心政策主体的合作广度和深度比前两个阶段都有大幅度提升。最为显著的是财政部，从第二阶段开始就赶超发展改革委，在 PPP 政策制定中是不可或缺的核心角色。值得注意的是，国务院及国务院办公厅的发文总量分别位居第二、第三位，但在三个阶段均是 LL 型边缘节点。这是由于国务院是我国最高国家权力机关的执行机关这一特点决定的，国务院制定行政法规，国务院各部门和地方政府据此执行落实，这也就解释了国务院及国务院办公厅发文数量很多，但是在政策主体合作网络中是不与其他主体合作的 LL 型边缘节点。基于 PPP 政策主体网络角色演变分析，接下来将进一步分析其功能的演变。

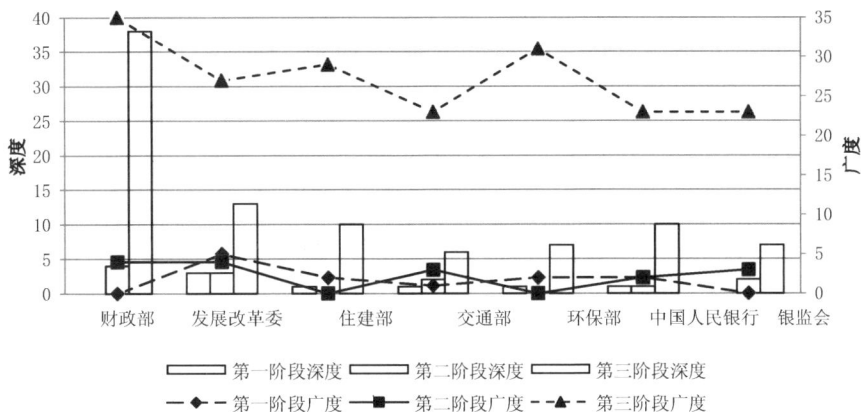

图 1-5　三阶段 PPP 政策核心主体网络角色演变图

三、PPP 政策主体网络功能演变

通过以上对政策主体间合作角色演变的分析，可以发现三个不同阶段的政策核心主体也有所变化，进而其功能也随之发生改变。国家发展改革委（原国家计委）、财政部、住建部（原国家建设部）、交通部、环保部（原环保总局）、中国人民银行、银监会都曾处于 PPP 模式政策制定主体的核心位置上，作为重要的节点，他们在不同程度上影响了中国 PPP 模式政策的主体合作网络演变。为了解不同阶段主要核心主体的功能演变，本研究通过剔除某个节点后的网络结构指标变化，来分析该节点在合作网络中的功能作用。本研究选取了上述 7 个政策核心主体，观察将其从网络中剔除后，网络关系数、网络连接频次、网络凝聚力指数、整体网络密度及节点平均距离的结构指标的变化，如表 1-5 所示。

表 1-5　1995—2019 年剔除网络核心主体后的结构指标的变化率

	网络关系数	网络连接频次	网络凝聚力指数	整体网络密度	节点平均距离
时间段	1995—2003 年				
国家计委	-62.50%	-62.50%	-72.90%	-53.10%	-44.80%
交通部	-25.00%	-25.00%	-9.45%	-6.24%	-0.55%
建设部	-25.00%	-25.00%	-9.40%	-6.20%	-0.60%
环保总局	-25.00%	-25.00%	-9.45%	-6.24%	-0.55%
中国人民银行	-25.00%	-25.00%	-27.69%	-6.35%	-22.65%
时间段	2004—2013 年				
国家发展改革委	-50.00%	-50.00%	-32.30%	-38.90%	11.10%
财政部	-50.00%	-50.00%	-32.30%	-38.90%	11.10%
中国人民银行	-37.50%	-25.00%	-25.61%	-23.97%	-2.75%
银监会	-37.50%	-37.50%	-25.61%	-23.97%	-2.75%
交通部	-25.00%	-18.75%	-18.90%	-8.38%	-16.67%
住建部	0.00%	0.00%	22.00%	22.20%	0.00%
时间段	2014—2019 年				

续表

	网络关系数	网络连接频次	网络凝聚力指数	整体网络密度	节点平均距离
财政部	-8.66%	-17.01%	-2.30%	-5.14%	2.16%
国家发展改革委	-6.68%	-8.70%	-1.34%	-3.08%	0.74%
环保部	-7.67%	-7.37%	-1.73%	-4.11%	1.10%
住建部	-7.18%	-10.02%	-1.54%	-3.61%	1.05%
交通部	-5.69%	-6.05%	-1.15%	-2.05%	0.79%
中国人民银行	-5.69%	-7.56%	-0.96%	-2.05%	0.21%
银监会	-5.69%	-7.94%	-0.77%	-2.05%	0.16%

（一）第一阶段政策试点阶段（1995—2003 年）：稳定性差的局部合作网络

在 PPP 模式应用初期，国家计委主要负责 PPP 模式发展规划，仅有几个部委参与 PPP 政策制定，因此，PPP 政策主体合作网络整体缺乏稳定性，政策主体间的合作牢固性较低。财政部和银监会未在整体网络中参与政策制定，因此不对其进行剔除统计。剔除五个政策主体后进行比较，可以看出国家计委（后改名为国家发展改革委）的重要程度远高于其他四个部门。在剔除掉国家计委后，网络关系数与连接频次均降低了 62.5%，整体网络密度下降约原网络结构指标的一半，而网络凝聚力指数及网络密度指数更是降低了 72.90% 和 53.10%，这说明国家发展改革委在网络关系中处于主导地位，不仅在合作网络中是重要的组织协调机构，发挥主要组织功能，还发挥着重要的沟通功能。而在剔除掉建设部、交通部、环保总局之后，其结构指标变化幅度相对较小，对网络整体密度影响不大，在合作网络关系中更多的起着稳定功能。而在剔除掉中国人民银行之后，网络凝聚力指数降低了 27.69%，说明中国人民银行在这一时期起着一定的沟通功能。除此之外，节点平均距离一般随着网络凝聚力指数的下降而上升。①

---

① 朱桂龙、程强：《我国产学研成果转化政策主体合作网络演化研究》，《科学学与科学技术管理》2014 年第 7 期。

凝聚力指数降低，节点平均距离升高。国家发展改革委的节点平均距离有大幅度下降，这是因为国家计委与其他四个部门间均有网络合作，剔除国家计委之后，其他三部门成为孤岛节点，因此平均距离反而下降。而其政策主体的节点平均距离也均有所下降，也是因为合作网络过于简单，剔除这些核心节点后其他节点就变成唯一连接节点或者孤岛节点。可以看出，这一时期，国家计委主导组织整个合作网络，主体间沟通不足，整体合作网络缺乏稳定性。

（二）第二阶段政策推广阶段（2004—2013年）: 稳定性一般的松散多主体合作网络

在这一时期，PPP模式政策主体间合作的网络牢固性有所提高，环保部未在整体网络中参与政策制定，因此不对其进行剔除统计，而财政部参与到合作网络中来。剔除掉国家发展改革委与财政部后，二者对网络结构的影响程度相同，均大于交通部与住建部的影响力。这一时期，财政部进入政策主体的核心部门，同发展改革委一起对PPP模式政策的制定发布，剔除二者任意一个，其网络关系数、连接频次都减少了一半，说明二者共同在合作网络关系中发挥重要的组织功能。同时，二者对网络凝聚力及网络密度也有较大影响，剔除后指数均降低了三成，节点平均距离也增加了11.1%，说明二者同时也起到一定沟通功能。剔除掉中国人民银行和银监会后，网络关系数均降低37.5%，而网络连接频次分别降低25%和37.5%，网络凝聚力和网络密度均降低25.61%及23.97%，说明中国人民银行和银监会在合作网络中更多起到稳定功能。相比而言，剔除交通部后，网络关系数与连接频次降低较少，对网络凝聚力影响指数也不算太高；剔除住建部后，网络关系数与连接频次没有发生变化，并且网络凝聚力指数与整体网络密度都有上升，说明住建部是一个孤岛节点，因此剔除后不影响节点平均距离。整体而言，这一时期，PPP政策主体合作网络的牢固性有所增强，财政部和发展改革委主导组织、其他部门沟通合作的稳定性一般的合作网络。

（三）第三阶段政策规范化阶段（2014—2019 年）：稳定性较好的均衡多主体合作网络

在 PPP 政策规范化阶段，整体网络中政策主体间的关系越来越紧密，合作网络越来越稳固。将 7 个部门依次进行剔除，然后按照对 PPP 模式政策制定影响政策网络密度的大小进行排序，依次为财政部、环保部、住建部、国家发展改革委、中国人民银行、交通部和银监会。相比于前两个阶段，这一时期的网络牢固性很高。即使是剔除影响最大的财政部，其整体网络密度也仅仅降低 5.14%。从表中可看出，剔除交通部、中国人民银行和银监会后，对整体网络密度影响最小，只有 2.05%，在核心发文部门中，其对 PPP 模式政策制定发布的作用力较弱。国家发展改革委在这一时期，连接频次变化的影响力有所减弱，其网络关系数、网络密度及凝聚力也低于环保部、住建部和财政部，不再和财政部一样处于网络双核心地位，各部门进行 PPP 项目步伐加快。突出的是，住建部在这一阶段的影响力明显比上一阶段有明显提高，剔除后其网络关系数与连接频次都接近于影响力最高的财政部，说明住建部在连接各部门间的沟通合作过程中，成为重要的网络节点，紧密各部门间联系的作用加强。可见，在这一时期，PPP 政策主体合作网络的牢固性大幅度增强，政策主体间沟通紧密，网络处于稳定性较好的均衡多主体合作网络。

本研究运用社会网络分析方法，从政策网络的角度，对 PPP 模式的政策主体合作网络参与主体构成、主体间关系结构以及主体角色和功能展开研究，具体结论如下。

第一，我国参与 PPP 模式政策制定的参与主体较多，政策发文主体涉及了 57 个部门机构，以国家机构及各部委为主，辅助部门为辅。参与形式以国家机构及各部委单独发文为主，辅助机构联合发文为辅，参与程度是以财政部为首的 9 个机构部门远远高于其他部门，发文总量占总数的比例高达 89.06%。

第二，我国 PPP 模式政策主体关系合作网络呈阶段性趋势发展。从 1995 年至今，整体网络规模不断扩大，网络结构更加复杂，政策主体间的协调合作有了较大程度的提升，经历了从局部集中型的网络结构到松散多主体型的网络结构到均衡多主体型的网络结构的变化过程。

第三，我国 PPP 政策主体的角色从合作广度和深度来看也发生了一定改变，网络核心从单独国家计委主导到财政部与发展改革委共同主导，再到财政部与多部门共同主导的演变，凸显了财政部在 PPP 政策主体网络中核心角色。

第四，我国 PPP 各政策主体在合作网络中的功能随时间发生了一定的转变，从最开始由国家计委核心组织合作，转变为与财政部一起主导协调，到最后由财政部和各核心部委一起协作发挥组织和稳定功能。在国家发展改革委和财政部的核心作用减弱的同时其他部委的作用逐渐增强，PPP 政策主体网络变复杂的同时也变得越来越牢固、稳定性越来越好。在网络演化过程中，存在核心政策主体领导职能交叉的问题，部门间仍需更深入的协作沟通，确保网络的牢固性与政策制定的高效性。

本研究将政策网络理论应用到政府与社会资本合作政策主体分析的研究中，以此来分析目前我国 PPP 政策制定主体是如何基于各自利益而结成政策网络的，并探究其政策网络结构类型及各政策网络主体的角色定位及功能作用，在理论应用上具有一定的参考意义。

第二章　中国 PPP 政策创新的扩散*

政策创新，是指某政府采纳一项对它而言是"新"的政策。这一"新"政策无论之前是否被其他政府采纳过，只要对该政府而言是"新"的政策，就是政策创新。[①] 政策扩散，即政策创新的扩散，是一项创新经由某种渠道、通过一定时间，在一个社会系统的成员之间被沟通的过程。政策创新的扩散就是指某一政策创新经过从一个部门或地区到另一个部门或地区，在社会成员之间被沟通和传播，并被采纳和推行的过程。创新扩散的本质是沟通[②]，因此，政策创新扩散的实质也就是政府之间的互动与交流，即某个政府采纳了某一项政策，其他政府也就会倾向于采纳这项政策，政策创新扩散就是某个政府的选择与其他政府的选择之间相互作用并相互依赖的过程。[③] 因地制宜的政策创新以及扩散对于我国公私合作关系制度化具有重要意义。厘清创新政策的扩散模式、扩散方向以及路径，成为研究PPP 政策变迁的重要议题。

---

* 本章主要内容已经发表，详见：姜影、王茜：《政策扩散视角下我国 PPPs 政策创新的扩散》，《科技管理研究》2020 年第 1 期。

① BOEHMKE F J，WITMER R., Disentangling diffusion: the effects of social learning and economic competition on state policy innovation and expansion, *Political Research Quarterly*, Vol.57, No.1 (2004), pp.39-51；Walker, Jack L., The Diffusion of Innovations among the American States, *American Political Science Review*, Vol.63, No.3 (1969), pp.880-899.

② Tews K., The Diffusion of Environmental Policy Innovations: Cornerstones of an Analytical Framework, *European Environment*, Vol.15, No.2 (2005), pp.63-79.

③ Braun, D., Taking Galton's Problem Seriously: Towards a Theory of Policy Diffusion, *Journal of Theoretical Politics*, Vol.18, No.3 (2006), pp.298-322；Shipan C R., Volden C., Policy Diffusion: Seven Lessons for Scholars and Practitioners, Vol.72, No.6 (1969), pp. 880-899.

第一节   政策创新扩散理论研究

政策扩散的研究始于美国,旨在通过政策的定量分析,解释美国联邦体制内的政策创新实践得以扩散的原因。围绕这一焦点,学者们提出多个理论模型对政策扩散的影响因素进行说明。Berry[1] 运用 EHA 法,构建了以内部决定、区域扩散和全国互动为主线的政策创新解释性模式;Newmark[2] 则是构建了组织扩散模型、区域因素模型和内部因素决定模型的政策扩散模型,发现沟通、地域和自身特性是主要影响因素[3]。随着政策扩散研究的深入,通过个案对政治主体间引起扩散行为变量的具体动机的探讨成为学者们研究的重点,结果显示州政府竞争、政府间互动、政府间学习、政府压力与危机等是引起政策扩散行为的发生机制。[4]Leichter[5] 通过对英联邦各政策扩散个案的学习,概括出四种扩散路径,并对扩散路径的具体动机进行总结。Dobbin 等[6] 提出了

---

[1]   Berry, F. S, Sizing up state policy innovation research, *Policy Studies Journal*, Vol.22, No.3 (1994), pp.442-456.

[2]   Newmark, A. J, An integrated approach to policy transer and diffusion, *Review of Policy Research*, Vol.19, No.2 (2010), pp.151-178.

[3]   陈芳:《政策扩散理论的演化》,《中国行政管理》2014 年第 6 期。

[4]   Berry, F. S., & Berry, W. D, State lottery adoptions as policy innovations: an event history analysis, *American Political Science Review*, Vol.84, No.2 (1990), pp.395-415;Thompson W K, The Impact of Federal Incentives on State Policy Innovation, *American Journal of Political Science*, Vol.24, No.4 (1980), pp.715-729;Graham E R, Shipan C R, Volden C, The Diffusion of Policy Diffusion Research in Political Science, *British Journal of Political Science*, Vol.43, No.3 (2013), pp.673-710.

[5]   Leichter H M, The Patterns and Origins of Policy Diffusion: The Case of the Commonwealth, *Comparative Politics*, Vol.15, No.2 (1983), pp.223-233.

[6]   Dobbin F, Simmons B, Garrett G, The Global Diffusion of Public Policies: Social Construction, Coercion, Competition, or Learning?, *Annual Review of Sociology*, Vol.33, No.1 (2007), pp.449-472.

Marsh, David, Sharman, J.C, Policy diffusion and policy transfer, *Policy Studies*, Vol.30, No.3 (2009), pp.269-288.

强制理论、建构主义理论、竞争理论和学习理论来解释公共政策扩散现象。Marsh 等[1] 在 Mintrom[2] 的基础上将其概括成学习、竞争、强制和模仿四种机制。通过对政策扩散机制的整合，Heinze[3] 基于理性选择与决策者的信仰变化，划分出效仿、学习、社会化和外部性四种机制。扩散过程与内涵的研究从 2000 年以来也有了新的进展。利用政策工具、政策组合等制度设置对政策结果进行考察分析，Wejnert[4] 等人对政策扩散结果与政策趋同现象进行过程讨论[5]。除此之外，Brown[6] 等人总结出创新活动扩散过程的三条经验性规律：在时间维度上呈现 S 形曲线；在空间维度上表现为"邻近效应"；在区域内出现"领导者—追随者"的层级效应；Lucas[7] 在此基础上将政策扩散过程划分成"政策发布—政策发展—政策试点—政策调整—政策融合"5 个阶段。

　　我国学者关于政策扩散理论的研究是在西方学者的研究基础上进行的，朱德米[8] 基于政策网络理论，对政策扩散和政策转移进行整合性框架

---

　　① 　Marsh, David, Sharman, J.C, Policy diffusion and policy transfer, *Policy Studies*, Vol.30, No.3 (2009), pp.269-288.

　　② 　Mintrom M, Policy Entrepreneurs and the Diffusion of Innovation, *American journal of political science*, Vol.41, No.3 (1997), pp.738-770.

　　③ 　Heinze, T., Mechanism-based thinking on policy diffusion, a review of current approaches in political science, *Kfg Working Papers*, 2011.

　　④ 　Wejnert B , Integrating Models of Diffusion of Innovations: A Conceptual Framework, *Annual Review of Sociology*, Vol.28, No.1 (2014), pp.101-111.

　　⑤ 　Schneider A L , Punishment Policy in the American States from 1890 to 2008: Convergence, Divergence, Synchronous Change, and Feed-Forward Effects, *Policy Studies Journal*, Vol.40, No.2 (2012), pp.193-210 ；Stephan Heichel, Jessica Pape, Thomas Sommerer, Is there convergence in convergence research? an overview of empirical studies on policy convergence, *Journal of European Public Policy*, Vol.12, No.5 (2005), pp.817-840.

　　⑥ 　Brown L A , Cox K R , Empirical Regularities in the Diffusion of Innovation, *Annals of the American Association of Geographers*, Vol.61, No.3 (1971), pp.551-559.

　　⑦ 　Lucas, A, Public policy diffusion research: integrating analytic paradigms, *Science Communication*, Vol.4, No.3 (1983), pp.379-408.

　　⑧ 　朱德米：《公共政策扩散、政策转移与政策网络：整合性分析框架的构建》，《国外社会科学》2007 年第 5 期。

的构建。陈芳[①]将政策扩散过程按照时间顺序分成三个阶段，对政策扩散的内涵、方法进行了梳理。朱亚鹏[②]从政策创新与扩散的内涵、影响因素以及扩散特点与模式三个方面对我国的政策过程进行解释。刘伟[③]将政策扩散机制分为三种，并根据其内在联系，分析不同模式下政策扩散的假设性路径与扩散特征。王浦劬等[④]则是对公共政策扩散理论进行了归纳，将我国公共政策扩散模式分为四类。许凌飞[⑤]对中外政策扩散动力机制进行对比，得出我国特殊的政治体制是造成差异的主要动因，朱旭峰等[⑥]在此基础上，具体探讨了我国政府间关系对政策扩散机制的影响路径。张剑等[⑦]则是率先使用量化分析的方法，以中国科技成果转化政策为例，提出公共政策扩散的维度并进行分析。

总体而言，国外学者对政策扩散的研究主要采用 EHA、案例分析等方法来探讨扩散过程中的影响因素、动力机制及路径模式。而我国关于政策扩散的研究还处于发展阶段，集中在对理论内涵、机制模式，多采用案例分析等质性方法，量化分析研究相对较少，不易客观准确地分析公共政策创新扩散的规律与特征。因此，本研究运用文献量化分析法，从政策扩散的时间、空间和方向三个维度构建分析框架，对我国 1994—2018 年的 PPP 政策文献进行量化研究，探索我国 PPP 政策创新扩散的过程与特征。

---

①　陈芳：《政策扩散、政策转移和政策趋同：基于概念、类型与发生机制的比较》，《厦门大学学报（哲学社会科学版）》2013 年第 6 期。

②　朱亚鹏：《政策创新与政策扩散研究述评》，《武汉大学学报（哲学社会科学版）》2010 年第 4 期。

③　刘伟：《国际公共政策的扩散机制与路径研究》，《世界经济与政治》2012 年第 4 期。

④　王浦劬、赖先进：《中国公共政策扩散的模式与机制分析》，《北京大学学报（哲学社会科学版）》2013 年第 6 期。

⑤　许凌飞：《中国公共政策扩散动力机制研究》，《中国公共政策评论》2015 年第 9 期。

⑥　朱旭峰、赵慧：《政府间关系视角下的社会政策扩散：以城市低保制度为例（1993—1999）》，《中国社会科学》2016 年第 8 期。

⑦　张剑、黄萃、叶选挺等：《中国公共政策扩散的文献量化研究：以科技成果转化政策为例》，《中国软科学》2016 年第 2 期。

第二节　PPP 政策创新扩散分析

本研究的 PPP 政策文献数据由中央文献与地方文献两部分组成。中央文献来源为两部分：1995 年至 2014 年的政策来源于余文恭主编的《政府与社会资本合作（PPP）模式政策及法律文件汇编》；2014 年至今的政策来源于财政部政府与社会资本合作中心网站（http://www.cpppc.org/）。地方文献来源于全国各省（自治区、直辖市）的政府网站。为了确保收集数据的整体性，本研究按照以下原则对政策文献进行了整理筛选：一是中央政策为中央立法机关和行政机构制定的全国性政策法律法规，地方政策为内地 30 个省、直辖市、自治区地方立法机关和行政机构制定的地方性政策法律法规；二是政策直接与政府与社会资本合作密切相关；三是主要选取法律法规、规划、意见、办法、细则、条例、公告和通知等政策类型，不计入领导人讲话、信函、批示以及行业标准、技术规范等类型的政策。[①] 最终整理得到 323 项 PPP 政策文件，其中中央政策文件 201 项，地方政策文件 122 件。

政策扩散是借助政策文本，让政策信息在不同主体间进行扩散的过程。[②] 基于政策创新扩散理论，本研究结合了政策文本的量化研究方法，选取中央与地方省级的 PPP 政策作为观察对象，从时间、空间和方向 3 个维度构建 PPP 政策扩散的分析框架（见图 2-1），对我国 323 项政策文件进行梳理与比较，探究 PPP 政策创新扩散的模式与特征。

[①]　姚海琳、向艳芳、王昶等：《1987—2015 年中国城市矿产政策的文献量化研究》，《资源科学》2017 年第 6 期。

[②]　陈自立：《智慧城市政策创新扩散过程中推动力因素分析及其启示》，《天水行政学院学报》2015 年第 6 期。

中国PPP政策创新扩散分析框架

时间扩散　　　　　　　空间扩散　　　　　　　扩散方向

渐进式增长　　　　　邻近效应显著　　　　自上而下的层级扩散
"S"形曲线增长阶段　地区性辐射扩散　　　同级政府间平行扩散

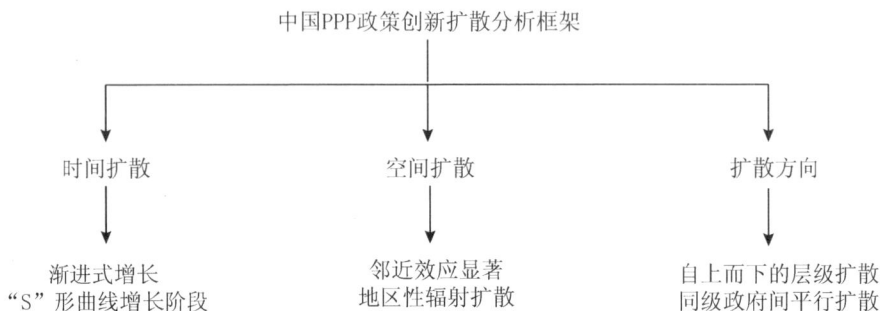

图 2-1　中国 PPP 政策文献量化研究框架

一、PPP 政策创新时间扩散模式分析

以 PPP 政策发布年份为横轴，以当年中央与地方政府发布 PPP 政策扩散累计数量为纵轴制作复合统计图（见 2-2），考察中央与地方政府间

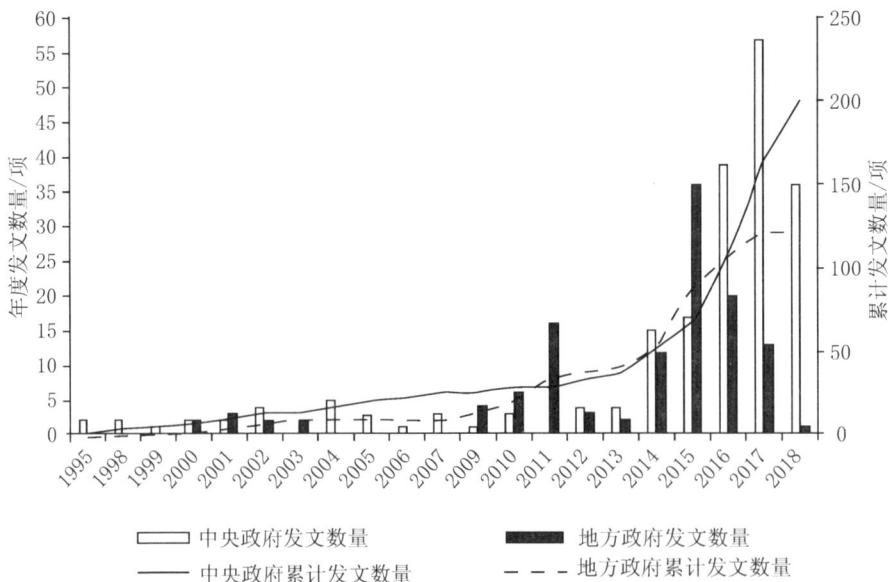

□ 中央政府发文数量　　　　　■ 地方政府发文数量
—— 中央政府累计发文数量　　-- 地方政府累计发文数量

图 2-2　1995—2018 年我国政府 PPP 政策发布的时间扩散分布

的 PPP 政策时间扩散的过程，并据此分析过程中的政策扩散模式。

（一）中央政府 PPP 政策创新时间扩散模式分析

根据上图的扩散分布曲线，可以将中央政府的 PPP 政策创新扩散过程分成三个阶段。

第一阶段：发展萌芽期（1995—2003 年）。1995 年原对外经贸部发布的《关于以 BOT 方式吸收外商投资有关问题的通知》是我国最早的政府与社会资本合作的相关政策，在国家计委主导下，开展了广西来宾 B 电厂、成都自来水六厂及长沙电厂等几个 BOT 试点项目。2001—2003 年国务院及政府部门相继发布相关政策，提出将 PPP 模式引入我国公用事业与基础设施建设。但从整体上看，由于项目主要以 BOT 模式运营，其主要目的为吸引投资而非实现双方效益最大化，因此出现水土不服，运作数量少，立法工作难以进行的问题，缺乏本土化的 PPP 模式政策指南，政策创新仍处于起步时期。

第二阶段：缓慢扩散期（2004—2013 年）。2004 年建设部发布并实施了《市政公用事业特许经营管理办法》，将特许经营的概念引入市政公用事业，计划部门也扩散至建设、交通和环保等行业部门，并出台相应的政策文件。但其单一的筹资取向并没有实质性的转变，因此存在着大量的低价与非理性竞标，PPP 模式在中后期并没有起到相应作用。到 2008 年，随着世界金融危机的爆发，我国经济发展遭受重大损失，PPP 模式仍处于沉寂状态，政策扩散处于低速缓慢增长过程。为应对金融危机，政府出台"四万亿"计划的积极财政政策，各地方政府为提高 GDP 绩效而加大投资。该计划基本实施完成正值"十二五"开局之年，为解决遗留的政府债务问题，PPP 模式被重新广泛关注，政策创新数量有了小幅的增加，政策时间扩散由缓慢进入逐渐增长阶段。

第三阶段：快速扩散期（2014—2018 年）。2014 年财政部发布了《关于推广运用政府和社会资本合作模式有关问题的通知》，首次提出并明确"政府与社会资本合作"的概念，随后成立 PPP 中心，并与发展改革委相继发布《关于印发政府和社会资本合作模式操作指南(试行) 的通知》及《关于开展政府和社会资本合作的指导意见》,推出了首批示范项目。2015 年,李克强总理在国务院常务会上明确提出部署推广 PPP 模式,随后国务院及各部委密集出台了一系列政策文件,多措并举吸引社会资本参与公共服务建设中,PPP 成为我国基础设施和公共服务供给的主导模式之一,政策创新时间扩散进入快速扩散期。

(二)地方政府 PPP 政策创新时间扩散模式分析

同样根据图 2-2 的政策创新时间扩散分布曲线,可以看到地方政府 PPP 政策创新扩散过程同样被分为三个阶段。

第一阶段:萌芽出现期(1995—2003 年)。地方政府的 PPP 政策发布时间晚于中央政府,由于中央政府在 BOT 模式应用上存在诸多问题,几部委在相关几份文件出台后便归于平静,导致地方政府难以借鉴,PPP 模式推行困难。直到 2000 年,才有安徽与宁夏两省区对 PPP 模式的应用推广做出相关的政策回应。

第二阶段:缓慢扩散期(2004—2013 年)。受中央各部门主导的项目结果影响,2004—2008 年地方政府没有对 PPP 模式进行明确的政策制定。直至 2008 年后,世界金融危机爆发,各地方政府为提高工作绩效而无限度增加投资,产生了大量的政府债务问题,PPP 模式才重新被提及应用,进入渐进增长扩散阶段。

第三阶段:快速扩散期(2014—2018 年)。受财政部《关于推广运用政府和社会资本合作模式有关问题的通知》、国家发展改革委《关于开展政府和社会资本合作的指导意见》的政策影响,地方政府的 PPP 政策创新扩散速度也急剧加快,2018 年已有 30 个省、直辖市、自治区对 PPP 政策创新进行政策规范。

总体而言,中央政府与地方政府 PPP 政策创新的扩散过程与模式,在时间上具有连续性与承接性的特点,这也符合我国中央政府与地方政府之间的关系,地方政府要坚持在中央政府的统一领导下,发挥灵活性。目前，我国 PPP 政策创新时间扩散仍处于"S"形曲线的快速扩散阶段。

二、PPP 政策创新空间扩散模式分析

以各地方政府发布的 PPP 政策数量为参数，结合我国各地区的地理位置，绘制出我国地方政府颁布 PPP 政策频率的地区分布图，可以直观地看到我国地方政府 PPP 政策发布的主要地区。观察各地方政府的地理位置发现，PPP 政策的发布由频率高的地区向周围地区扩散，政策扩散活动呈现出地区性辐射扩散的特点。政策出台较多的区域主要集中在东部地区，以及除西藏外的西南地区，其中尤以北京地区最为密集。东部地区以北京和浙江、江苏为主要发文地区，并向临近的天津、河北、山东和福建等地扩散；西部地区以四川、云南为主要发文地区，并向临近的甘肃、贵州和广西等地辐射扩散，除西藏地区外各地方政府均发布了至少 2 项、至多 6 项的 PPP 政策文件。中部地区与东北地区也呈现出相同的特点。

本研究统计了我国发布 PPP 政策的各地方政府的地区分布，具体如表 2-1 所示。

表 2-1　我国发布 PPP 政策的各地方政府的地区分布

年份／年	地区			
	东北地区	中部地区	东部地区	西部地区
2000		安徽		宁夏
2001		湖北		云南、内蒙古
2002			福建	四川
2003			浙江	陕西
2009	黑龙江	山西	山东、福建	
2010		湖南、安徽	江苏、浙江、	重庆、广西
2011	吉林、辽宁	山西、湖北、江西	北京、广东、海南、河北、天津、上海	四川、贵州、新疆、甘肃、云南
2012			山东	内蒙古、青海

续表

年份／年	地区			
	东北地区	中部地区	东部地区	西部地区
2013			北京	广西
2014	辽宁	河南、安徽、湖南	浙江、福建、江苏、河北	甘肃、四川、云南
2015	辽宁、黑龙江	河南、江西、湖北、安徽、山西	江苏、浙江、北京、海南、福建、天津、山东、广东、河北	新疆、甘肃、重庆、云南、贵州、广西、陕西、四川、内蒙古
2016		山西、江西	浙江、海南、北京、江苏、上海、山东	甘肃、青海、四川、陕西、内蒙古
2017		湖北、安徽、河南	北京、天津、福建、江苏	宁夏、新疆、云南、四川
2018		河南		

注：资料来源于各省历年颁布的法规规章整理。

　　根据表 2-1 可以发现，在政策扩散的发展萌芽期，我国地方政府最早制定 PPP 政策相关文件的地区集中于中东部与西部。除东北地区外，其他三大经济区域的 9 个省市自治区均发布了相关的 PPP 政策文件，发布的政策文件主要内容为各省关于促进和引导民间投资的相关意见。这一现象出现的原因在于，这一时期的东北地区由于体制性与结构性的矛盾日趋显现，以重工业产业为主导的产业结构开始向二、三产业进行调整，带来的 1998—2002 年的"下岗潮"让东北经济元气大伤，地方经济困难且落后，重点集中在国企内部改革、产业转型上，因此并没有颁布相关的 PPP 政策。2009 年后，PPP 模式开始在四大地区逐渐扩散。各地方政府对 PPP 模式的重视程度有所提升。2014 年后，短短 4 年，已有 30 个省份出台了相关的 PPP 政策。

　　分析发布 PPP 政策的各地方政府的所属地区发现，PPP 政策在空间扩散的过程中，呈现出明显的近邻效应，当相关的 PPP 政策扩散至某省区后，相邻地区会在短时间内进行"学习模仿"。例如 2000 年安徽省发布《安徽省鼓励和引导民间投资的若干意见》后，相邻的湖北省在隔年也发布了《湖北省促进民间投资发展若干意见的通知》。但在政策创新扩散活动中，地方政府于 PPP 政策的创新程度并不高，主要还是以中央政府发布的 PPP 政策文件为政策制定的蓝本。

三、PPP 政策创新扩散方向分析

政策扩散方向是政策信息在政府间进行流动的方向。政策扩散理论认为，地方政府的扩散过程与速度受上级政府影响，上级政府可以通过强制、激励等机制对政策扩散进程产生影响。① 分析上文图表可以发现，地方政府与中央政府在政策颁布时间上有两个相差巨大的时间点，分别为 2011 年与 2015 年。2011 年我国的民间投资在城镇固定投资的比例已超过 1/2，为了能够更好地调控、引导和发展民间投资，国务院于 2010 年出台了《国务院关于鼓励和引导民间投资健康发展的若干意见》，要求各地方、各部门根据要求制定具体实施办法，尽快将有关政策措施落到实处，于是在 2011 年，四川、北京、广东、贵州、海南和新疆等 16 个地方政府出台了 PPP 政策。2014 年《财政部关于推广运用政府和社会资本合作模式有关问题的通知》与《国家发展改革委关于开展政府和社会资本合作的指导意见》相继发布后，2015 年始，内蒙古、浙江、贵州和河北等 25 个地方政府相继出台了 36 项 PPP 政策。地方政府 PPP 政策创新的每一次扩散加速，都有明显的政策传递性，以中央政府的命令要求为原则来制定 PPP 政策，呈现出明显的自上而下的层级扩散。

此外，通过对中央部门与地方政府首次发文的年份进行排列，可以形成政策创新扩散时序图谱，能够更直观地观察到中央政府与地方政府内部的 PPP 政策创新扩散方向，如图 2-3、图 2-4 所示。

---

① 李健：《公益创投政策扩散的制度逻辑与行动策略：基于我国地方政府政策文本的分析》，《南京社会科学》2017 年第 2 期。

部门	1999	2000	2001	2002	2003	2004	2005	2007	2009	2013	2014	2015	2016	2017
商务部（对外经贸部）	●													
交通部	●	平行扩散												
发改委（国家计委）	●													
国家能源局（电力部）	●													
国家开发银行		●												
中国人民银行			●											
住建部（建设部）			●											
国务院办公厅				●										
教育部				●										
环保部（国家环保总局）				●										
教育部														
全国人大常委会					●									
国务院						●	平行扩散			→				
铁道部							●							
财政部								●						
银联会									●					
中共中央										●				
民政部											●	平行扩散	─	
全国老龄工作委员会办公室											●			
国家工商总局											●			
人力社保部												●		
国土资源部												●		
卫计委												●		
保监会												●		
水利部												●		
国家税务总局												●		
财政部办公厅													●	
住建部办公厅													●	
水利部办公厅													●	
证监会													●	
国家海洋局办公室													●	
国家农业综合开发办公室													●	
科技部													●	
农业部													●	
文化部													●	
国家体育总局													●	
国家林业局													●	
国家旅游局													●	
国家铁路局													●	
中国民用航空局													●	
国土资源部办公厅													●	
最高人民法院													●	
公安部														●
食药监管总局														●
中国铁路总公司														●
环保部办公厅														●
发改委办公厅														●
科技部办公厅														●
工信部办公厅														●
交通部办公厅														●
农业部办公厅														●
司法部														●
工信部														●
国家质量监督检验检疫总局														●
国家知识产权局														●
中国工程院														●

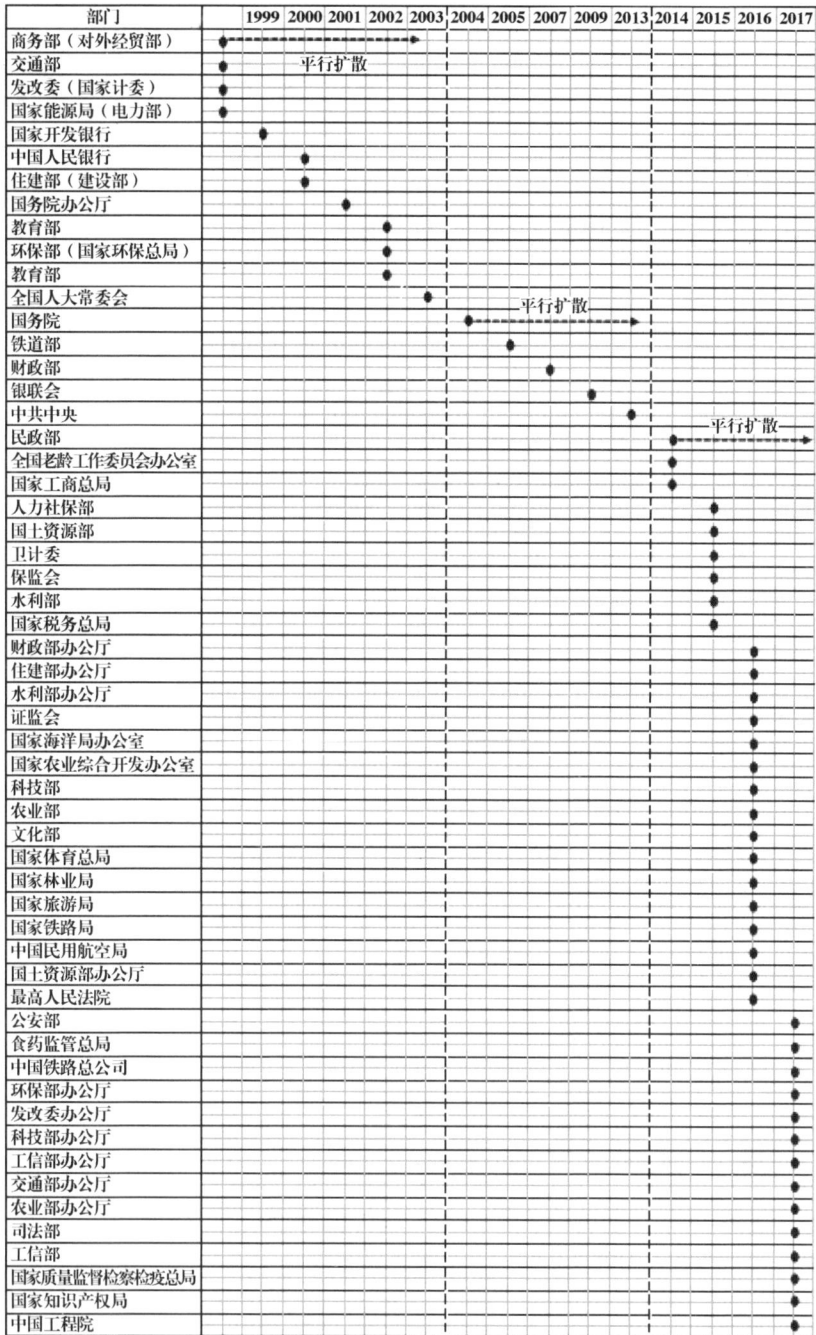

图 2-3　中央政府各部门间 PPP 政策颁布的扩散分布

部门	2000	2001	2002	2003	2009	2010	2011	2012
宁夏	●			→				
安徽		●	平行扩散					
内蒙古			●					
云南			●					
湖北			●					
福建				●				
四川				●				
浙江				●				
陕西				●				
山东					●			→
山西					●	平行扩散		
黑龙江					●			
湖南						●		
重庆						●		
江苏						●		
广西						●		
北京							●	
广东							●	
贵州							●	
海南							●	
新疆							●	
甘肃							●	
吉林							●	
河北							●	
天津							●	
河南							●	
辽宁							●	
上海							●	
江西							●	
青海								●

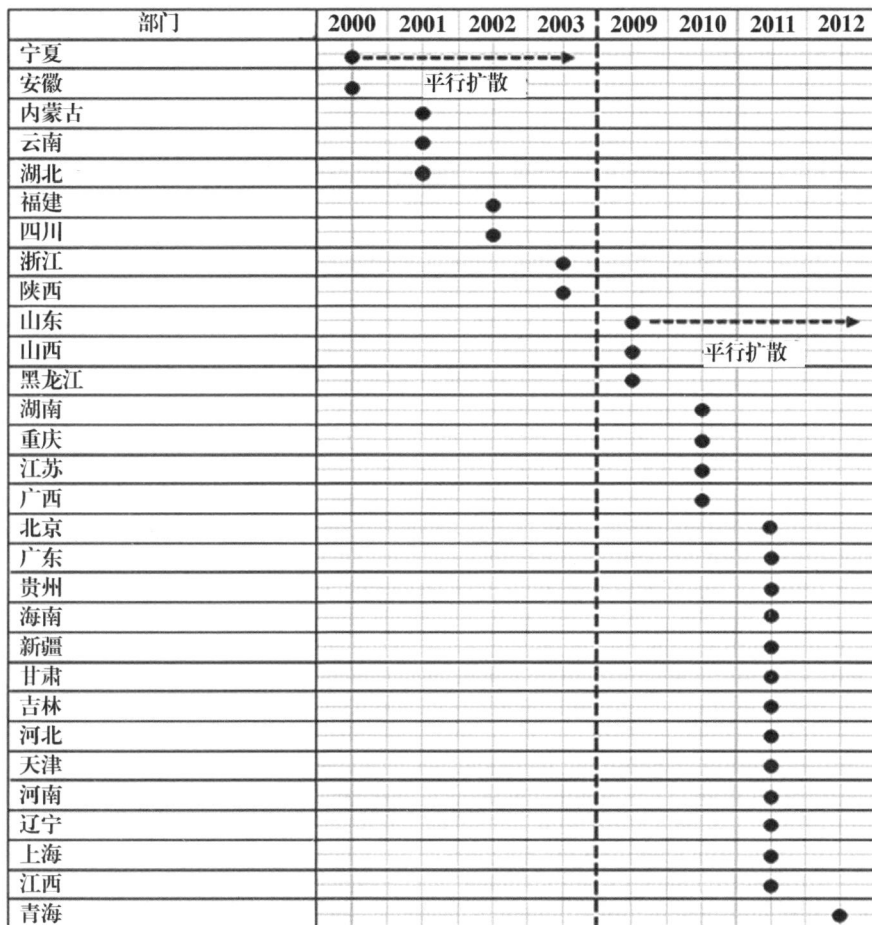

图 2-4　地方政府各部门间 PPP 政策颁布的扩散分布

　　根据图 2-3 可以发现，由于我国中共中央、国务院、最高人民法院以及各主管部委在行政效力级别上存在差异，我国中央政府的 PPP 政策扩散过程具有以中共中央领导、最高法法律保障、国务院条例总领、主管部门具体操作的自上而下的级别扩散特征。2004 年新修正的《中华人民共和国公路法》，从法律层面对 PPP 公路项目流程进行了规范。2013 年 11月 12 日，《中共中央关于全面深化改革若干重大问题的决定》将政府与市场间关系的定位作为全面深化改革的重大问题之一提出，强调市场在资源配置过程中的决定性作用，从核心权力上提出了 PPP 政策制定的指导意见，随后两年，25 个政府部门进入政策扩散过程中。2016 年 12 月 28 日，最高人民法院发布《关于充分发挥审判职能作用切实加强产权司法保护的意见》，从产权保护上保证 PPP 项目的履约。隔年，PPP 政策创新扩散范围又新增 14 个部门。

此外，我国中央政府内部各部门与地方政府的 PPP 政策创新扩散在某一时间段还存在同级部门间政策平行扩散的特征。1995 年发展改革委、商务部等四部门首次发布 PPP 相关政策，随后的几年中国人民银行等八部门也做出了政策反应。2009—2018 年，山东、山西和黑龙江三省颁布政策后，18 个省份相继颁布各省份的 PPP 政策，具体如图 2-4 所示。

总体而言，我国中央政府与地方政府在 PPP 政策扩散过程中，呈现出明显的"中央向地方"的自上而下的层级扩散，以及中央部门内部从高到低的级别扩散；同时，二者还存在着某一时间段内同级部门间的政策平行扩散。

党的十八届三中全会后，政府与社会资本合作模式成为我国政府进行现代化治理与国家治理体系的重要内容，PPP 模式从中央开始扩散至我国各级地方政府，被广泛应用于各个领域，不仅是基建项目与公共服务项目建设的重要融资手段，也是与"一带一路"沿线国家开展项目交流的主要合作模式。本研究运用政策扩散理论，基于政策文本量化分析方法，从政策时间扩散、空间扩散和扩散方向三个维度对 PPP 政策文件进行了量化研究，分析了我国 PPP 政策扩散的过程与特征，得出了以下三点结论。

第一，我国 PPP 政策扩散随时间推进，符合"S"形曲线的前期发展趋势，中央政府与地方政府的 PPP 政策扩散过程都经历了萌芽发展期、缓慢扩散期和快速扩散期三个阶段。目前，我国 PPP 政策扩散正处于快速扩散期，但后期的政策扩散过程是否会进入平稳扩散期，还有待观察。PPP 政策在我国目前面临"政策热、实践冷"，项目落地难的问题，许多专家学者提出要对 PPP"浇冷水",因此后期的政策扩散可能还会经历较大的波动期。

第二,PPP 政策创新的空间扩散具有近邻效应,政策扩散活动呈现出地区性辐射扩散的特点,政策扩散的方向也按照地理位置的距离,由政策发布频率高的地区向周围地区扩散。但这种近邻效应,存在局域受限的问题,在 PPP 政策的扩散过程中,近邻效应在四大区域中的影响范围只是由核心省份带动周边几个地区进行政策的扩散学习,并且政策的学习内容具有相似性,扩散创新度不高。

第三,PPP 政策创新扩散方向呈现出"中央向地方""中央部门效力由高向低"的自上而下的层级扩散。地方政府会以中央政府的政策为蓝图,中央政府各部门机构会以效力高的部门政策为参照,政策内容大同小异,政策扩散基本为公文的传播。而在各自内部,则是存在着部门内部自上而下的级别扩散与同级部门间的平行扩散的政策扩散特征。

我国 PPP 政策的创新发展,离不开政策扩散。如何在快速扩散过程中取得良好效果,找到面临的政策扩散问题,从制度上提出创新性的解决方案,实施政策创新,对我国政府职能改革与治理体系建设至关重要。目前我国还没有 PPP 立法,相关法律法规之间存在冲突、矛盾问题,虽借鉴了相关国家地区的经验,但低门槛的进入与应用,使得 PPP 在我国仍没有较强的实施扩散性,因此需要将政策模仿经过政策学习后转化为政策创新,这才是政策扩散的根本目的。中央政府在政策扩散中要将 PPP 模式进行"本土化",然后充分发挥引导指示与激励功能,自上而下对地方政府进行影响,允许创新过程中的错误;地方政府也要根据地方的实际情况,对中央政府的政策进行"地域化",将政策扩散由机械公文传播转变为学习性创新,多元化使用工具,增强政策活力,提高政策扩散效果。

第三章　中国基础设施 PPP 项目 "契约—关系" 二元治理机制的理论论证

第一节　理论基础

一、新制度主义理论

新制度主义（New Instutionalism）来源于对行为主义、化约主义、功能主义、方法论个体主义等主流社会科学理论的批判，批判他们以个体的角度来解释社会行为，脱离了制度这一社会脉络。制度是指影响个体行为的结构性制约因素，制度的约束使个体行为具有稳定性和规则性。[①]March 和 Olsen 是新制度主义的最初倡导者也是规范制度主义最具有代表性的学者，他们在《新制度主义：政治生活中的组织因素》中指出，集体行为是发生在制度环境中的[②]，强调政治领域的独立性和相对自主性、偏好形成的内在性、适当的行为规范和规则、历史发展过程的复杂性、非效率性和路径依赖，以及意义和象征的重要性[③]，使政治学再次回到了制度主义的根源，为新制度主义奠定了理论基础。新制度主义的

---

① ［韩］河连燮：《制度分析：理论与争议》，李秀峰、柴宝勇译，中国人民大学出版社 2014 年版，第 5 页。

② James G. March & Johan P. Olsen, The New Institutionalism: Organizational Factors in Political Life, *The American Political Science Review*, Vol. 78, No.3 (1984), pp.734-749.

③ ［韩］河连燮：《制度分析：理论与争议》，李秀峰、柴宝勇译，中国人民大学出版社 2014 年版，第 13 页。

目的是通过制度解释政策路径及政策结果的共性和差异，因此分析集体行为必须考虑制度因素，重新强调制度在政治生活中的作用。一般而言，新制度主义包括政治学和社会学的历史制度主义、源于社会学尤其是组织理论的社会学制度主义或组织学制度主义、政治学的理性选择制度主义、新制度主义经济学和新制度主义社会学或约束性选择理论。其中公认的流派是历史制度主义、理性选择制度主义和社会学制度主义。

　　历史制度主义认为只有充分了解历史，才能解释社会现象或政策。历史制度主义理论中制度包含影响个人和集体行为及决策的正式的、非正式的制约因素。Hall 对制度的界定最具有代表性，他首先宽泛地界定制度是"在政治和经济各领域形塑个人之间关系的正式规则、顺从程序和标准化的惯例"①，进而细化地从三个层面界定制度：在宏观层面，制度是与民主主义和资本主义相关的基本组织结构，约束政策方向的结构性框架，包括宪法及经济制度等；在中观层面，制度是与国家和社会相关的基本组织结构的框架，影响权力关系及政策的制定和执行，包括选举制度等；在微观层面，制度是公共组织的标准化惯例、规定和日常程序，包括正式的、非正式的，影响权力分配和政策导向。② 历史制度主义解释了行为和制度这一结构脉络之间的相互作用，制度对行为产生约束作用，也是行为者冲突和选择行为的产物。制度不仅约束政府制定和执行政策的能力，影响政治、经济行为者的策略，还影响政治、经济行为者偏好的界定、权力分配，进而决定行为者目标的实现及对政策结果的影响。③

---

　　① ［韩］河连燮：《制度分析：理论与争议》，李秀峰、柴宝勇译，中国人民大学出版社 2014 年版，第 24 页。

　　② Peter A. Hall, "The Movement from Keynesianism to Monetarism Institutional Analysis and British Economic Policy in the 1970s", in Structuring Politics Historical Institutionalism in Comparative Analysis, Sven Steinmo, Kathleen Thelen & Frank Longstreth (eds), New York: Cambridge University Press, 1992, pp.91-113.

　　③ Jonas Pontusson, From Comparative Public Policy to Political Economy: Putting Political Institutions in Their Place and Taking Interests Seriously, *Comparative Political Studies*, Vol.28, No.1 (1995), pp.117-147.

　　理性选择制度主义包括以 Shepsle 和 Wieingast 为代表研究政治学领域内制度的实证理论，以 Coase 和 Williamson 为代表研究经济学领域内基于交易费用的企业理论，以 North 和 Levi 为代表研究经济史等，为追求利益最大化的个体提供了一个由制度构成的政治空间，而制度就是规则和动机的集合，进而明晰个体行动和制度约束之间的关系。制度被界定为通过降低交易成本和减少机会主义行动，来增进收益的有关合作结构的事前协议[1]，对行为者之间的互动顺序、可选择的方案、相互信念及个人和集体的收益均产生影响[2]，是影响行为者之间互动关系的人为设计的制约因素[3]。理性选择制度主义把制度这一核心概念引入理性选择理论的框架，其出发点是个人效用最大化假设，然而，每个人都追求个人效用最大化的结果却是无法实现所有人的福利最大化。从经济学的角度来看，亚当·斯密提出的市场这个"看不见的手"的结果是，只要所有人努力实现自我利益最大化，市场机制就会实现帕累托均衡状态，即实现整体福利最大化的状态。然而，在公共资源领域就会出现 Hardin 提出的公地悲剧，即所有人追求自身利益最大化的结果却是资源枯竭、所有人的福利减少。[4] 理性选择制度主义认为制度就是为了解决这一集体困境而设计出来的，使得所有人为了增进整体利益而进行协作，进而增进所有人的福利。[5] 所有人理性地追求利益最大化，导致集体非理性的结果，

　　① Kenneth A. Shepsle, "Institutional Equilibrium and Equilibrium Institutions", in Political Science: The Science of Politics, Herbert F Weisberg(ed), New York: Agathon, 1986, pp.51-81.

　　② Barry R. Weingast, "Rational-Choice Institutionalism" in Political Science: The State of the Discipline, Ira Katznelson & Helen V Milner(eds), New York: W W. Norton & Co, 2002, pp.660-692.

　　③ Douglass C. North, A Transaction Cost Theory of Politics, *Journal of Theoretical Politics*, Vol. 2, No.4 (1990), pp.355-367.

　　④ Garrett Hardin, The Tragedy of the Commons, *Science,* Vol.162 (1968), pp.1243-1248.

　　⑤ Barry R. Weingast, "Rational-Choice Institutionalism" in Political Science: The State of the Discipline, Ira Katznelson & Helen V Milner(eds), New York: W W. Norton & Co, 2002, pp.660-692.

因此，制度就是通过规制个人行动进而使个人理性转化成集体理性，避免集体非理性结果的产生。理性选择制度主义关注的焦点是法律、规定、契约等正式制度方面，为社会层面制定规则，减少社会成员面对的不确定性，制约其策略的选择，约束其行为，进而解决集体困境。理性选择制度主义认为制度一旦形成就具有一定的持续性，因为改变制度的成本一般也会超过预期的收益，进而形成"制度均衡"。[1] 由此可见，理性选择制度主义关注的两个问题，一是制度对行为者之间相互模式及结果产生何种影响，这是作为原因的制度；二是制度如何形成、达到均衡并变迁，这是作为结果的制度。[2]

社会学制度主义也被称为组织学制度主义，强调个体的本体论地位，个体不能脱离文化环境来解释个体的偏好和选择[3]，而且关注以作为自变量的制度来解释个体。社会学制度主义承认制度是人类活动的结果，但是更加关注的是制度的认知、文化和象征因素。历史制度主义和理性选择制度主义关注的是制度的结构和制度的约束作用，而社会学制度主义关注的是对制度的理所当然的认知，进而运用认知、文化因素来解释个人的理性选择、组织设计和决策过程等，因此社会学制度主义也被称为认知—文化分析途径的社会学制度主义。理性选择制度主义关注结果性逻辑，而社会学制度主义关注适当性逻辑。社会学制度主义的制度较为宽泛，包括正式的非正式的规则，还包括赋予人类行为意义的象征和认知。社会秩序的制度化分为个体采取行动、诠释行动、与他人共享这一诠释的过程[4]，意味

---

[1]　Kenneth A. Shepsle, Herbert F Weisberg(ed), "Institutional Equilibrium and Equilibrium Institutions", in Political Science: The Science of Politics, New York: Agathon, 1986, pp.51-81.

[2]　Morris Fiorina, Rational Choice and the New Institutionalism, *Polity*, Vol.36, No.1 (1995), pp.107-115.

[3]　Walter W. Powell & Paul J.DiMaggio(eds), *Expanding the Scope of Instituional Analysis, in The New Institutionalism in Organizatinal Analysis*, Chicago: University of Chicago Press, 1991, pp.83-203.

[4]　[韩] 河连燮：《制度分析：理论与争议》，李秀峰、柴宝勇译，中国人民大学出版社 2014 年版，第 57 页。

着制度化是特定社会关系和行为被广泛接受的过程，并通过共享认知规定行为之意义和可能性的状态，因此，制度既是过程也是状态。① 在解释组织结构和组织形态时，社会学制度主义强调文化的影响力，组织结构和组织形态不是被设计出来的，而是作为广为接受的被模仿出来的，结果就是形成趋同化现象。②

Ostrom 将制度总结为一种规则③，体现为某种结构性的安排。制度是国家通过制定宪法、相应的基本规章制度等，建立的基础性运作规则等，形成社会成员行动和选择的制度环境。在制度环境下，个体行动者为了能够获得作为制度成员才能享有的利益，会遵从法律制度规定，牺牲掉自己的部分行动自由。学者们提到的制度既包括正式的法律制度，也包括非正式的文化因素等，而本研究借鉴理性制度主义对制度的界定，在制度环境中的制度主要是指法律、法规等正式制度。由于国家的制度安排具有垄断权，因此不同于市场、企业等竞争性的制度安排属于不同层次的制度安排。将其应用到公共项目契约治理的分析中，制度安排主要体现在为公共项目的建设提供良好的制度环境，减少公共项目中面对的不确定性，减少机会主义行为的发生，约束各主体的行为，制约各主体策略的选择，进而保证公共项目的顺利完成。

二、项目治理理论

治理一词源于拉丁语 "gubernare"，意为 "统治" 或 "掌舵"。全球治理委员会在《我们的全球伙伴关系》中对治理的界定是："各种公共的或

---

① Lynne G. Zucker, Walter W. Powell & Paul J. DiMaggio, *"The Role of Institutionalization in Cultural Persistence", in The New Institutionalism in Organizatinal Analysis*, Chicago: University of Chicago Press, 1991, pp.83-107.

② [韩] 河连燮：《制度分析：理论与争议》，李秀峰、柴宝勇译，中国人民大学出版社 2014 年版，第 58 页。

③ Sue E. S. Crawford & Elior Ostrom, A Grammar of Institutions, *American Political Science Review*, Vol.89, No.3 (1995), pp.582-599.

私人的个人和机构管理其共同事务的诸多方式的总和。它是使相互冲突的或不同的利益得以调和并且采取联合行动的持续的过程。这既包括有权迫使人们服从的正式制度和规则，也包括各种人们同意或以为符合其利益的非正式的制度安排。它有 4 个特征：治理不是一整套规则，也不是一种活动，而是一个过程；治理过程的基础不是控制，而是协调；治理既涉及公共部门，也包括私人部门；治理不是一种正式的制度，而是持续的互动。"① 由此可见，治理的本质是"为了协调利益相关者之间的关系，化解利益相关者之间的额外利益冲突而进行的一系列制度层面的活动"②。

项目治理概念最早由 Turner 提出，通过对项目型组织的研究，他认为项目治理既是一种方式，也是一个过程。通过项目治理这种方式，可以使利益相关者在潜在的威胁或机会中认识并追求共同利益，同时项目治理也是评估项目管理效率和效果的过程。③ 项目治理微观层次分析的代表人物是 Winch，通过建立项目的全生命周期的交易治理框架，提出垂直交易治理（业主、总承包商、建筑师、供应商等）和水平交易治理（雇佣关系和供应链）两个维度，即第三方治理，进而实现向用户交付有价值产品的最终目标。④Lambert 把项目治理界定为，围绕项目的一系列结构、系统和过程，确保项目有效地交付使用，彻底达到充分效用和利益实现。⑤Koch 和 Buser 从新公共管理的角度提出 PPP 项目元治理的概念，通过法律法规、激励、合同等形成的制度框架来保障 PPP 项目的

---

① 转引自尹贻林、杜亚灵：《基于治理的公共项目管理绩效改善》，科学出版社 2010 年版，第 69 页。

② 尹贻林、杜亚灵：《基于治理的公共项目管理绩效改善》，科学出版社 2010 年版，第 69 页。

③ Turner J. R. & Keegan A., The Versatile Project-based Organization: Governance and Opertional Control, *European Management Journal*, Vol.17, No.3 (1999), pp.296-309.

④ Winch G. M., Governing the Project Process: A Conceptual Framework, Construction Management and Economics", No.19 (2003), pp.799-808.

⑤ Keith Lambert, Project Governance, World Project Management Week, No.3 (2003):pp.8-9.

成功。①

　　项目治理是在 Williamson 的交易成本经济学框架下提出的，基于项目的代理问题和契约不完全性，项目治理是通过构建一套包含一系列正式或非正式、内部或外部制度或机制的制度体系，来科学合理地规定项目主要利益相关者之间的权（权力）、责（风险）、利（利益）关系，从而在项目交易中建立一种良好的秩序，并通过各种方法和手段来维持这种秩序，以求有效地协调利益相关者之间的关系并化解他们之间的利益冲突。② 可见，项目治理是通过一套制度体系来建立并维持项目交易中的一种良好秩序的过程。项目治理的目的就是利益相关者在潜在的威胁和机会中认识到共同利益③，达到项目的效用，实现项目价值。项目治理主体是所有利益相关者，客体是利益相关者之间的权、责、利关系。

　　项目治理结构和治理机制是保证项目成功的关键，前者是分权，后者是制衡。项目治理结构是项目制度体系的框架，界定项目主要利益相关者之间的契约关系④，是"控制和监督系统"，既包括项目治理的主体和客体，也包括两者组成系统的构架图，即项目主要利益相关者权责利及项目的所有权配置下的治理结构。公共项目的治理结构通常是"投资方—委托方—管理方—实施方"4 个层次的项目治理结构。⑤PPP 项目属于（准）经营性公共项目，为了分担政府财政负担的项目风险，通过股权融资、债权融资和特许经营权融资的方式，来分散或出让自己的所有权利益，或者通过

---

　　① Koch C. & Buser M., Emerging Metagovernance as an Institutional Framework for Public Private Partnership Networks in Denmark, Vol.24, No.7 (2006), pp.548-556.

　　② 尹贻林、杜亚灵：《基于治理的公共项目管理绩效改善》，科学出版社 2010 年版，第 52 页。

　　③ Turner J. R. & Keegan A., The Versatile Project-based Organization: Governance and Opertional Control, *European Management Journal*, Vol.17, No.3 (1999), pp.296-309.

　　④ 王学勤：《公司治理结构与公司绩效》，硕士学位论文，西南财经大学会计专业，2005 年，第 7 页。

　　⑤ 郜建人、李世蓉：《市场化条件下城市基础设施项目的建设管理体制创新》，《建筑经济》2004 年第 6 期。

借债的方式将外部经营者的资金融入进来服务于自己的目标。在 PPP 项目的治理结构中，项目投资方是政府和项目的社会投资者；项目委托方是它们组成的项目公司，具有特定期限的项目决策、经营管理权；项目管理方是项目经理；项目的实施方是包括项目承包商、设计单位等在内的项目团队。机制就是整个系统的工作原理及运行机制。[①] 项目治理机制就是项目主体如何运用项目合同契约、代理人声誉、市场竞争、合作方之间信任等治理工具来对各利益相关者之间已经建立的权、责、利关系进行维持和实现的制度安排。[②] 项目治理机制可分为内部和外部治理机制，内部治理机制是以项目所有权为主线的内在制度安排，使用项目正式契约，对项目治理结构中的所有权进行配置，来实现各项目契约组织的权责利对等；而外部治理机制是以竞争为主线的外在的制度安排，在项目市场上，通过声誉、信息传递、监管等手段，对项目的成功提供良好的运行环境。[③] 内部机制和外部机制的有效运行，保证了项目治理效果。本研究借鉴内、外部治理机制的概念，PPP 项目的外部治理机制是制度环境中包括法律、法规等的正式制度及关系契约治理（以下简称"关系治理"），内部治理机制是正式契约治理（以下简称"契约治理"）。[④]

三、不完全契约理论

契约理论的发展经历了从法学和政治学领域向经济学领域的转变。16 世纪，以著名哲学家霍布斯、洛克和卢梭为代表的国家契约论认为，国家就是一系列社会契约缔结的结果，契约就是公民和政府共同制定、用于制

[①]　马东生、陈国荣：《从公司治理系统分析公司治理结构与公私治理机制的关系》，《当代经济管理》2005 年第 3 期。

[②]　尹贻林、杜亚灵：《基于治理的公共项目管理绩效改善》，科学出版社 2010 年版，第 82 页。

[③]　尹贻林、杜亚灵：《基于治理的公共项目管理绩效改善》，科学出版社 2010 年版，第 86 页。

[④]　关于正式契约和关系契约的相关内容在不完全契约理论中进行梳理。

约政府权力和保护公民生命、自由和财产的一系列规则。①Macneil 的社会契约论关注契约的社会性，即社会关系、劳动分工与交换和未来意识，奠定了正式契约向非正式契约延展的理论基础。② 新古典经济学的代表者 Arrow 和 Debreu 视契约为实现一般均衡的手段 ③，而 Edgeworth 则视契约为交易运行的内在机制，提出了一般均衡下的帕累托最优契约曲线，并先见性地认识到契约的不确定性 ④。Arrow 和 Debreu 将契约界定为完成某项任务的承诺，基于理性预期或信息完全的假设，以消费者效用最大化和生产者利润最大化为原则，实现资源获得、生产和消费不确定性的市场交换行为的手段。⑤ 信息不对称和交易成本的引入，使得经济学的研究范式发生了改革。新古典经济学的完全信息和完备竞争研究范式无法解释不确定性的市场效率，因此，契约理论针对交易费用、不确定性和风险配置等方面的研究，其研究对象从微观向宏观经济的转变，更好地解释了市场如何运行。⑥

契约广义上分为正式和非正式契约、显性和隐性契约。第一种分类是正式和非正式契约。正式契约是由成文契约规定缔约双方行为方式和违约惩罚机制，并可由政府等第三方机构强制执行的完备契约。⑦

---

①   Williamson O.E., Transaction-cost Economics: The Governance of Contractual Relations, *Journal of Law and Economics*, Vol.22, No.2 (1979), pp.233-261.

②   韩洪云、李寒凝:《契约经济学:起源、演进及其本土化发展》,《浙江大学学报（人文社会科学版)》2018 年第 2 期。

③   Arrow K. J. & Debreu G., Existence of an Equilibrium for a Competitive Economy, *Econometrica: Journal of the Econometric Society*, Vol.22, No.3 (1954), pp.265-290.

④   韩洪云、李寒凝:《契约经济学:起源、演进及其本土化发展》,《浙江大学学报（人文社会科学版)》2018 年第 2 期。

⑤   Arrow K. J. & Debreu G., Existence of an Equilibrium for a Competitive Economy, *Econometrica: Journal of the Econometric Society*, Vol.22, No.3 (1954), pp.265-290.

⑥   Coase R. H., The Problem of Social Cost, *Journal of Law and Economics*, Vol.3 (1960), pp.1-44；费方域、蒋世成:《合同理论的范式演进》,载 [法] 贝尔纳·萨拉尼耶:《合同经济学》,上海财经大学出版社 2008 年版, 第 1—12 页。

⑦   Klein B., Craford R. G. & Alchian A., Vertical Integration, Appropriable Rents, and the Competitive Contracting Process, *Journal of Law and Economics*, Vol.21, No.2 (1978), pp.297-326；杨瑞龙、聂辉华:《不完全契约理论:一个综述》,《经济研究》2006 年第 2 期。

事前约定条款可以降低契约风险，增加缔约双方之间的信任，简化缔约程序，增加交易稳定性。① 然而，由于不确定性、信息不完全性及交易费用的存在，交易很可能需要依靠自我实施的非正式契约。② 非正式契约下的重复交易则会使缔约双方去签订更详细的正式契约。③ 第二种分类是显性和隐性契约。显性契约就是成文契约，并可在法律上强制执行的正式契约。隐性契约是不可观测和不可证实的，基于重复博弈的合作关系和社会道德规范，其实施的保障是信誉和信任，通过自我实施的履约机制来解决激励扭曲的问题④，是一种非正式的关系型治理模式。由于自我实施履约机制的交易成本低⑤，因此，契约履行依靠终止交易关系或者信用信息传递来造成违约者专用性投资损失或声誉贬值⑥。

---

①　Frankel R., Whipple J. S. & Frayer D. J., Formal Versus Informal Contracts: Achieving Aliiance Success, *International Journal of Physical Distribution & Logistics Management*, Vol.26, No.3 (1996), pp.47-63.

②　Klein B., The Role of Incomplete Contracts in Self-enforcing Relationships, *Review Deconomie Industrille*, Vol. 92, No.1 (2000), pp.67-80; Telser L. G., A Theory fo Self-enforcing Agreement, *Journal of Business*, Vol.53, No.1 (1980), pp.27-44.

③　Ryall M. D. & Sampson R. C., Formal Contracts in the Presence of Relational Enforcement Mechanisms: Evidence from Technology Development Projects, *Management Scinece*, Vol.55, No.6 (2009), pp.906-925.

④　Kreps D. M. & Wilson R., Reputation and Imperfect Information, *Journal of Economic Theory*, Vol. 27, No. 2 (1982), pp.253-279；Predergast C., The Provision of Incentives in Firms, *Journal of Economic Literature*, Vol.37, No.37 (1999), pp.7-63.

⑤　Macaulay S., Non-contractual Relations in Business: A Preliminary Study, *American Sociological Review*, Vol. 28, No.1 (1963), pp.55-67；Klein B., The Role of Incomplete Contracts in Self-enforcing Relationships, *Review Deconomie Industrille*, Vol. 92, No.1 (2000), pp.67-80.

⑥　Telser L. G., A Theory fo Self-enforcing Agreement, *Journal of Business*, Vol.53, No.1 (1980), pp.27-44；Predergast C., The Provision of Incentives in Firms, *Journal of Economic Literature*, Vol.37, No.37 (1999), pp.7-63；Klein, B., Contracts and incentives: The role of contract terms in assuring performance, in Werin, L., Wijkander, H. (eds.), Contract Economics, Cambridge:MA: Blackwell, pp. 149–172.

19 世纪 70 年代以来，以 Alchian 和 Demsetz[①]、Jensen 和 Meckling[②]、Ross[③]、Mirrlees[④]、Holmstrom[⑤]、Grossman 和 Hart[⑥] 等经济学家为代表而发展起来的"契约理论"，分析了完美市场之外的契约。契约理论分为完全契约理论和不完全契约理论。完全契约理论即是委托代理理论，尽管考虑了缔约双方的信息不对称，但是其零缔约和执行成本的假定限制了其现实的解释能力，因为现实中其假定是不存在的。因为交易费用、有限理性、不确定性和信息不完全性的存在，契约是不完全的，所以契约的不完全作用机理能更好地解释信息不对称、不确定性和风险约束下的市场非均衡。[⑦] 二者根本区别在于：完全契约在事前规定了各种或然状态下当事人的权利和责任，其重心是事后的监督问题；不完全契约不能规定各种或然状态下的权责，而主张在自然状态实现后通过再谈判来解决，其重心在于对事前的权利（包括再谈判权利）进行机制设计或制度安排。[⑧] 因此，不完全契约理论还被用来检验制度框架如何对契约设计产生影响，以及如何对经济契约实践产生影响。

Coase 在《企业的性质》中开创性指出契约的不完全性[⑨]，William-

---

① Alchian Armen and Demsetz Harold, Production, Information Costs and Economic Organization, *American Economic Review*, Vol.62, No.50 (1972), pp.777-795.

② Jensen Michael & Meckling William, Theory of the Firm: Managerial Behavior, Agency Costs and Ownership Structure, *Journal of Financial Economics*, Vol.3, No.4 (1976), pp.305-360.

③ Ross Stephen A., The Economic Theory of Agency: The Principal's Problem, *American Economic Review*, Vol.63, No.2 (1973), pp.134-139.

④ Mirrlees James A., *"Notes on welfare economics, information, and uncertainty"*, Essays on economic behavior under uncertainty, 1974, pp.243-261.

⑤ Holmstrom B., Moral hazard and observability, *Bell Journal of Economics*, Vol.10, No.1 (1979), pp.74–91.

⑥ Grossman S. & Hart O., Implicit Contracts under Asymmetric Information, *Quarterly Journal of Economics*, Vol.98 (1983), pp.123-156.

⑦ Tirole J., Incomplete Contracts: Where Do We Stand?, *Econometrica*, Vol.67, No4 (1999), pp.741-781.

⑧ 杨瑞龙、聂辉华：《不完全契约理论：一个综述》，《经济研究》2006 年第 2 期。

⑨ Coase Ronald H., The Nature of the Firm, *Economica*, Vol.16, No.4 (1937), pp.386-405.

son[①]、Shavell[②] 和 Dye[③] 等学者也在之后的研究中对契约的不完全性进行了深入探讨。Grossman、Hart、Moore 在此基础上创建了 GHM 模型，正式提出不完全契约理论。[④] 造成契约不完全原因的代表性研究包括 Coase[⑤] 和 Williamson[⑥] 的交易费用对契约不完全的影响研究，Klein 的不确定性对契约不完全的影响研究[⑦]，以及 Williamson 的有限理性对契约不完全的影响研究[⑧]。不完全契约理论主要分为交易费用经济学和产权理论学派。以 Williamson 为代表的交易费用经济学认为，由于有限理性、机会主义及资产专用性，仅靠第三方来维持契约关系，成本巨大且无法证实，因此，需要能最大限度地节约事前交易费用和事后交易费用的治理结构来实现双方共同利益。[⑨] 以 Hart 为代表的产权理论学派认为，由于各种交易费用的存在而导了契约的不完全，没有对剩余控制权即所有权作出明确的

---

①　[美] 奥利弗·E.威廉姆森:《资本主义经济制度》，段毅才等译，商务印书馆 2002 年版，第 69 页。

②　Shavell S., Damage Measures for Breach of Contract, Bell Journal of Economics, Vol.11 (1980), pp.466-490.

③　Dye R., Costly Contract Contingencies, *International Economic Review*, Vol.26 (1985), pp.233-250.

④　Grossman Sanford & Hart Oliver, The Cost s and Benefits of Ownership: A Theory of Vertical and Lateral Integration, Journal of Political Economy, Vol.94 (1986), pp.691-719；Hart Oliver & Moore John, Property Rights and Nature of the Firm, Journal of Political Economy, Vol.98, No.6 (1990), pp.1119-1158.

⑤　Coase R. H., The Problem of Social Cost, Journal of Law and Economics, Vol.3 (1960), pp.1-44.

⑥　Williamson O.E., Transaction-cost Economics: The Governance of Contractual Relations, Journal of Law and Economics, Vol.22, No.2 (1979), pp.233-261

⑦　Klein B., The Role of Incomplete Contracts in Self-enforcing Relationships, Review Deconomie Industrille, Vol. 92, No.1 (2000), pp.67-80；Klein, B., Contracts and incentives: The role of contract terms in assuring performance, in Werin, L., Wijkander, H. (eds.), Contract Economics, Cambridge:MA: Blackwell, pp. 149–172.

⑧　Williamson O.E., Transaction-cost Economics: The Governance of Contractual Relations, Journal of Law and Economics, Vol.22, No.2 (1979), pp.233-261.

⑨　杨德才:《新制度经济学》，中国人民大学出版社 2015 年版，第 46 页。

规定，剩余控制权应该安排给投资相对重要的一方，进而激励提高生产率，达到帕累托改进。交易成本理论和产权理论学派的理论基础是一致的，都是把有限理性、机会主义和资产专用性作为契约不完全的主要原因。

（一）不完全契约与契约治理

由于契约的不完全性，契约不能规定各种或然状态下的权责，而需要对事前的权利（包括再谈判权利）进行机制设计或制度安排。[①] 不完全契约理论提出应该运用正式契约来解决契约不完全诱发的敲竹杠问题。在 PPP 项目中，政府和社会资本通过缔约 PPP 合同来约定双方的权责利，但是由于预见不确定性的成本、缔约成本、实施成本费用过高[②]，事前的最优契约很可能会失效，导致缔约双方专用性投资无效率，进而导致 PPP 项目的效率损失。不完全契约理论认为，通过正式契约来设计再谈判机制、剩余控制权配置、第三方监督等，可以提高 PPP 项目绩效。然而，由于缔约双方的有限理性和机会主义行为，不能对未来所有可能的情况作出预测进而设计有效的契约，因此，不完全契约理论强调在自然状态下通过再谈判弥补事前契约的不完全性，但是重心在事前的机制设计和制度安排上。契约设计的目的是节约实现契约设计、实施和争议仲裁的成本。我国 PPP 项目一般采用特许经营方式，其合同周期长达 20—30 年，意味着将要面对的不确定性更高，因此，对新增事项及相应的剩余控制权配置的再谈判是难以避免的重要环节[③]，而所有权配置一直是契约设计及再谈判的主要内容，主要取决于投资重要性、缔约双方对产品价值的评价，及产品的公共化程度[④]。除此之外，

---

① 杨瑞龙、聂辉华:《不完全契约理论: 一个综述》,《经济研究》2006 年第 2 期。

② Tirole J., Incomplete Contracts: Where Do We Stand?, Econometrica, Vol.67, No.4 (1999), pp.741-781.

③ Crocker K. J. & Masten S. E., Pretia ex Machina? Prices and Process in Long-term Contract, *The Journal of Law and Economics*, Vol. 4, No.1 (1991), pp.69-99.

④ 张喆、贾明、万迪昉:《不完全契约及关系契约视角下的 PPP 最优控制权配置探讨》,《外国经济与管理》2007 年第 8 期。

由于缔约双方的行为观测性和可证实性低，这就需要高昂的契约实施成本，及争议发生时的诉讼、仲裁等高昂成本，这时可能需要第三方机构如法庭来使具有信息优势一方主动揭示信息[①]或强制执行[②]。无论通过内部机制设计还是外部第三方干预，都可以改善由于契约的不完全而造成的 PPP 项目效率损失。

（二）不完全契约与关系治理

不确定性和风险分担是契约设计和安排的重要影响因素[③]，也是导致契约不完全性的直接原因。自从新古典经济学进行边际改革开始，Edgeworth 就前瞻性地认识到契约的不确定性，提出需要再谈判和再签约来实现均衡价格，提出了帕累托最优契约曲线。[④]Arrow 和 Debreu 将契约视为实现一般均衡的手段，并在分析一般均衡时引入了在契约设计和实施过程中在自然环境、经济波动和组织管理方面存在的不确定性，以及在生产和消费时存在的不确定性。[⑤]由于契约无法对所有或然情况进行预测和规定安排，风险就随之产生，风险可视为可度量的不确定性。交易的不确定性、交易成本的存在且难以计量、资本的专用性都加剧了契约设计、实施及争议解决的复杂程度。[⑥]因此，除了

[①]　Anderlini L., Felli L & Postlewaite A., Should Courts Always Enforce What Contracting Parties Write?, *Review of Law & Economics*, Vol.7, No.1 (2006), pp.14-28.

[②]　Schwartz A., Relational Contracts in the Courts: An Analysis of Incomplete Agreement and Judicial Strategies, *The Journal of Legal Studies*, Vol.21, No.2 (1992), p.48.

[③]　Stiglitz J. E., Incentives and Risk Sharing in Sharecropping, *Review of Economic Studies*, Vol.41, No.2 (1974), pp.219-255.

[④]　韩洪云、李寒凝：《契约经济学：起源、演进及其本土化发展》，《浙江大学学报（人文社会科学版)》2018 年第 2 期。

[⑤]　Arrow K. J. & Debreu G., Existence of an Equilibrium for a Competitive Economy, *Econometrica: Journal of the Econometric Society*, Vol.22, No.3 (1954), pp.265-290.

[⑥]　JoskowP. L., Contract Duration and Relationship-specific Investment: Empirical Evidence from Coal Markets, *American Economic Review*, Vol.77, No.1 (1987), pp.168-185；Poppo L. & Zenger T., Do Formal Contracts and Relational Governance Function as Substitutes or Complements?, *Strategic Management Journal*, Vol.23, No.8 (2002), pp.707-725.

正式契约之外，未契约化的关系在交易过程中也发挥着越来越重要的作用。[①] 契约的不完全性是关系契约存在合理性的主要原因。关系契约是基于未来关系的非正式的协议，是自我实施的或隐性的[②]，关系的嵌入不仅能减少契约重复谈判的成本和交易费用[③]，还能赋予契约灵活性和适应性[④]，有利于缔约双方互信并进行长期合作[⑤]。为了保证契约绩效，减少不完全契约导致的敲竹杠问题，契约的自我实施机制作为关系治理模式，是一种重要的契约实施方式，而资产专用性、激励、惩罚、声誉等则有利于不完全契约的实施、节约契约实施成本、减少履约过程中的争议和违约行为，有效地解决不完全契约的低效率问题。[⑥]交易中资产专用性的投入有"套牢"效应，因为投入者对交易方的依赖程度很高，若交易者违约，投入者的专用性投资价值便贬值或变成沉没成本而受损，其他契约方的收益也随之受损，因此，契约方会为了合作利益最大化而订立契约条款并进行自我履约。[⑦] 交易中通过给违约者"溢价"或"贴水"的激励机制来避免其违约行为的出现[⑧]，通过终止契约关系或是违约方声誉资本贬值来对惩罚违约者，进而来促进

① Macaulay S., Non-contractual Relations in Business: A Preliminary Study, *American Sociological Review*, Vol. 28, No.1 (1963), pp.55-67.

② Baker G., Gibbons R. & Murphy K. J., Relational Contracts and the Theory of the Firm, *Quarterly Journal of Economics*, Vol.117, No.1 (2002), pp.39-84.

③ Uzzi B., Social Structure and Competition in Inerfirm Networks: The Paradox of Embeddedness, *Adminsitrative Science Quarterly*, Vol.42, No.2 (1997), pp.35-67.

④ Baker G., Gibbons R. & Murphy K. J., Relational Contracts and the Theory of the Firm, *Quarterly Journal of Economics*, Vol.117, No.1 (2002), pp.39-84.

⑤ Klein B., Why Hold-ups Occur: The Self-enforcing Range of Contractural Relationships, *Economic Inquiry*, Vol.34, No.3 (1996), pp.444-463.

⑥ 米运生、郑秀娟、何柳妮:《不完全契约自我履约机制研究综述》,《商业研究》2015 年第 11 期。

⑦ 张维迎:《所有制、治理结构及委托—代理关系——兼评崔之元和周其仁的一些观点》,《经济研究》1996 年第 9 期。

⑧ 米运生、郑秀娟、何柳妮:《不完全契约自我履约机制研究综述》,《商业研究》2015 年第 11 期。

契约方选择自我履约[①]。在 PPP 项目中，当参与方有违约行为时，其名誉会产生贬值，合作方会优先选择声誉较好的参与方，并会签订更明确的契约条款，形成激励和惩罚机制以防止被敲竹杠。同时，契约方之间的关系嵌入更有利于信任的增强，从而增强契约的灵活性，减少 PPP 项目契约设计和实施的不确定和交易成本。

四、委托代理理论

1976 年，Jensen 和 Meckling[②] 发表的关于企业理论的论文是委托代理理论的主要基础。经济学家们为打开企业的"黑箱"而深入研究企业内部信息不对称和激励问题，进而发展出委托代理理论，该理论是制度经济学契约理论最重要的发展之一。诺贝尔经济学奖获得者 Mirreless、Akerlof、Spence 和 Stiglitz 是委托代理理论公认的代表者。委托代理关系是指委托人把自己的事务委托给代理人进行处理，进而形成的委托人与代理人之间的权、责、利的关系。法律上的委托代理关系是指在一定的授权范围内，委托人授权代理人代表其利益行使某些决策权和从事法律活动，委托人承担相应的法律责任，授权者是委托人，被授权者是代理人。在经济学中，委托代理关系是指：在非对称信息的交易中，占信息优势的一方为代理人，占信息弱势的一方为委托人，代理人的信息优势会对委托人的利益造成影响，委托人由于信息弱势为代理人的行为承担一定的风险。由此可见，委托代理理论有利于改进经济学领域内对市场经济运行机制的理解和解释。Mirrlees 在 Vickery 的研究基础上解决了激励机制问题，开创性地建立了委托代理关系的基本

---

①　Klein B., The Role of Incomplete Contracts in Self-enforcing Relationships, *Review Deconomie Industrille*, Vol. 92, No.1 (2000), pp.67-80.

②　Jensen Michael & Meckling William, Theory of the Firm: Managerial Behavior, Agency Costs and Ownership Structure, *Journal of Financial Economics*, Vol.3, No.4 (1976), pp.305-360.

模型①，除此之外，Mirrlees② 和 Holmstrom③ 提出了"一阶条件方法"，这些奠定了委托代理关系的基本分析框架，为信息经济学领域委托代理理论的发展做出了奠基性贡献。Akerlof 使用旧车市场模型开创了逆向选择的理论和不对称信息市场研究的先河，揭示了信息不对称原理和"劣币驱良币"原理。④Spence 使用劳动力市场模型开创了信号传递理论的先河，其创新是在信息不对称的情况下，具备信息的一方会采取某种行动以克服信息不对称带来的困惑。⑤Stiglitz 对不完全信息情况下，产品市场、资本市场和保险市场中的经济行为进行了研究，进一步研究了信息在社会资源配置中的作用，特别是逆向选择和道德风险导致的市场失效问题的研究。⑥

在信息不对称的环境下，代理人由于信息优势而享有一定的行为空间，最大化自身的利益，而非委托人的利益，因此，委托代理理论的核心关注点是在利益冲突和信息不对称的两个基本假设条件下，通过满足代理人参与约束和激励相容的完全激励契约安排，委托人如何做出最优合约设计来激励代理人付出努力进而来实现委托人的效用最大化。⑦Hart 将专业

---

① Mirrlees James A., "Notes on welfare economics, information, and uncertainty", Essays on economic behavior under uncertainty, 1974, pp.243-261；Mirrlees James A., The optimal structure of incentives and authority within an organization, *Bell Journal of Economics*, Vol.7, No.1 (1976), pp.105–31.

② Mirrlees James A., "Notes on welfare economics, information, and uncertainty", Essays on economic behavior under uncertainty, 1974, pp.243-261.

③ Holmstrom B., Moral hazard and observability, Bell Journal of Economics, Vol.10, No.1 (1979), pp.74–91.

④ Akerlof George A., The Market for 'Lemons': Quality Uncertainty and the Market Mechanism, *Quarterly Journal of Economics*, Vol.84, No.3 (1970), pp.488-500.

⑤ Spence A. M. & Zeckhauser R., Insurance, information, and individual action, *American Economic Review*, Vol.61, No.2 (1971), pp.380–87.

⑥ [德] 斯蒂芬·沃依格特：《制度经济学》，史世伟等译，中国社会科学出版社 2016 年版，第 51—52 页。

⑦ Jensen Michael & Meckling William, Theory of the Firm: Managerial Behavior, Agency Costs and Ownership Structure, *Journal of Financial Economics*, Vol.3, No.4 (1976), pp.305-360.

化引入委托代理关系中，认为具有信息优势的一方会依赖于具有专业化的另一方①，由于合作双方间具有潜在的利益冲突与信息不对称，因此产生了后来 Arrow 在 1985 年分类的委托代理问题即事前的逆向选择与事后的道德风险②。一方面，在签约前，代理人利用事前信息的不对称性而进行的不利于委托人的决策行为，而委托人仅能对代理人行为的适当性而不是代理人或其提供的产品品质进行评价时，就会出现逆向选择问题，即会出现"劣币驱良币"问题。另一方面，在签约后，代理人利用信息的不对称性、不确定性及合约的不完备性而采取的不利于委托人的行为，而行为的成功不仅取决于代理人本身，也取决于代理人所不能施加的影响的其他因素时，或者委托人由于缺乏专业知识无法判断代理人的行为，即"隐蔽信息"和委托人不能观察到代理人的行为即"隐蔽行动"，就会出现道德风险问题。③

在 PPP 项目中，政府作为委托人，私营企业作为代理人，二者的利益目标不一致，政府的目标是追求社会福利最大化，而私营企业的目标则是自身利益最大化。逆向选择的产生源于契约签订前，由于政府不能了解所有私营企业的全部信息，造成信息的不对称，因此在签约前可能会出现合作方选择的优汰劣胜。道德风险的产生源于契约签订后，PPP项目各参与方会为了自身利益，采取降低质量、减少成本、提高价格等机会主义行为增加收益，而政府由于缺乏对项目专业信息的了解，无法准确判断对公共利益的影响程度，导致政府对项目公司的监督力度不足。因此，由于政府和私营企业的利益目标不一致和信息不对称，进而引发了委托代理问题，这就需要作为委托人的政府设计出最优契约，激

---

① Hart Oliver, Optimal labor contracts under asymmetric information: an introduction, *Review of Economic Studies*, Vol.50 (1983), pp.3–35.

② Arrow Kenneth J., "The Economics of Agency", Principles and Agents: The Structure of Business, in Pratt and Zeckhauser(eds.), Boston: Harvard Business School Press, 1985, pp.37-51.

③ 杨德才：《新制度经济学》，中国人民大学出版社 2015 年版，第 46 页。

励代理方①，达到均衡社会利益和私营企业利益的目的，进而实现双方的效益最大化。

（一）委托代理与契约治理

委托代理理论认为，由于委托人和代理人作为两个不同的利益主体，其追求的目标及激励机制不一致，往往会出现代理人利用其信息优势去追求自身的利益，而脱离委托人利益目标，这就产生了委托代理问题。在 PPP 项目中，政府部门是委托人，专业机构是代理人，政府追求公共利益最大化，而专业机构追求自身效益最大化，二者之间利益目标上的偏离导致了委托代理问题。委托代理双方间的关系就是一种契约关系②，而委托代理关系是基于完全契约的，项目治理是基于不完全契约。因此，PPP 项目治理是一个全过程的契约关系，签订的正式契约既要考虑如何解决 PPP 项目中存在的委托代理问题，又要考虑可预测状态下权责利的配置及不可预测状态下再谈判的契约设计。按照契约条款的规定，委托人需要支付给代理人相应报酬，而且需要采用各种激励手段包括利益、奖金等安排来使代理人努力达到委托人的目标要求。由于委托代理问题的存在，如何进行契约设计并保证实施就是关键所在。基于信息获取情况，应该选择不同的正式契约模式对项目缔约方进行激励。③当委托人与代理人的目标一致性较高，且不对称信息量较小时，委托人能够对代理人进行相对有效的监管，选择行为导向的合同模式更合适。④当委托人进行过程监督的成本远远大于结果的观察成本时，选择结果导

---

① Sappington D. E. M., Incentives in Principal-Agent Relationships, *Journal of Economic Perspectives*, Vol.5, No. 2 (1991), pp.45-66.

② Jensen Michael& Meckling William, Theory of the Firm: Managerial Behavior, Agency Costs and Ownership Structure, *Journal of Financial Economics*, Vol.3, No.4 (1976), pp.305-360.

③ Farrell L. M., Principal-agency Risk in Project Finance, *International Journal of Project Management*, Vol.21, No.8 (2003), pp.547-561.

④ Florical S., Lampel J., Innovative Contractual Structures for Inter-organizational Systems, *International Journal of Technology Management*, Vol.16, No.1 (1998), pp.193-206.

向的合同模式更有效。① 如何事前设计有效的正式契约，并通过正式契约使得这些激励手段对代理人起到激励作用，就可以有效避免交易中的委托代理问题，降低交易成本，这就是通过契约治理来提高项目治理绩效。

（二）委托代理与关系治理

项目治理不仅包括契约签订之前如何设计最优契约，还包括契约签订之后如何协调缔约方之间的关系来保证契约的有效实施，进而实现委托方的目标要求。PPP 项目中存在的委托代理问题会产生高昂的代理成本。虽然可以通过正式契约设计来同时约束和激励代理人，进而实现委托人的预期利益最大化，但是当契约的实施成本过高、代理人行为可证实成本过高时，正式契约的激励机制的作用就会受到限制，为解决委托代理问题而产生额外的监管成本，这是导致高昂的代理成本的主要来源之一。而关系契约具有交易成本低、契约灵活性和适用性高的巨大优势。② 缔约方之间的关系规则及互信赋予了正式契约更大的灵活性，而且对未来合作的收益预期也能促进缔约方的长期合作。除此之外，自我实施机制也能减少委托代理问题产生的代理成本。声誉效应可以有效地起到激励作用，因为即使没有正式的激励合同，为了自身的声誉不贬值，代理人也会努力工作来提高自身的声誉③。缔约方之间的信任也会抑制代理人的机会主义行为，进而克服信息不对称带来的委托代理问题，进而保证项目有效实施。④PPP 项目一般都是 20 年甚至 30 年的长期契约，这有利于形成缔约方之间的信任，

---

① 王晓州：《建设项目委托代理关系的经济学分析及激励与约束机制设计》，《中国软科学》2004 年第 6 期。

② Poppo L. & Zenger T., Do Formal Contracts and Relational Governance Function as Substitutes or Complements?, *Strategic Management Journal*, Vol.23, No.8 (2002), pp.707-725.

③ 曹启龙、周晶、盛昭瀚：《基于声誉效应的 PPP 项目动态激励契约模型》，《软科学》2016 年第 12 期。

④ Dev Sharma, Merlin Stone & Yuksel Ekinci, IT Governance and Project Management: A Qualitative Study, *Journal of Database Marketing & Customer Strategy Management*, No.16 (2009), pp.29-50.

会减少代理人的部分风险。[①] 契约治理和关系治理的结合有利于实现更高的交易绩效。[②]

五、交易成本理论

交易成本也称交易费用，是指完成交易所需花费的成本，是新制度主义经济学中最基本和最重要的一个概念。首先，Coase 和 Williamson 认为交易成本是在具体交易过程中产生的成本。在 1973 年，Coase 最早提出交易成本的概念，提出交易成本包括事前的搜寻信息成本、事中讨价还价与签约成本和事后监督执行成本。[③]Williamson 借助契约理论，将交易成本分为事前起草、维护契约的成本，以及事后运营、谈判、解决契约纠纷的成本[④]，也可以具体化为信息成本、谈判成本和执行成本三类[⑤]。交易成本也可以视为不确定性的成本、缔约成本和实施成本。[⑥]Arrow 认为交易成本是利用经济制度的成本，一方面包括制度创立成本、维持成本和实施成本；另一方面包括制度的机会成本，及实际制度偏离最优制度引起的效率损失。[⑦] 张五常对交易成本的界定最为广泛，他把交易成本看作是一系列

① Keith Lambert, Project Governance, World Project Management Week, No.3 (2003):pp.8-9.

② Poppo L. & Zenger T., Do Formal Contracts and Relational Governance Function as Substitutes or Complements?, *Strategic Management Journal*, Vol.23, No.8 (2002), pp.707-725.

③ Coase R. H., The Problem of Social Cost, Journal of Law and Economics, Vol.3 (1960), pp.1-44.

④ Williamson O. E., The Mechanisms of Governance, OUP Catalogue, Vol.44, No.1 (1999), pp.799-802.

⑤ ［美］奥利弗·E. 威廉姆森：《资本主义经济制度》，段毅才等译，商务印书馆 2002 年版，第 33 页

⑥ Tirole J., Incomplete Contracts: Where Do We Stand?, *Econometrica*, Vol.67, No.4 (1999), pp.741-781.

⑦ Arrow K. J., Uncertainty and the Welfare Economics of Medical Care: Reply, *American Economic Review*, No. 55 (1965), pp.154-158.

制度成本，其中包括信息成本、谈判成本、起草和实施成本、界定和实施产权的成本、监督管理的成本和改变制度安排的成本，简言之，交易成本包括一切不发生在物质生产过程中的成本。[①] 交易成本无论是广义上作为经济制度的成本，还是狭义上作为具体交易时和产权确立的成本，都是对社会财富和稀缺资源的耗损，可能会影响交易的达成，可以降低但无法消除。[②]

Williamson 提出决定交易成本的因素主要有人的因素、与特定交易有关的因素和交易的市场环境因素。[③] 首先，人的因素包括有限理性和机会主义。有限理性的存在导致个体不能充分认识或预测所有或然情况，加上交易的不确定性和复杂性，个体可能处处都受到有限理性的限制，这时就产生高昂的交易成本。[④] 有限理性和信息不对称往往会导致个体机会主义行为的发生。有限理性限制了完全契约签订的可能性，而契约不完全性则会滋生缔约方的机会主义动机及行为。机会主义行为的存在导致了交易前逆向选择和交易后道德风险的产生。契约签订前，由于缔约方的有限理性和信息不对称的存在，为了降低交易中因受信息优势者蒙骗而受损的概率，信息劣势者进行的选择会导致逆向选择的结果。契约签订后，由于信息不对称的存在，信息优势者为了实现自身效用最大化，会进行具有风险的行为或给信息劣势者造成一定的损失，这就导致了道德风险的结果。

其次，与特定交易有关的因素包括资产专用性、不确定性程度和交易频率。资产专用性导致了交易的复杂性的增加，因为资产专用性导致非资产投入者的机会主义行为，进而要挟资产投入者来满足自身的利益目标，甚至出现资产投入者放弃专用性资产投资而导致交易失败。交易过程中的不确定性程度分为原发和继发两种，原发的不确定性是由于自然的无序行

① 张五常：《经济解释》，商务印书馆 2000 年版，第 407—408 页。

② 杨德才：《新制度经济学》，中国人民大学出版社 2015 年版，第 42 页。

③ ［美］奥利弗·E. 威廉姆森：《资本主义经济制度》，段毅才等译，商务印书馆 2002 年版，第 69—85 页。

④ ［美］奥利弗·E. 威廉姆森：《市场与层级制——分析与反托拉斯含义》，蔡晓月等译，上海财经大学出版社 2011 年版，第 25—27 页。

为或者无法预测的变化而造成的不确定性，而继发的不确定性是由于缺乏信息沟通而造成的不确定性。Williamson 认为继发的行为上的不确定性使得交易变得更加复杂。交易中不确定性产生的影响和资产专用性、交易频率相关。如果不涉及资产专用性，不确定性即使导致交易中断，也可重新建立新的交易关系，反之则难以建立交易关系。在一次性的交易中，不确定性的影响较小，反之亦然。

最后，交易的市场环境包括潜在竞争对手的数量。市场上竞争对手的数量越多，违约等机会主义行为就会受到限制，进而减少了由于机会主义行为导致的交易成本。Williamson 强调有限理性、机会主义和资产专用性三个因素的决定性作用，三个因素的同时出现才导致了交易费用的产生。

（一）交易成本与契约治理

由于有限理性和信息不对称的存在，如何通过制度设计和契约设计来降低由于人的因素导致的交易成本就十分重要。资产专用性容易遭到不拥有专用资产一方的机会主义行为，而使得专用资产拥有者蒙受损失，因此需要针对资产专用性进行机制设计，进而降低机会主义行为的发生，减少交易成本。由此可见，契约设计的目的就是如何减少由于资产专用性、有限理性和机会主义等产生的交易成本，进而提高交易效率。交易成本是契约设计和安排的决定性因素，而契约的不完全性却是交易成本的来源所在。[1] 如何减少交易成本是契约设计和实施的主要目的，这就需要契约治理机制来达到此目的。因此，契约设计的目的就是节约契约设计、实施和争议解决的成本。

Williamson 依据资产专用性、交易不确定性、交易频率等与交易有关的特性，将治理结构划分为市场治理、三方治理、双边治理和统一治理。[2] 不

---

① Hart O. D., Incomplete Contracts and the Theory of the Firm, *Journal of Law, Economics & Organization*, Vol.4, No.1 (1988), pp.119-139.

② ［德］斯蒂芬·沃依格特：《制度经济学》，史世伟等译，中国社会科学出版社 2016 年版，第 56 页。

同的交易属性及类型应该匹配不同的治理结构，也应选择不同的契约治理策略进行有效的治理，来最小化制度成本，保证交易顺利实施①。当交易不存在资产专用性时，交易双方自己决定是否继续交易，不需要特殊的治理结构，适合市场治理结构，被称为古典契约。当存在不同程度的资产专用性（中等专用性的混合交易和高等专用性的异质交易）时，在交易频率是偶然交易的情况下，难以完全依靠市场治理，且建立治理结构的成本过高，就需要依靠第三方来解决交易过程中的纠纷，采用三方治理，被称为新古典契约；当交易频率是经常发生的混合交易时，一般采用双边治理（关系），当交易频率是经常发生的异质交易时，一般采用统一治理（契约）。由于基础设施 PPP 项目具有较高的资产专用性和不确定性，而且是长期的不完全契约，因此需要结合契约治理和关系治理来完成项目治理。

（二）交易成本与关系治理

当面临不同的资产专用性程度时，有限理性、不确定性的存在导致机会主义行为的发生，进而影响交易绩效。契约的不完全性是交易成本的来源所在，因此，Williamson 提出的有效交易治理机制中的关系治理②，Winch 强调了项目关系长期性的重要程度③。关系治理有利于减少高昂的交易成本，通过自我实施机制，增强缔约方之间的互信，进而减少机会主义行为的发生。在长期项目契约过程中，信任被认为是最重要的因素。④ 基于经济学角度，交易成本理论强调信任是利益驱动下形成的，因为缔约方基于理性对违约行为带来未来利益损失的预期，进而产生

---

① Wang W., Hawwash K. & Perry J., Contract Type Selector(CTS): A KBS for Training Young Engineeres, Intenational Journal of Project Management, Vol.14, No.2 (1996), pp.95-102.

② [美] 奥利弗·E. 威廉姆森:《资本主义经济制度》，段毅才等译，商务印书馆 2002 年版，第 113 页。

③ Winch G., The Construction Firm and the Construction Project: A Transaction Cost Approach, *Construction Management Economics*, No.74, pp.331-345.

④ Dahlgren J. & Soderlund J., Managing Inter-firm Projects on Pacing and Matching Hierarchies, *International Business Review*, No.10 (2001), pp.305-322.

信任①，这有利于长期契约关系中交易成本的降低。在项目治理过程中，信任和合同往往被视为同样重要的治理工具，因为信任可以降低协商与谈判成本，从而减少机会主义行为，最终提高项目绩效。② 交易双方建立起相互依赖的双边关系，即使涉及资产专用性、有限理性及不确定性等不完全契约，也会降低交易成本。关系治理可以减少 PPP 项目中不完全契约的交易成本，这是使用关系契约来进行 PPP 项目治理的关键所在。因为不论是政府、社会资本还是项目公司都会为了减少交易成本，而倾向于选择有信任度的合作伙伴来建立合作关系，通过互信来建立联合行动的能力，进而减少项目的不确定性所带来的风险，提高项目治理绩效。

第二节　"契约—关系"二元治理机制的理论分析框架

一、PPP 项目治理的相关研究及解析

目前与本项目紧密相关的研究进展主要涉及以下四个方面：PPP 项目治理研究、项目契约治理研究、项目关系治理研究、项目契约治理和关系治理之间关系研究。

（一）PPP 项目治理研究

PPP 是指公共基础设施建设领域的一种新型的公共部门和私人部门之间的一种合作关系，其目的是提供传统上公共部门提供的公共项目或服

---

① Lewick R. J. & Bucker B. B., Developing and Maintaining Trust in Work Relationships, in Trust in Organizations: Frontiers of Theory and Research, Kramer R. M. & Tyler T. R., Sage Publications Inc., 1996, pp. 114-139.

② Chen P. & Partington D., An Interpretive Comparison of Chinese and Western Conceptions of Relationships in Construction Project Management, Vol.22, No.5 (2004), pp.397-406.

务。在该模式下，政府部门与私人企业基于某个特定项目进行合作，共同投入资金，共担项目风险，共享投资收益。因此，PPP 项目治理有其特殊性。PPP 项目的特殊性包括项目不完全契约本质和委托代理关系。一方面，PPP 项目就是在公共需求带动下，围绕公共品提供、生产、消费的各参与方在市场中通过一系列合约缔结而成，是具有生产功能的临时性契约组织 ①（见图 3-1），这是研究 PPP 项目治理的先决条件。然而，"契约的不完全性"是一切交易，包括市场、企业交易，当然还有项目交易中出现治理问题的共同原因。② 另一方面，PPP 项目的契约本质决定了其委托代理关系的存在 ③（见图 3-2）。PPP 项目的委托代理链存在两个层次 ④：第一层次表现为公众将全民所有的资产交由政府进行公共管理，其方向是由下至上的；第二个层次表现为政府业主（中间委托人）将大量项目委托给项目管理单位完成，其方向是由上至下的。在多层级结构的委托代理链中，政府作为双重体系的"关键人"，既处于"被监督者"的地位，又处于"监督者"的地位，其角色是双重的。多层级委托代理链导致的委托代理问题是 PPP 项目治理的重要原因之一。PPP 项目治理具备一定的特殊性，既不同于关于国家所有权的治理即政府治理，也不同于私人所有权的治理即公司治理，而是二者的联合治理。PPP 项目签约前和签约后的信息不对称性和环境不确定性，必然导致代理问题，即逆向选择和道德风险问题。⑤ 逆向选择问题导致项目业主需要花费大量的费用评估投标者，否则极有可能把项目委托给不符合要求

---

①　Turner J. R., Müller R., On the nature of the project as a temporary organization, *International Journal of Project Management*, Vol.21, No.1 (2003), pp.1-8.

②　杨其静：《合同与企业理论前沿综述》，《经济研究》2002 年第 1 期。

③　Jensen. M., Meckling., Theory of the firm: managerial behavior, Agency costs and ownership structure, *Journal of Financial Economics*, Vol.3 (1976), pp.305-360.

④　严玲、赵黎明：《政府投资项目多层级委托代理链的分析》，《财经问题研究》2005 年第 12 期。

⑤　王晓州：《建设项目委托代理关系的经济学分析及激励与约束机制设计》，《中国软科学》2004 年第 6 期。

的承包商。① 道德风险问题是承包商利用信息优势来满足自己的利益目标，而不是委托人的利益。②

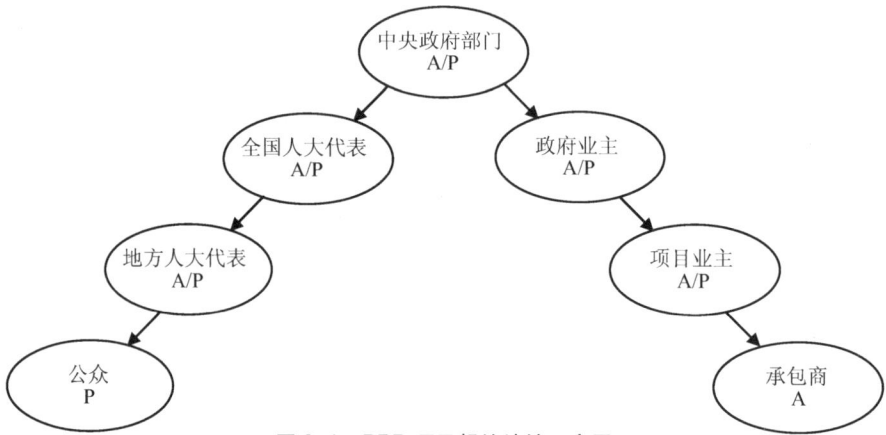

图 3-1　PPP 项目契约缔结示意图

(A-agent, 代理人 ; P-principal, 委托人 ; 资料来源 : 尹贻林和闫孝砚 (2006)③)

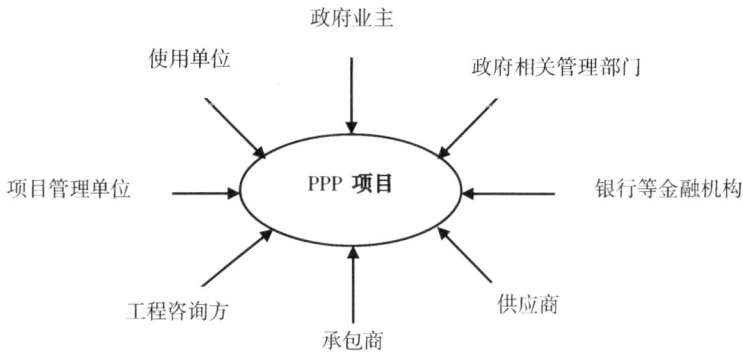

图 3-2　PPP 项目中多层级委托代理链

资料来源 : 尹贻林和杜亚灵 ④

———————

①　向鹏成、任宏、郭峰 :《信息不对称理论及其在工程项目管理中的应用》,《重庆建筑大学学报》2006 年第 1 期。

②　汪贤裕、颜锦江 :《委托代理关系中的激励和监督》,《中国管理科学》2000 年第 3 期。

③　转引自尹贻林、杜亚灵 :《基于治理的公共项目管理绩效改善》, 科学出版社 2010 年版, 第 49 页。

④　尹贻林、杜亚灵 :《基于治理的公共项目管理绩效改善》, 科学出版社 2010 年版, 第 47 页。

　　PPP 项目治理机制也是学术界目前关注的焦点之一。项目治理的目标是达到利益相关者之间关系的协调和利益的趋同，从而最终实现项目价值。而项目治理如何运行呢？这就是治理机制，即系统的工作原理。[①] 尹贻林和杜亚灵提出公共项目机制分为内部治理机制和外部治理机制。[②] 前者是以项目所有权为主线的内在制度安排，它以治理结构中的所有权配置为基准，通过正式契约致力于实现权责利对等，包括基于项目所有权配置的风险分担机制和基于项目风险分担的报酬机制；而外部治理机制则是以竞争为主线的外在制度安排，主要是基于声誉的代理方法选聘机制、基于绩效考评以及信息披露的代理方激励机制、公共项目的监管机制等。利益相关者积极参与机制介于内部治理机制和外部治理机制之间，是连接二者的桥梁。石莎莎针对利益冲突和风险环境两大诱因，结合项目治理理论和激励理论，提出 PPP 项目内部契约治理的柔性激励机制来探讨其治理作用机理。[③] 陈帆和王孟钧提出 PPP 项目业主和承包商的关系契约合作机制。[④] 由此可见，契约治理和关系治理对 PPP 项目治理的影响已经成为研究的主要内容之一。

（二）项目契约治理研究

　　契约治理核心是风险分担与报酬激励。契约治理主要来源于交易成本经济学，该理论提出基于契约的治理模式关键在于契约能够在跨组织交易过程中规避一定的不确定性，明确双方在不确定性情况下的责任和义务，从而能够在一定程度上降低或避免机会主义行为的产生。[⑤]Williamson 认

---

　　① 马东生、陈国荣：《从公司治理系统分析公司治理结构与公司治理机制的关系》，《当大以经济管理》2005 年第 3 期。

　　② 尹贻林、杜亚灵：《基于治理的公共项目管理绩效改善》，科学出版社 2010 年版，第 86 页。

　　③ 石莎莎：《城市基础设施 PPP 项目内部契约治理的柔性激励机制探析》，《中南大学学报（社会科学版）》2011 年第 6 期。

　　④ 陈帆、王孟钧：《基于关系契约的 PPP 项目业主与承包商合作机制研究》，《项目管理技术》2010 年第 5 期。

　　⑤ 王俊豪、金喧喧：《PPP 模式下政府和民营企业的契约关系及其治理》2016 年第 3 期。

为合同契约既要考虑事前激励又要考虑事后适应，两者并不矛盾。[①] 项目的契约治理可以由合同激励和合同效应两个维度来衡量。合同中规定了项目双方的权利和义务，通过风险的分担和报酬的激励，促使代理人付出更多努力，以最大化委托人利益。通过设计完善的合同激励承包商，降低项目业主监督成本，实现各方效应最大化。[②] 契约治理除了进行硬性规定外还保持契约的适度弹性以应对可能发生的变化[③]，其实质就是形成合理的风险分担。基础设施项目中，风险分担是最常用的激励机制之一，有效的风险分担可以降低风险发生的概率，避免发生复杂的谈判，确保项目的顺利进行。合同中也包含了利益分配的条款，决定了报酬的内容及获取方式，合理的报酬具有一定的激励作用。将项目代理人的收益与其努力水平相结合来设计激励合同，通过设计合理的利益分配条款来激励合作。因此，合同契约是项目参与方之间分担风险和分享收益的正式化表述，对合同双方的激励有重要作用，可以对交易双方的机会主义行为产生威慑，从而提高治理绩效。

契约治理对项目绩效的影响研究。基础设施项目中，信息不对称和机会主义导致治理问题，契约治理被用来保证委托人的权益，抑制机会主义，减少讨价还价的余地，降低交易成本，进而提高组织绩效。委托代理的相关研究普遍认为风险分担和报酬机制能够提升项目绩效。Zhang 认为 PPP 项目关键成功因素体系包括通过合同安排的合理风险分担、项目经济可行性、实力强大的私营部门、合理的融资方案和良好的投资环境[④]；Li

---

① Williamson O. E. "The theory of the firm as governance structure: from choice to contract", *Journal of Economic Perspectives*, Vol.16, No.3 (2002), pp.171-195.

② 傅春燕、贺昌政：《工程建设项目中业主为主导的委托代理研究》，《经济体制改革》2009 年第 6 期；王华、尹贻林：《基于委托—代理的工程项目治理结构及其优化》，《中国软科学》2004 年第 11 期；毕蕾：《公共事业特许经营 PPP 模式的契约治理研究》，《公共管理》2015 年第 6 期。

③ Luo, Y., Contract, cooperation, and performance in international joint ventures, *Strategic Management Journal*, Vol.1 (2002), pp.169-181.

④ Zhang X. Q., Critical success factors for public-private partnerships in infrastructuredevelopment, *Journal of Construction Engineering and Management*, Vol.131, No.1 (2005), pp.3-14.

等人通过对英国 PPP 项目的分析，归纳总结了 18 个关键成功因素，其中最为重要的要素包括实力强大的私营投资者、公平的风险分担和融资市场的可及性 ① ；Jefferies 则总结出悉尼 Super Dome 项目中的关键成功因素包括对项目的清晰认识、紧凑的招投标过程、合理的风险管理和招投标的竞争性等 ② 。正式的合同中规定了项目双方的权利义务关系，对风险的分担和激励报酬，促进了作为代理人的承包商的理性决策行为，保障了合同目标的刚性约束，报酬机制则赋予代理人显性激励，反映了代理人正确决策与风险承担的均衡收益。虽然契约治理机制的建立需要一定的成本，但是这些成本会被增加的项目绩效补偿。③

（三）项目关系治理研究

关系治理的核心影响因素是信任。关系治理源于社会交互理论，强调的是跨组织之间的长期合作能够逐渐建立起双方的信任，而信任成为跨组织之间重要基础及影响因素。通过跨组织双方建立起来的信任，在面对环境不确定性的情况下，跨组织关系能够对交易双方产生约束，减少机会主义行为的发生，同时还能促进双方在面临环境不确定性所带来的困境时共同协作，联手解决问题，甚至承担由于不确定性带来的损失。Gencturk & Aulakh 认为，关系治理就是由信任、承诺和灵活性三类规则构成的。④ 而另一些学者认为关系治理仅由外在行为构成。Claro 等认为关系治理仅仅

① Li B, Akintoye A, Edwards P J, Hardcastle C., Critical success factors for PPP/PFI projects in the UK construction industry, *Construction Management and Economics*, Vol.23 (2005), pp.459-471.

② Jefferies M., Critical success factors of public private sector partnerships a case study of the Sydney Super Dome, *Engineering, Construction and Architectural Management*, Vol.13, No.5 (2006), pp.451-462.

③ Crocker, Keith J & Masten, Scott E., Regulation and Administered Contracts Revisited: Lessons from Transaction-Cost Economics for Public Utility Regulation, *Journal of Regulatory Economics*, Vol.9, No.1 (1996), pp.5-39.

④ Gencturk E. F., Aulakh P. S., Norms-and control-based governance of international manufacture-distributor relational exchanges, *Journal of International marketing*, Vol.15, No.1 (2007), pp.92-126.

是指交易双方联合行动和联合解决问题，而信任等社会规则则是关系治理的影响因素。① 由于正式契约的不完备性，学者们普遍认为，信任是关系治理的核心因素。② 社会网络理论认为，信任可以避免投机行为，替代科层式治理，产生竞争优势。组织间的合作经验产生了组织间的信赖，抵消对手可能的投机行为。③ 交易成本理论认为，信任的作用是一种协调机制，可以减轻组织间交换所可能产生的机会主义行为④，降低交易成本⑤。基础设施项目中的信任研究，分别对信任的前因、过程及其结果进行了探讨。不同类型的信任对项目业主和承包商的影响具有差异性⑥，而项目业主、承包商、工程咨询企业和分包商等对人际信任和组织间信任又存在不同的倾向⑦。关系治理作为一种中间治理模式⑧，通过建立基于信任的长期合作关系，建立处理合作伙伴间关系的激励和约束机制⑨。

---

① Claro, DannyPimentel, Hagelaar, Geoffrey and Omta, Onno., The determinants of relational governance and performance: how to manage business relationship?, *Industrial Marketing Management*, Vol.32 (2003), pp.703 716.

② Ring P. S., Van De Ven A. H., Structuring Cooperative Relationships Between Organizations, *Strategic Management Journal*, Vol.13 (1992), pp.483-498；Ring P. S., Van De Ven A. H. Developmental processes of Cooperative Inter-organizational Relationships, *Academy of Management Review*, Vol.19 (1994), pp.90-118.

③ Gulati R., Familiarity Breeds Trust? The Implication of Repeated Ties on Contractual Choice in Alliances, *Academy of Management Journal*, Vol.1 (1995), pp.85-112.

④ Doney P. M, Cannon J. P., An examination of the nature of trust in buyer-seller elationships, *Journal of Marketing*, Vol.61 (1997), pp.35-51.

⑤ Bromiley, Cummings. *"Transaction Cost in Organizations with Trust"*, *Researchon Negotiation in Organization*, Vol.5 (1995), pp.219-247.

⑥ Pinto J. K., Slevin D. P. English B., Trust in projects: an empirical assessment of owner/contractor relationships, *International Journal of Project Management*, Vol.27, No.6 (2009), pp.638-648.

⑦ Lau E, Rowlinson S., Interpersonal trust and inter-firm trust in construction projects, *Construction Management and Economics*, Vol.27, No.6 (2009), pp.539-554.

⑧ 王清晓：《契约治理与关系治理耦合的供应链知识协同激励研究》，《学术论坛》2015 年第 6 期。

⑨ 云虹、胡明珠：《供应链中的关系治理模式比较研究》，《物流技术》2014 年第 11 期。

　　关系治理对项目绩效的影响研究。项目关系治理为项目组织通过项目参与方之间建立的关系性原则所获的治理作用，可以节约有限理性和抑制机会主义，从而降低机会成本，提高项目绩效。① 建设项目供应链关系的恶化是项目绩效不佳的主要原因。② 项目伙伴关系成功的关键因素有相互信任、有效的沟通、高级管理层的承诺、与目标相关的行为、富于奉献精神的团队、改变的灵活性和持续改进的承诺。③Doloi 则进一步区分了不同关系因素对项目成功的影响，其研究表明沟通是影响合作关系成功的最主要因素，信任和信心对有效的沟通起到补充作用。④ 从社会学的角度，Ferguson 等人认为关系治理对组织绩效的提升高于正式的合同契约治理。⑤ 从社会资本理论的角度，成员之间的凝聚力与建设项目的社会资本正相关；在适当的凝聚力水平下可以使项目绩效最大化。⑥ 娄黎星提出信任对合同条款柔性、合同执行柔性和项目管理绩效具有显著的正向影响。⑦

（四）项目契约治理和关系治理之间关系研究

　　在现有有限的关于契约治理与关系治理关系研究中，主要的观点可以

　　① Macniel I. R., Relational contracts theory: challenges and queries, *Northwestern University Law Review*, Vol.3 (2000), pp.877-907.

　　② Meng X., The effect of relationship management on project performance in construction, *International Journal of Project Management*, Vol.30, No.2 (2012), pp.188-198.

　　③ Black C, Akintoye A, Fitzgerald E., An analysis of success factors and benefits of partnering in construction, *International Journal of Project Management*, Vol.18, No.6 (2000), pp.423-434.

　　④ Doloi H., Relational partnerships: the importance of communication, trust and confidence and joint risk management in achieving project success, *Construction Management and Economics*, Vol.27, No.11 (2009), pp.1099-1109.

　　⑤ Ferguson R. J., Paulin M., Mcslein K, Müller C., Relational Governance, Communication and the Performance of Biotechnology Partnerships, *Journal of Small Business and Enterprise Development*, Vol.3 (2005), pp.395-408.

　　⑥ Di Vincenzo F, Mascia D. Social capital in project-based organizations: Its role, structure, and impact on project performance, *International Journal of Project Management*, Vol.30, No.1 (2012), pp.5-14.

　　⑦ 娄黎星：《信任对项目管理绩效影响研究：合同柔性的中介作用》，《工程管理学报》2015 年第 5 期。

分成如下两个方面。

一方面，关系治理被看作是优于契约治理，可以替代契约治理。因为关系治理所遵循的关系性原则是一种自我实施的治理机制，因此比契约治理机制成本要低、效率要高。① 然而，正式的契约治理实际上不利于关系治理的形成。Ghoshal & Moran 提出正式的合同契约对合作具有负面影响，使双方认为他们没有被信任，如果没有这些控制，他们不会正确地行事，使监督者陷入监督者困境，即监督、控制和权威的使用导致管理者不信任员工，因而管理者感到需要使用更为严厉的监督和控制。②Macaulay 认为信任的缺乏，破坏了对友谊的需要，将合作性交易转化为敌对性非合作交易。③Bernheim & Whinston 提出明确和复杂的合同实际上也许会鼓励采取合同中未明确的事项或行动的机会主义行为。④ 非正式的关系契约依赖于信任，避免了签订合同的成本，降低了进行监督的必要，并能促进合同的适应性，抵消了对机会主义行为的担心，降低交易成本。⑤ 当关系治理起作用时，正式合同契约不仅会浪费必要的资源，更可能会造成非生产性

---

① Gulati R., Familiarity Breeds Trust? The Implication of Repeated Ties on Contractual Choice in Alliances, *Academy of Management Journal*, Vol.1 (1995), pp.85-112；Larson E., Project partnering: results of study of 280 construction projects, *Journal of Management in Engineering*, Vol.2 (1995), pp.30-35；慕继丰、冯宗宪、徐和平等：《信任在知识型企业网络组织中的作用》，《预测》2003 年第 1 期。

② Ghoshal S., Moran P., Bad for Practice: A Critique of the Transaction Cost Theory, *Academy of Management Review*, Vol.21 (1996), pp.13-47.

③ Macaulay S., Non-contractual: A Preliminary Study, *American Sociological Review*, Vol.28 (1963), pp.55-67.

④ Bernheim D, Whinston M D., Exclusive Dealing, *Journal of Political Economy*, Vol.106, No.1 (1998), pp.64-103.

⑤ Dyer J. H., Singh H., The Relational View: Cooperative Strategy and Sources of Inter-organizational Competive Advantage, *Academy of Management Review*, Vol.23 (1998), pp.660-679；Gulati R., Familiarity Breeds Trust? The Implication of Repeated Ties on Contractual Choice in Alliances, *Academy of Management Journal*, Vol.1 (1995), pp.85-112；Uzzi B., Social Structure and Competition in Inter-firm Networks: The Paradox of Embeddedness, *Administrative Science Quarterly*, Vol.42 (1997), pp.35-67.

的资源耗费。

　　另一方面，关系治理和契约治理两者之间是互补的。Wang & Chen 证明了项目治理过程中关系和契约治理机制能够互补，实现治理均衡。[①] 综合的治理手段比单独采用一种治理手段可能得到更好的治理效果。[②] 契约治理能够弥补关系治理的制度缺失，从而能够更好地提升治理绩效。[③] 关系治理不但不会成为正式的契约治理的替代者，相反，关系治理利用嵌入性的社会关联提供了期望行为的标准，比单纯的权威关系更有效地遏制机会主义行为或不正当行为。良好的合同契约实际上会提升交易各方间合作信任关系，降低信任建立的成本。而且，合同契约缩小了风险范畴，降低其严重性，因而会鼓励和促进合作与信任关系的发展。关系治理中的信任对事后合同谈判有积极影响（正效应）。李新春等也提出合同契约治理和关系治理对项目治理是互补关系。[④]Zheng、Roehrich & Lewis 通过对两个重大 PPP 项目执行过程的研究，提出合同治理与关系治理的发展路径。[⑤] 王清晓提出正式合同契约和关系规范不仅对治理绩效产生直接影响，而且两者之间的互补作用也可以提高治理效果。[⑥] 因此，关系治理和契约治理是互补的，在动态不确定环境下，关系治理有利于合同契约的制定和实

[①]　Wang E. T. G., Chen J. H. F., The influence of governance equilibrium on ERP project success, *Decision Support Systems*, Vol.41 (2006), pp.708-727.

[②]　Poppo L., Zenger T., Do formal contracts and relational governance function as substitutes or complements?, *Strategic Management Journal*, Vol.23, No.8 (2002), pp.707-725.

[③]　Li Y., Xie E., Teo H. H., et al., Formal control and social control in domestic and international buyer-supplier relationships, *Journal of Operations Management*, Vol.28, No.4 (2010), pp.333-344.

[④]　李新春、陈灿：《家庭企业的关系治理：一个探索性研究》，《中山大学学报（社会科学版）》2006 年第 6 期。

[⑤]　Zheng J., Roehrich K., Lewis M. A., The dynamics of contractual and relational governance: Evidence from long-term public-private procurement arrangements, *Journal of Purchasing & Supply Management*, Vol.14 (2008), pp.43-54.

[⑥]　王清晓：《契约治理与关系治理耦合的供应链知识协同激励研究》，《学术论坛》2015 年第 6 期。

施，关系治理有助于发展处理不确定性的柔性规则和程序，因此共同提高交易效率。

（五）PPP 项目治理研究进展解析

对已有国内外研究的梳理表明，目前针对 PPP 项目治理的研究尚有不足，主要有以下几点：第一，项目契约治理的研究已经比较系统化，项目关系治理还处于发展阶段，但是契约治理和关系治理之间的关系研究还主要处于理论推演阶段，特别是，针对基础设施 PPP 项目，关于契约和关系治理融合的研究还很不足，因此需要进一步探索和创新。第二，契约和关系治理机制的相关研究，无论是替代关系还是互补关系，其实证研究略显不足。第三，关于契约治理对于治理水平的影响，众多学者做了先验性研究，但是关系治理的影响，以及契约和关系治理对治理绩效的共同影响还缺乏实证研究，如何通过定量研究来验证三者之间的影响关系还有待探索。

二、"契约—关系"二元治理机制的理论模型

本研究的研究对象是 PPP 项目治理，分析单位是 PPP 项目，分析要素包含契约治理、关系治理、信任和正式制度。首先，在治理研究领域中，已有大量文献研究了契约治理和关系治理这两个影响因素，因此也适用于 PPP 项目治理绩效分析。契约治理和关系治理的缺失容易造成 PPP 项目交易中出现逆向选择、道德风险、敲竹杠、交易成本高等问题，为解决这些问题，委托代理理论、不完全契约理论、交易成本理论的学者们提出采用项目治理机制（包括契约治理和关系治理）对项目组织间的各方关系进行治理，提高项目治理绩效。其次，新制度主义认为除了考虑对项目组织间利益相关者的关系进行具体治理外，还应考虑项目治理所处的制度环境（包括正式制度环境和非正式制度环境），由于非正式制度环境本身难以界定及操作，结合基础设施 PPP 治理的特殊属性，本研究仅讨论正

式制度环境对基础设施 PPP 项目治理的影响。通过提供良好的制度环境，保障相关主体的利益，规范主体行为，提高主体间的信任关系，进而降低交易成本与风险，提高项目治理绩效。

本研究遵循"影响因素—治理机制—治理绩效"的研究思路，以契约治理和关系治理为基础，通过构建"契约—关系"二元综合治理分析框架，探索影响基础设施 PPP 项目契约治理和关系治理机制的因素，在此基础上阐明契约治理和关系治理机制对基础设施 PPP 项目治理的作用机理。在构建"契约—关系"二元综合治理分析框架基础上，围绕契约治理和关系治理的影响因素与项目治理绩效的关系，构建"影响因素—治理机制—治理绩效"理论模型，来揭示契约治理与关系治理对基础设施 PPP 项目治理水平的直接影响和共同影响（见图 3-3），进而考察影响因素对契约治理和关系治理机制的作用，及"契约—关系"二元综合治理机制对项目治理绩效的作用。

本研究的契约治理指通过正式契约对 PPP 项目进行的治理，包括契

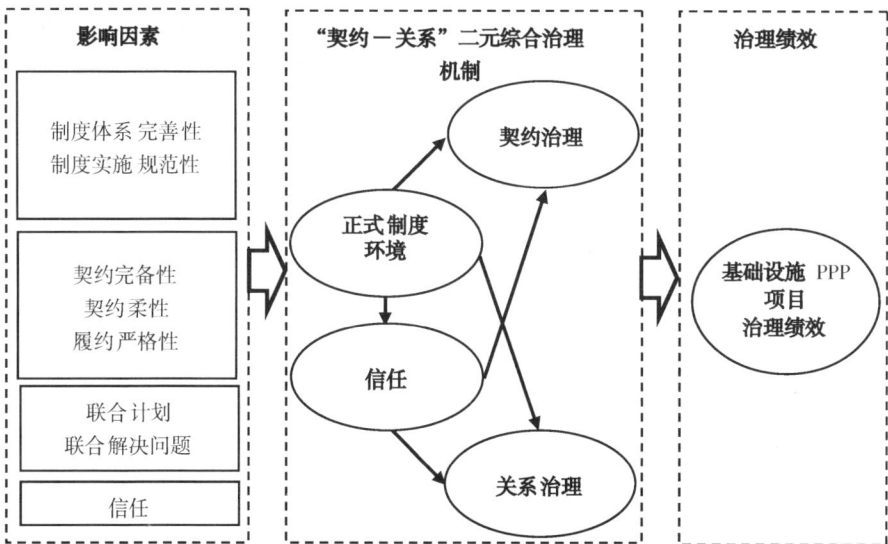

图 3-3　"影响因素—治理机制—治理绩效"理论模型

约完备性、契约柔性和履约严格性。关系治理指通过非正式契约对 PPP 项目进行的治理，包括联合计划和联合解决问题。正式制度环境描述了 PPP 项目治理的制度背景，可区分为制度体系完善性和制度实施规范性。信任是指主体间信任关系。根据理论模型，形成若干研究假设，这些研究假设围绕哪些契约治理影响因素提高治理绩效，哪些关系治理影响因素提高治理绩效，契约治理、关系治理、信任和正式制度环境如何影响项目治理绩效，这些研究假设用以定量化透视契约治理和关系治理与治理绩效之间的因果关系。

第三节　"契约—关系"二元治理机制的研究假设

一、契约治理和项目治理绩效

交易成本经济学视角下，以经济人为假设前提，通过正式的契约来对交易双方的合作关系进行治理，进而来控制交易风险。[1] 契约治理强调使用正式的、有法律约束力的书面协议来约束伙伴关系，为交易双方未来行动的权利、义务和责任提供一个合法的法律和制度框架。[2] 目前关于契约治理的研究可分为行为导向和结果导向的契约治理。[3] 基于委托代理理论及契约理论，当委托人和代理人的目标一致度高，且易于进行有效监管的时候，行为导向的契约治理可以有效地提高绩效；当两者之间由于信息不对称，导致不易于对过程进行监管的情况下，结果导向的契约治理更有

---

① Lusch, R. F., & Brown, J. R., Interdependency, contracting, and relational behavior in marketing channels, *Journal of marketing*, Vol.60, No.4 (1996), pp.19-38.

② Luo, Y., Contract, cooperation, and performance in international joint ventures, *Strategic Management Journal*, Vol.1 (2002), pp.169-181.

③ Farrell, L., Principal-agency risk in project finance, *International Journal of Project Management*, Vol.21, No.8 (2003), pp.547-561.

利。而关于契约治理具体衡量维度的相关研究主要集中在项目契约的完备性、准确性带来的事前激励，契约的调整、变更带来的事后适应性，以及契约的履行与约束。① 对于 PPP 项目而言，通常具有项目复杂性与不确定性的特点，并且项目周期比普通的建设项目更长，相比于一般的项目适应性，尽管契约条款完备可以减少不确定性行为的发生，契约严格执行可以减少机会主义行为风险，但是契约柔性能够通过再谈判、控制权让渡、价格补偿等更加具体的激励机制，来更好地应对项目长期过程中的复杂性与不确定性。因此，本研究从 PPP 契约的全过程来看，可分为制定、调整和执行三个过程阶段。在制定过程中，契约条款应尽可能完备，在调整过程中，契约应当具有一定的柔性，在执行过程中，契约应该严格执行 ②，衡量 PPP 项目正式的契约治理状况。

首先，契约完备性是指契约条款能够尽可能地明确详尽，对各方的权责利以及未来可能发生争议的情况进行明确而周全的规定与解决。③ 在具体的 PPP 项目中，正式的项目合同包括 PPP 项目合同、股东协议、履约合同、融资合同、保险合同等，形成一个 PPP 项目契约体系。这些契约内容越完备，对未来的情况的考虑就越周全，对契约双方的约束性就越强，项目中的机会主义行为就越少，激励作用就越大。可以说，完备的契约条款可以促进项目的有效执行，对项目成功具有重要作用。④

---

① Williamson, O. E., The theory of the firm as governance structure: from choice to contract, *Journal of economic perspectives*, Vol.16, No.3 (2002), pp.171-195；尹贻林、王垚：《合同柔性与项目管理绩效改善实证研究：信任的影响》，《管理评论》2015 年第 9 期。

② 孙玉国、山珊：《契约治理对 PPP 项目管理绩效的影响研究》，《财经理论研究》2019 年第 5 期。

③ Genus, A., Managing large-scale technology and inter-organizational relations: the case of the Channel Tunnel, *Research Policy*, Vol.26, No.2 (1997), pp.169-189.

④ Genus, A., Managing large-scale technology and inter-organizational relations: the case of the Channel Tunnel, *Research Policy*, Vol.26, No.2 (1997), pp.169-189；Poppo, L., & Zenger, T., Do formal contracts and relational governance function as substitutes or complements?, *Strategic management journal*, Vol.23, No.8 (2002), pp.707-725.

其次，契约柔性指应对项目不确定性带来的问题的潜在契约策略。① 由于 PPP 项目契约天然的不完全性，因此 PPP 项目正式契约不可能预测到所有情况，并制定所有问题的处理机制。契约柔性条款的设置则有助于解决风险的不确定性②，有助于项目总体效率提升。最后，履约严格性是指契约对交易双方具有约束力，契约双方要严格履行契约规定，不断提高自身的履约能力，保障契约的权威性。契约对双方的约束力，是保障契约执行的条件。交易过程中会产生争议与冲突，第三方对交易双方的履约进行监督或惩罚，可保证履约的严格性，以防止契约终止，造成巨大的交易费用，影响基础设施 PPP 项目治理绩效。总体而言，契约通过书面协议规定交易双方在不同情况下的行为规定，进而减少交易双方的不确定行为的发生，通过法律法规对协议进行执行，进而控制交易双方机会主义行为，最小化交易风险③，提高项目治理绩效。本研究提出研究假设：

H1：契约治理对基础设施 PPP 项目治理绩效产生具有显著正向影响。

二、关系治理和项目治理绩效

关系契约理论视角下，交易双方之间的交换是一种嵌入社会关系中的典型交换，依赖于社会因素在交换中的重要角色而进行的治理可

---

① Yli-Renko, H., Sapienza, H. J., & Hay, M., The role of contractual governance flexibility in realizing the outcomes of key customer relationships, *Journal of Business Venturing*, Vol.16, No.6 (2001), pp.529-555.

② Cruz, C. O., & Marques, R. C., Flexible contracts to cope with uncertainty in public–private partnerships, *International Journal of Project Management*, Vol.31, No.3 (2013), pp.473-483.

③ Lusch, R. F., & Brown, J. R., Interdependency, contracting, and relational behavior in marketing channels, *Journal of marketing*, Vol.60, No.4 (1996), pp.19-38；Zheng, J., Roehrich, J. K., & Lewis, M. A., The dynamics of contractual and relational governance: evidence from long-term public–private procurement arrangements, *Journal of Purchasing and Supply Management*, Vol.14, No.1 (2008), pp.43-54.

称为关系治理。[①] 关系治理有利于合作伙伴双方在无法预知情况发生时，灵活地应对正式契约之外的问题[②]，有助于提高组织效率以及项目绩效[③]。关于关系治理的衡量维度的相关研究主要集中在信任、资产专用性投资及网络等方面[④]，以及除了市场及法规之外的合作[⑤]。联合行动被学者界定为关系治理的主要影响因素。[⑥] 关系治理不应依赖市场的力量或者行政命令等外在力量来协调伙伴关系，而是应依赖于合作来

[①]　Granovetter, M., Economic action and social structure: The problem of embeddedness, *American journal of sociology*, Vol.91, No.3 (1985), pp.481-510.

[②]　韩洪云、李寒凝:《契约经济学:起源、演进及其本土化发展》,《浙江大学学报（人文社会科学版）》2018 年第 2 期。

[③]　Zou, W., Kumaraswamy, M., Chung, J., & Wong, J., Identifying the critical success factors for relationship management in PPP projects, *International Journal of Project Management*, Vol.32, No.2 (2014), pp.265-274.

[④]　Anderson, J. C., & Narus, J. A., A model of distributor firm and manufacturer firm working partnerships, Journal of marketing, Vo.54, No.1 (1990), pp.42-58；Zaheer, A., & Venkatraman, N., Relational governnace as an inter-organizational strategy: An empirical test of the role of trust in economic exchange, *Strategic Management Journal*, Vol.16 (1995), pp.373-392；Klein, S., Frazier, G. L., & Roth, V. J., A transaction cost analysis model of channel integration in international markets, *Journal of Marketing*, 1990, pp.196-208；Dyer, J. H., & Singh, H., The relational view: Cooperative strategy and sources of interorganizational competitive advantage, *Academy of management review*, Vol.23, No.4 (1998), pp.660-679.

[⑤]　Claro, D. P., Hagelaar, G., & Omta, O., The determinants of relational governance and perfrmance: How to manage business relationships?, *International Markeing Management*, Vol.32 (2003), pp.703-716.

[⑥]　Bensaou, M., & Venkatraman, N., Configurations of intcrorganizational relationships: A comparison between US and Japanese automakers, *Management science*, Vol.41, No.9 (1995), pp.1471-1492；Heide, J. B., & Miner, A. S., The shadow of the future: Effects of anticipated interaction and frequency of contact on buyer-seller cooperation, *Academy of Management Journal*, Vol.35, No.2 (1992), pp.265-291；Heide, J. B., & John, G., Alliances in industrial purchasing: The determinants of joint action in buyer-supplier relationships, *Journal of marketing Research*, Vol.27, No.1 (1990), pp.24-36；Lusch, R. F., & Brown, J. R., Interdependency, contracting, and relational behavior in marketing channels, *Journal of marketing*, Vol.60, No.4 (1996), pp.19-38；Dyer, J. H., & Singh, H., The relational view: Cooperative strategy and sources of interorganizational competitive advantage, *Academy of management review*, Vol.23, No.4 (1998), pp.660-679.

进行治理。① 当伙伴之间有合作意愿的情况下，关系治理反映的是合作伙伴之间联合行动的程度②，而且合作伙伴之间的联合行动主要有联合计划和联合解决问题。因此，本研究从交易成本费用理论和关系契约理论角度出发，在文献研究的基础上，结合基础设施 PPP 项目的特点，将联合行动（包括联合计划和联合解决问题）作为基础设施 PPP 项目关系治理的构成要素。

　　联合计划是指在沟通与信息共享的基础上，事前对各方在未来可能的情况下的权责利进行明确分配的程度。③ 基础设施 PPP 项目中各方为了实现项目目标，相互建立良好的预期，并按照事前的联合计划履行自身的承诺，进而强化联合计划行为。在考虑各方的利益需求与项目环境状况的情况下，联合计划能够确保项目取得成功。④ 最后，联合解决问题是指对联合计划实施中的争议与冲突进行有效解决的程度。⑤ 在基础设施 PPP 项目中，交易方联合解决问题必然比单独解决能更好地实现项目目标，各参与方对项目联合计划的持续性执行，能够保障长期稳定的合作关系，即使出现问题，相关方也会通过资源整合互相支持并一起解决问

---

① Claro, D. P., Hagelaar, G., & Omta, O., The determinants of relational governance and perfrmance: How to manage business relationships?, *International Markeing Management*, Vol.32 (2003), pp.703-716.

② Bensaou, M., & Venkatraman, N., Configurations of interorganizational relationships: A comparison between US and Japanese automakers", *Management science*, Vol.41, No.9 (1995), pp.1471-1492.

③ Heide, J. B., & John, G., Alliances in industrial purchasing: The determinants of joint action in buyer-supplier relationships, *Journal of marketing Research*, Vol.27, No.1 (1990), pp.24-36.

④ Ng, S. T., Rose, T. M., Mak, M., & Chen, S. E., Problematic issues associated with project partnering—the contractor perspective, *International Journal of Project Management*, Vol.20, No.6 (2002), pp.437-449.

⑤ Heide, J. B., & Miner, A. S., The shadow of the future: Effects of anticipated interaction and frequency of contact on buyer-seller cooperation, *Academy of Management Journal*, Vol.35, No.2 (1992), pp.265-291.

题，进而降低项目风险。可见，联合解决问题，可以促进项目的合作绩效，联合解决问题的妥善程度越高，关系治理的效果越好[1]。本研究提出研究假设：

H2：关系治理对基础设施 PPP 项目治理绩效具有显著正向影响。

三、信任和项目治理绩效

由于基础设施 PPP 项目既是"临时性契约组织"[2]也是"临时性社会网络组织"[3]，因此，对于基础设施 PPP项目的治理就涉及正式规则和关系治理之间的关系问题。信任被普遍认为是核心影响因素[4]，交易双方之间的信任有利于形成一种稳定、忠诚的伙伴关系，进而促进合作伙伴之间的关系承诺[5]，降低交易双方之间的交易成本，进而会最终提高 PPP项目治理绩效。

首先，信任是指存在交易双方间的一种相互依赖关系，反映了交易双方进行公平谈判以及履行承诺的程度[6]，相互信任能够降低机会成本和交

---

① Dyer, J. H., & Singh, H., The relational view: Cooperative strategy and sources of interorganizational competitive advantage, *Academy of management review*, Vol.23, No.4 (1998), pp.660-679.

② Turner, J. R., & Müller, R., On the nature of the project as a temporary organization, *International Journal of Project Management*, Vol.21, No.1 (2003), pp.1-8.

③ Pryke, S. D., Towards a social network theory of project governance, *Construction management and economics*, Vol.23, No.9 (2005), pp.927-939.

④ Zaheer, A., & Venkatraman, N., Relational governnace as an inter-organizational strategy: An empirical test of the role of trust in economic exchange.*Strategic Management Journal*, Vol.16 (1995), pp.373-392；Rotter, J. B., Interpersonal trust, trustworthiness, and gullibility, *American psychologist*, Vol.35, No.1 (1980), pp.1-7；Claro, D. P., Hagelaar, G., & Omta, O., The determinants of relational governance and perfrmance: How to manage business relationships?, *International Markeing Management*, Vol.32 (2003), pp.703-716.

⑤ 王清晓：《契约治理与关系治理耦合的供应链知识协同机理研究》，《中国商论》2015 年第 16 期。

⑥ Anderson, J. C., & Narus, J. A., A model of distributor firm and manufacturer firm working partnerships, *Journal of marketing*, Vol.54, No.1 (1990), pp.42-58.

易成本①，有利于契约治理作用的发挥。基础设施PPP项目交易方之间的相互信任可以加强各参与方的沟通交流，使各方能够掌握更多信息资源，进而进一步提升相互之间的信任，并有利于长期的合作关系。②各方之间的相互信任水平的波动影响契约制定和执行的效果，进而影响PPP项目绩效，相互信任程度越高，契约治理水平也高，项目绩效越好。③

其次，贸易伙伴之间信任关系能降低交易风险④，保障关系治理，从而提高项目治理绩效。由于基础设施PPP项目的不确定性及复杂性，信任关系会使交易方积极地进行联合行动，即事前对项目目标及执行积极地进行计划，事后在出现问题时也会积极配合共同解决问题，进而提供PPP项目治理绩效。关系契约强调的是长期关系，并非仅仅是短期的利益⑤，提高彼此之间的信任，有利于进行长期的有效合作，进而提高项目的治理绩效⑥。本研究提出研究假设：

H3：信任通过契约治理和关系治理对项目治理绩效产生间接影响。

H3-1：信任对契约治理具有显著正向影响。

H3-2：信任对关系治理具有显著正向影响。

---

① Rotter, J. B., Interpersonal trust, trustworthiness, and gullibility, *American psychologist*, Vol.35, No.1 (1980), pp.1-7.

② Poppo, L., & Zenger, T., Do formal contracts and relational governance function as substitutes or complements?, *Strategic management journal*, Vol.23, No.8 (2002), pp.707-725.

③ 钟云、丰景春、薛松、张可、吕周洋：《PPP项目利益相关者关系演化动力的实证研究》，《工程管理学报》2015年第3期。

④ Chen, L., & Manley, K , Validation of an instrument to measure governance and performance on collaborative infrastructure projects, *Journal of construction Engineering and Management*, Vol.140, No.5 (2014), pp.355-377.

⑤ Ryall M. D. & Sampson R. C., Formal Contracts in the Presence of Relational Enforcement Mechanisms: Evidence from Technology Development Projects, *Management Scinece*, Vol.55, No.6 (2009), pp.906-925；Klein B., Why Hold-ups Occur: The Self-enforcing Range of COntractural Relationships, *Economic Inquiry*, Vol. 34, No.3 (1996), pp.444-463.

⑥ Poppo, L., & Zenger, T., Do formal contracts and relational governance function as substitutes or complements?, *Strategic management journal*, Vol.23, No.8 (2002), pp.707-725.

四、正式制度环境和项目治理绩效

新制度主义视角下，制度是指解释政治、经济和社会现象的社会脉络结构，是普遍共享的规则、规范等要素组成的体系，包括正式结构 / 正式制度 / 政治制度结构（设计的规范和行为模式）和非正式结构 / 非正式制度 / 社会制度结构（社会个体间的行为规范和模式）。[①] 制度环境对治理制度绩效也具有十分重要的影响。[②] 而交易成本优势影响制度的核心要素，交易成本越小制度越有效。[③] 针对基础设施 PPP 项目的特征来看，其中正式制度环境是影响 PPP 项目治理绩效的至关重要的外部环境因素。[④] 因为基础设施 PPP 项目合同契约本身具有不完备性，加上正式制度环境不善，进而会造成 "契约软约束"。[⑤] "契约软约束" 是指正式的契约和非正式的契约（关系契约）无法在第三方的法律约束下强制执行或者对违约方强制处罚，其结果就是正式契约被软化和非正式契约无法履约，不仅无法保证契约条款得以实施，而且还加大了机会主义行为的发生，其原因有两个：一是强制实施无法保证，二是法律不完善。[⑥] 因此本研究采用正式制度体系完善性、正式制度实施规范性来衡量基础设施 PPP 项目制度环境情况。

---

①　Gross, E., Some Functional Concequences of Primary Controls in Formal Work Organizations, *American Sociological Review*, Vol.18 (1953), pp.368-373.

②　蔡长昆：《制度环境、制度绩效与公共服务市场化：一个分析框架》，《管理世界》2016 年第 4 期。

③　[美] 奥利弗·E. 威廉姆森：《资本主义经济制度》，段毅才等译，商务印书馆 2002 年版，第 42—43 页。

④　Li, B., Akintoye, A., Edwards, P. J., & Hardcastle, C., Critical success factors for PPP/PFI projects in the UK construction industry, *Construction management and economics*, Vol.23, No.5 (2005), pp.459-471；王超、赵新博、王守清：《基于 CSF 和 KPI 的 PPP 项目绩效评价指标研究》，《项目管理技术》2014 年第 8 期。

⑤　李新春：《转型时期的混合式契约制度与多重交易成本》，《学术研究》2000 年第 4 期。

⑥　李新春：《转型时期的混合式契约制度与多重交易成本》，《学术研究》2000 年第 4 期。

　　首先，基础设施 PPP 项目所处的正式制度体系是指实施项目所需遵循的规则的总称，其完善性则指规则能够尽可能地健全完善。正式制度体系越完善，基础设施 PPP 项目实施质量越好①，治理效果也越好。一方面，PPP 立法、监管等相关制度的完善程度对 PPP 项目目标的实现产生积极的影响②；另一方面，有效的法律制度安排可以降低制度成本，从而提高市场化绩效③。其次，制度实施规范性是指根据 PPP 制度规定的内容，规范项目流程运作及监督的过程。④ 由于我国当前的法律监管制度体系存在较多冲突，缺乏完整的上位法，制度的规范实施受到制约，而制度实施的"失范"，容易损害公共利益，影响项目治理绩效。⑤ 本研究提出研究假设：

　　H4：正式制度环境对基础设施 PPP 项目治理绩效具有显著正向影响。

　　制度绩效理论认为制度是影响经济增长的根本因素，特别是正式制度不仅决定了经济活动的激励和抑制机制，还决定了社会基本福利和收入分配。⑥ 特别是正式制度发挥着基础性作用，因为制度安排有利于实现规模经济、降低信息成本、分散风险等，并能构造激励机制改变交易成本的方式。⑦ 有效率的制度环境能够降低交易成本，减少信息成本，避免机会主义行为的发生及搭便车现象等负外部性。⑧ 契约的不完全性是交易成本的

---

　　① 张水波、郑晓丹：《经济发展和 PPP 制度对发展中国家基础设施 PPP 项目的影响》，《软科学》2015 年第 7 期。

　　② 袁竞峰、邓小鹏、李启明、汪文雄：《PPP 模式立法规制及其在我国的应用研究》，《建筑经济》2007 年第 3 期。

　　③ 蔡长昆：《制度环境、制度绩效与公共服务市场化：一个分析框架》，《管理世界》2016 年第 4 期。

　　④ 李显冬、李彬彬：《试论我国 PPP 法律系统规范的构建》，《财政科学》2016 年第 1 期。

　　⑤ 温来成、宋樊君：《我国 PPP 法律制度建设现状、问题及对策建议》，《财政监督》2017 年第 4 期。

　　⑥ ［美］道格拉斯·诺斯：《经济史上的结构和变革》，厉以平译，商务印书馆 1992 年版，第 18 页。

　　⑦ ［美］道格拉斯·诺斯：《制度变迁与经济增长》，载盛洪主编：《现代制度经济学》上卷，北京大学出版社 2003 年版，第 290 页。

　　⑧ 杨德才：《新制度经济学》，中国人民大学出版社 2015 年版，第 267—268 页。

来源所在，交易成本是契约治理决定性因素①，而不完全契约和交易成本又是关系治理存在的来源所在②。因此，正式制度环境对伙伴间信任关系、契约治理和关系治理均具有一定的影响，并进而间接影响项目治理绩效。正式制度环境对项目利益相关者的保障越好，越有利于伙伴间的信任关系的确立，进而减少机会成本和降低风险，有利于正式契约的应用。③PPP 法律制度越完善明确，契约条款的内容越完备，对契约主体的法律约束力越强，基础设施 PPP 项目治理绩效就会越好。然而，当法律制度建设还不够完善时，则可以通过关系契约进行治理。④ 但是由于关系契约的这些不成文的规则既有正面，也有负面，因此制度环境为关系契约治理提供了法律制度框架，有利于有效地使用信任、承诺等良好的价值取向规则进行基础设施 PPP 项目建设，进而提高项目治理绩效。本研究提出研究假设：

H4-1：正式制度环境对契约治理具有显著正向影响。

H4-2：正式制度环境对关系治理具有显著正向影响。

H4-3：正式制度环境对信任具有显著正向影响。

H4-4：正式制度环境通过信任、契约治理和关系治理对项目治理绩效产生间接影响。

根据以上研究假设，本研究构建了正式制度环境、契约治理、关系治理与项目治理绩效的理论分析框架，如图 3-4 所示。

---

① Hart O. D., Incomplete Contracts and the Theory of the Firm, *Journal of Law, Economics & Organization*, Vol. 4, No.1 (1988), pp.119-139.

② Klein, B., Craford R. G. & Alchian A., Vertical Integration, Appropriable Rents, and the Competitive Contracting Process, *Journal of Law and Economics*, Vol.21, No.2 (1978), pp.297-326.

③ Pistor, K., Raiser, M., & Gelfer, S., Law and finance in transition economies, *Economics of transition*, Vol.8, No.2 (2000), pp.325-368.

④ Li, J. S., Relation based versus rule based governance: An explanation of the East Asian miracle and Asian crisis, *Review of international economics*, Vol.11, No.4 (2003), pp.651-673.

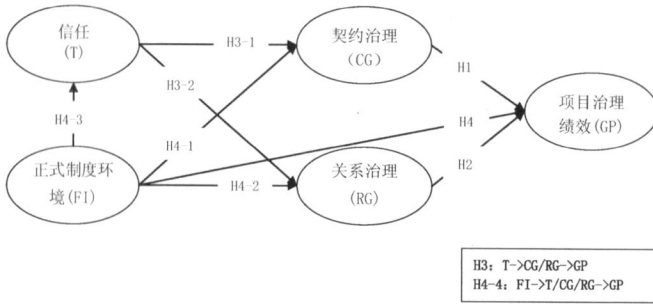

图 3-4　理论分析框架

资料来源：作者自制

　　结合项目治理的理论研究，本研究分析了正式制度环境、契约治理与关系治理对基础设施 PPP 项目治理绩效的影响，并提出了相应假设，如表 3-1 所示。

表 3-1　研究假设汇总

维度	研究假设
契约治理机制	H1：契约治理对基础设施 PPP 项目治理绩效产生具有显著正向影响。
关系治理机制	H2：关系治理对基础设施 PPP 项目治理绩效具有显著正向影响。
信任	H3：信任通过契约治理和关系治理对项目治理绩效产生间接影响。 H3-1：信任对契约治理具有显著正向影响。 H3-2：信任对关系治理具有显著正向影响。
正式制度环境	H4：正式制度环境对基础设施 PPP 项目治理绩效具有显著正向影响。 H4-1：正式制度环境对契约治理具有显著正向影响。 H4-2：正式制度环境对关系治理具有显著正向影响。 H4-3：正式制度环境对信任具有显著正向影响。 H4-4：正式制度环境通过信任、契约治理和关系治理对项目治理绩效产生间接影响。

第四章　中国基础设施 PPP 项目"契约—关系"二元治理机制的实证研究

第一节　研究设计[*]

一、问卷设计

本研究的研究对象是基础设施 PPP 项目治理，研究维度是契约治理、关系治理、信任和正式制度环境，基于前几章对相关概念的界定，进行相关变量的测量题项及调查问卷的设计。由于测量题项及调查问卷的设计不可避免地具有个人主观性，因此，本研究基于大量文献的阅读，借鉴学者对量表开发的丰富经验，尽量使用已有的相关成熟量表，结合基础设施 PPP 项目的特征属性，通过专家小组多次讨论，最终形成本研究使用的调查问卷，进而保证测量题项的客观性，尽可能有效地收集数据。

————————

　　* 本书实证研究中使用的调查问卷和实证数据均来源于作者的国家自然科学基金青年科学基金项目《基础设施 PPP 项目"契约—关系"二元综合治理机制研究》（项目编号：71603041）。感谢作者指导的硕士研究生王茜同学在文献收集、问卷设计、问卷发放和数据收集过程中，做出的努力工作。王茜同学使用第一次收集 212 份有效问卷数据完成了其硕士学位论文。

　　本研究的调查问卷一共由三部分组成：第一部分为问卷说明，包括问卷研究目的、问卷填写说明。第二部分为基本信息调查，包括单位性质、工作岗位、年龄范围、受教育情况、从事 PPP 项目的领域和年限、在 PPP 项目中的角色，以及具体 PPP 项目运作模式、合同期等。第三部分为项目治理情况调查，主体包括 5 个量表：正式契约治理情况的测量量表、关系契约治理情况的测量量表、信任情况的测量量表、正式制度环境情况的测量量表以及项目治理绩效情况的测量量表。变量测量的操作化过程就是构建变量的测量体系，本研究采用 Likert5 级量表来对各变量进行测量，非常同意是 5 分，同意是 4 分，基本同意是 3 分，不同意是 2 分，完全不同意是 1 分。

　　项目治理情况主要从契约治理、关系治理、信任、正式制度环境和项目治理绩效五个方面进行测量量表设计。第一，契约治理界定为契约完备性、契约柔性与履约严格性三个维度，其中契约完备性包括契约详尽与契约明确；契约柔性包括再谈判机制、价格调整机制与控制权让渡激励机制；履约严格性包括契约权威性和约束力。契约治理方面的测量题项一共 9 项。第二，关系治理界定为联合计划和联合解决问题两个维度，其中联合计划和联合解决问题是基于沟通与目标的一致性进行合作的有效联合行动。关系治理方面的测量题项一共 8 项。第三，信任包括诚信信任、能力信任和信息的沟通。信任方面的测量题项一共 5 项。第四，正式制度环境界定为制度体系完善性和制度实施规范性两个维度，其中制度体系完善性包括制度提供良好的发展环境和政策支持的完善性；制度实施规范性包括基于制度规范进行规范和监督的过程的规范性。正式制度环境方面的测量题项一共 6 项。第五，项目治理绩效界定为决策的平等性、决策的正确性、决策的及时性、持续有效的监督、利益相关者满意度及项目目标实现。项目治理绩效的测量题项一共有 6 项。具体详见表 4-1。

表 4–1　中国基础设施 PPP 项目治理相关变量的测量量表

潜在构念	测量指标	编码	测量题项	来源
契约治理 (CG)	契约完备性 CG1	CG11	合同包含详细的专用条款（项目特征、奖励、违约处理办法等）	Poppo & Zenger(2002)①
		CG12	合同条款是完全详尽的	Luo, Y (2002)②
		CG13	合同对各方权责利的规定是明确的	张磊 (2017)③
		CG14	合同详细规定了冲突解决的程序	Crocker & Masten(1991)④
	契约柔性 CG2	CG21	合同条款包含了可以变更、补救的再谈判过程	Harris(1998)⑤ Susarla(2012)
		CG22	合同制定了灵活可行的价格调整机制	Levin & Tadelis(2010)⑥
		CG23	合同制定了具有弹性的控制权让渡激励机制	Carlos & Marques(2013)⑦
	履约严格性 CG3	CG31	合同对各方都具有很强的法律约束力	梁永宽 (2008)⑧
		CG32	合同各方都会自觉履约	Antia & Frazier (2001)⑨

①　Poppo L., Zenger T., Do formal contracts and relational governance function as substitutes or complements?, *Strategic Management Journal*, Vol.23, No.8 (2002), pp.707-725.

②　Luo, Y., Contract, cooperation, and performance in international joint ventures, *Strategic Management Journal*, Vol.1 (2002), pp.169-181.

③　张磊:《合同治理对 PPP 项目管理绩效的影响研究》，硕士学位论文，北京交通大学，2017 年，第 55 页。

④　Crocker K J, Masten S E, Pretia ex Machina? Prices and Process in Long-Term Contracts, *The Journal of Law and Economics*, Vol.34, No.1 (1991), pp.69-99.

⑤　Harris A, Giunipero L C, Hult G T M., Impact of organizational and contract flexibility on outsourcing contracts, *Industrial Marketing Management*, Vol.27, No.5 (1998), pp.373-384.

⑥　Levin, J. and Tadelis, S., Contracting for government services: Theory and evidence from U.S. cities, *Journal of Industrial Economics*, Vol.58, No.3 (2010), pp.508–541.

⑦　Cruz C O, Marques R C., Flexible contracts to cope with uncertainty in public–private partnerships, *International journal of project management*, Vol.31, No.3 (2013), pp.473-483.

⑧　梁永宽:《项目管理中的合同治理与关系治理》，硕士学位论文，中山大学，2008 年，第 90 页。

⑨　Antia K. D. & Frazier A G L, The Severity of Contract Enforcement in Interfirm Channel Relationships, *Journal of Marketing*, Vol.65, No.4 (2001), pp.67-81.

续表

潜在构念	测量指标	编码	测量题项	来源
关系 治理 (RG)	联合计划 RG1	RG11	各合作方共同制定大部分的项目计划	Claro et. Al.(2003) ①
		RG12	各参与方都愿意接受项目计划	Claro et. Al.(2003) ②
		RG13	项目计划充分考虑了合作方的利益	Zaheer & Venkatraman(1995) ③
		RG14	项目计划充分考虑了项目现场和环境情况	Claro, et al. (2003) ④
	联合解决问题 RG2	RG21	各参与方能积极、持续地执行项目计划	许劲 (2010) ⑤
		RG22	各参与方愿意共同执行应急计划	Zaheer et.al.(1998) ⑥
关系 治理 (RG)	联合解决问题 RG2	RG23	相关参与方对项目出现的问题没有推卸责任	薛卫等 (2010) ⑦

① Claro et. Al, Claro D P, Hagelaar G, Omta O., The determinants of relational governance and performance: how to manage business relationships?, *Industrial Marketing Management*, Vol.32, No.8 (2003), pp.703-716.

② Claro et. Al, Claro D P, Hagelaar G, Omta O., The determinants of relational governance and performance: how to manage business relationships?, *Industrial Marketing Management*, Vol.32, No.8 (2003), pp.703-716.

③ Zaheer, A., & Venkatraman, N., Relational governnace as an inter-organizational strategy: An empirical test of the role of trust in economic exchange, *Strategic Management Journal*, Vol.16 (1995), pp.373-392.

④ Claro D P, Hagelaar G , Omta O , The determinants of relational governance and performance: How to manage business relationships?, *Industrial Marketing Management*, Vol.32, No.8 (2003), pp.703-716.

⑤ 许劲、任玉珑:《项目关系质量、项目绩效及其影响关系实证研究》,《预测》2010 年第 1 期。

⑥ Zaheer A., McEvily B. & Perrone V., Does Trust Matter? Exploring the Eff ects of Inter-organizational and Interpersonal Trust on Performance, *Organization Science*, Vol.9, No.2 (1998), pp.141–159.

⑦ 薛卫、雷家啸、易难:《关系资本、组织学习与研发联盟绩效关系的实证研究》,《中国工业经济》2010 年第 4 期。

续表

潜在构念	测量指标	编码	测量题项	来源
关系治理（RG）	联合解决问题 RG3	RG24	各参与方能够相互提供支持	Claro D P, Hagelaar G, Omta O(2003)①；田滨帆（2017）②
信任（T）		T1	各方彼此信赖，可以履行诺言	Poppo & Zenger(2002)③
		T2	各参与方能够有效地完成任务	Pinto(2009)④
		T3	合作方的行为与我方的预期基本是一致的	Zaheer et.al.(1998)⑤
		T4	项目的所有信息是对各参与方公开的	Muller(2003)⑥
		T5	各参与方间的信息沟通是及时、准确、全面的	Bstieler & Hemmert(2008)⑦
正式制度环境（FI）	制度体系完善性 FI1	FI11	政策、法律、法规、条例等制度是稳定连续的	王盈盈等（2008）⑧

---

① Claro D P, Hagelaar G, Omta O., The determinants of relational governance and performance: how to manage business relationships?, *Industrial Marketing Management*, Vol.32, No.8 (2003), pp.703-716.

② 田滨帆：《关系治理对 PPP 项目管理绩效影响的研究》，硕士学位论文，北京交通大学，2017 年，第 32 页。

③ Poppo L., Zenger T, Do formal contracts and relational governance function as substitutes or complements?, *Strategic Management Journal*, Vol.23, No.8 (2002), pp.707-725.

④ Pinto J. K., Slevin D. P, English B., Trust in projects: an empirical assessment of owner/contractor relationships, *International Journal of Project Management*, Vol.27, No.6 (2009), pp.638-648.

⑤ Zaheer A., McEvily B. & Perrone V., Does Trust Matter? Exploring the Eff ects of Interorganizational and Interpersonal Trust on Performance, *Organization Science*, Vol.9, No.2 (1998), pp.141–159.

⑥ G Müller, Vercouter L , Boissier O., Towards a General Definition Of Trust and its Application to Openness in MAS., inFalcone R., Barber K., Korba L., & M. Singh(eds), Proceeding of the AAMAS-2003 Workshop on Deception, Fraud and Trust, 2003.

⑦ Bstieler L , Hemmert M, Developing trust in vertical product development partnerships: A comparison of South Korea and Austria, *Journal of World Business*, Vol.43, No.1 (2008), pp.35-46.

⑧ 王盈盈、柯永建、王守清：《中国 PPP 项目中政治风险的变化和趋势》，《建筑经济》2008 年第 12 期。

续表

潜在构念	测量指标	编码	测量题项	来源
正式制度环境（FI）	制度体系完善性 FI1	FI12	项目投资、管理、监管等制度是完善的	Li et.al. (2005)①；王超等 (2014)②
		FI13	政策、法律、法规、条例等制度的法律效力强	程佳溢 (2017)③
	制度实施规范性 FI2	FI21	制度实施过程中存在寻租、监管不到位等现象（R）	张羽等 (2012)④
		FI22	制度实施过程中存在竞争不充分等现象（R）	孙慧等 (2012)⑤
		FI23	制度实施过程中存在陪标、明招暗定等现象（R）	曹启龙等 (2012)⑥
项目治理绩效（GP）	决策的平等性	GP1	项目建设中政府与私人部门间的合作关系是平等的	Abednego & Ogunlana(2006)⑦
	决策的正确性	GP2	项目建设中能在合理时机内做出正确的决策	
	决策的及时性	GP3	项目建设中能在合理时限内做出重要决策	

---

① Li B, Akintoye A, Edwards P J, et al, Critical success factors for PPP/PFI projects in the UK construction industry, *Construction Management and Economics*, Vol.23, No.5 (2005), pp.459-471.

② 王超、赵新博、王守清：《基于 CSF 和 KPI 的 PPP 项目绩效评价指标研究》，《项目管理技术》2014 年第 8 期。

③ 程佳溢：《我国 PPP 模式监管的法律问题研究》，硕士学位论文，辽宁大学，2017 年，第 20 页。

④ 张羽、徐文龙、张晓芬：《不完全契约视角下的 PPP 效率影响因素分析》，《理论月刊》2012 年第 12 期。

⑤ 孙慧、申宽宽、范志清：《基于 SEM 方法的 PPP 项目绩效影响因素分析》，《天津大学学报（社会科学版)》2012 年第 6 期。

⑥ 曹启龙、周晶、盛昭瀚：《基于声誉效应的 PPP 项目动态激励契约模型》，《软科学》2012 年第 12 期。

⑦ Abednego M P, Ogunlana S O, Good project governance for proper risk allocation in public–private partnerships in Indonesia, *International Journal of Project Management*, Vol.24, No.7 (2006), pp.622-634.

续表

潜在构念	测量指标	编码	测量题项	来源
项目治理绩效（GP）	持续有效的监督	GP4	项目建设中持续存在着合理、有效的监督	Abednego & Ogunlana(2006)
	满意度	GP5	项目完成后，各参与方对项目交付结果感到满意	
	项目目标	GP6	项目完成后，各参与方都实现了各自的目标	严玲、赵黎明 (2005)①；骆亚卓 (2011)②

注：括号中带 R 的测量题项为反向计分题。

二、问卷调查对象、发放及回收

本研究调查对象主要是政府部门与企业合作方中参与过 PPP 项目管理的工作人员，以及拥有基础设施 PPP 项目工作经验 PPP 项目公司、承包商、咨询方等。由于全国范围内已完成实施的基础设施 PPP 项目数量庞大，难以实现通过随机抽样得到研究数据。本研究借鉴巫景飞等学者在实证研究的样本抽样方法③，通过对相关 PPP 领域的专家、导师及其人际关系网进行抽样，这些单位包括直接参与 PPP 项目的政府部门、社会合作方、承包商、咨询方等，涉及 PPP 项目的各个领域。虽然收集的数据会存在一定的局限性，但在一定程度上能够保证所得数据的有效性，因此认为同样具有一定的研究意义。

调查问卷发放主要通过电子问卷与纸质问卷两种形式进行发放。第一次发放时间是 2018 年 12 月至 2019 年 1 月，共发放问卷 272 份，回收问

---

① 严玲、赵黎明：《论项目治理理论体系的构建》，《上海经济研究》2005 年第 11 期。

② 骆亚卓：《合同治理与关系治理及其对建设项目绩效影响的实证研究》，博士学位论文，暨南大学，2011 年，第 64 页。

③ 巫景飞：《企业战略联盟：动因、治理与绩效——基于我国企业的经验研究》，博士学位论文，复旦大学，2005 年，第 56 页。

卷 219 份，回收率为 80.5%，经筛选剔除，最终回收有效问卷 212 份，有效问卷回收率为 77.9%；第二次发放时间为 2019 年 3 月至 2019 年 7 月，共发放问卷 228 份，回收问卷 198 份，回收率为 86.8%，经筛选剔除，最终回收有效问卷 192 份，有效问卷回收率为 84.2%。两次发放共回收有效问卷 404 份，回收率为 80.8%。

三、样本基本特征

样本的基本特征如表 4-2 所示，根据样本频数的统计结果来看，就样本整体而言，被调查者在政府部门、国有企业、私营企业、事业单位、科研单位分别占 10.9%、15.1%、50.0%、12.6%、11.4%；被调查者所扮演的角色中，政府方、合作企业方、项目公司、承包方、咨询方分别占 14.4%、15.6%、13.1%、28.2%、22.0%；被调查者从事的 PPP 项目领域中，能源动力、交通运输、供水排水、环保环卫、建筑工程分别占 6.9%、25.7%、7.4%、10.1%、27.7%；被调查者从事的 PPP 运作模式中，外包类、特许经营类和私有化分别占 41.6%、54.7%、3.6%；被调查者从事的 PPP 项目合同期中 10 年以下、10—20 年、20—30 年、30 年以上分别占 53.5%、29.2%、14.1%、3.2%。此外，被调查者的受教育程度普遍较高，本科以上占 91.6%，中高层管理者被调查者占 44.6%。由此可见，样本分布基本较为均匀，样本构成具有较高的多样性和代表性，符合统计样本数据基本特征的要求。

表 4-2　样本的基本概况统计表

控制变量	类别	样本频数	百分比	控制变量	类别	样本频数	百分比
工作岗位	单位领导	50	12.4	从事 PPP 项目的领域	能源动力项目	28	6.9

续表

控制变量	类别	样本频数	百分比	控制变量	类别	样本频数	百分比
工作岗位	部门领导	52	12.9	从事 PPP 项目的领域	交通运输项目	104	25.7
	项目经理	78	19.3		供水排水项目	30	7.4
	一般管理 / 技术人员	174	43.1		环保环卫项目	41	10.1
	项目顾问	29	7.2		建筑工程项目	112	27.7
	其他	21	5.2		其他	89	22.0
	合计	404	100		合计	404	100
单位性质	政府部门	44	10.9	该 PPP 项目的运作模式	外包类	168	41.6
	国有企业	61	15.1		特许经营类	221	54.7
	私营企业	202	50.0		私有化	15	3.6
	事业单位	51	12.6		合计	404	100
	科研单位	46	11.4	所在单位在该 PPP 项目中的角色	政府方	58	14.4
	合计	404	100		合作企业方	63	15.6
年龄范围	≤ 30 岁	150	37.1		项目公司	53	13.1
	30—40 岁	193	47.8		承包方	114	28.2
	40—50 岁	50	12.4		咨询方	89	22.0
	≥ 50 岁	11	2.7		其他	10	2.5
	合计	404	100		合计	404	100
教育程度	博士	40	9.9	该 PPP 项目合同期	10 年以下	216	53.5
	硕士	175	43.3		10—20 年	118	29.2
	本科	155	38.4		20—30 年	57	14.1
	专科及以下	34	8.4		30 年以上	13	3.2
	合计	404	100		合计	404	100

由于制度环境、项目治理机制、信任与项目治理绩效这些潜在构念均属于难以直接准确测量的潜在变量，需要通过一些外显指标间接测量，因此需要对测量变量的分布做进一步检验。表 4-3 显示对样本正态性分析检验的统计描述，Kline 认为弱变量的偏度系数绝对值小于 3，峰度系数绝

对值小于 8，则样本在变量上的分布基本接近正态。[1] 表 4-3 中结果显示，样本数据中所有测量题项的偏度系数绝对值均小于 3，峰度系数绝对值均小于 8，可见样本整体上也接近正态分布。

表 4-3 正态性分布检验的统计描述

变量指标	测量维度	测量题项	偏度系数	显著性检验	峰度系数	显著性检验
契约治理(CG)	契约完备性(CG1)	CG11	-0.935	-7.675	0.084	0.346
		CG12	-0.848	-6.960	-0.029	-0.119
		CG13	-0.834	-6.844	-0.173	-0.711
		CG14	-0.561	-4.605	-0.963	-3.951
	契约柔性(CG2)	CG21	-0.652	-5.347	-0.583	-2.392
		CG22	-0.540	-4.434	-0.662	-2.714
		CG23	-0.764	-6.268	0.086	0.354
	履约严格性(CG3)	CG31	-0.833	-6.832	0.089	0.364
		CG32	-0.586	-4.808	-0.592	-2.428
关系治理(RG)	联合计划(RG1)	RG11	-0.281	-2.304	-0.727	-2.984
		RG12	-0.321	-2.630	-0.914	-3.751
		RG13	-0.339	-2.779	-1.014	-4.162
		RG14	-0.292	-2.398	-1.089	-4.467
	联合解决问题(RG2)	RG21	-0.409	-3.360	-0.613	-2.517
		RG22	-0.310	-2.545	-1.155	-4.739
		RG23	-0.507	-4.160	-0.890	-3.650
		RG24	-0.214	-1.754	-1.496	-6.138
信任(T)		T1	-0.813	-6.670	-0.059	-0.244
		T2	-0.646	-5.301	-0.426	-1.748
		T3	-0.487	-3.996	-0.642	-2.634
		T4	-0.690	-5.664	-0.302	-1.238
		T5	-0.586	-4.811	-0.489	-2.008

———————

[1] 转引自吴明隆：《结构方程模型——AMOS 的操作与应用》，重庆大学出版社 2014 年版，第 136 页。

续表

变量指标	测量维度	测量题项	偏度系数	显著性检验	峰度系数	显著性检验
正式制度环境(FI)	制度体系完善性(FI1)	FI11	-0.458	-3.754	-0.313	-1.286
		FI12	-0.415	-3.403	-0.485	-1.989
		FI13	-0.267	-2.189	-0.528	-2.168
	制度实施规范性(FI2)	FI21	-0.282	-2.316	-0.519	-2.130
		FI22	-0.291	-2.390	-0.545	-2.238
		FI23	-0.336	-2.754	-0.407	-1.670
项目治理绩效(GP)		GP1	-0.310	-2.543	-0.751	-3.081
		GP2	-0.100	-0.820	-1.068	-4.383
		GP3	-0.150	-1.228	-1.112	-4.564
		GP4	-0.142	-1.163	-1.047	-4.295
		GP5	-0.309	-2.533	-0.842	-3.456
		GP6	-0.083	-0.678	-1.229	-5.041

　　由于本研究要对正式制度环境、契约治理、关系治理、信任和项目治理绩效这些潜变构念进行因子分析,进而来分析它们之间的作用路径,因此,对数据可靠性进行检验,进而来看是否能进行因子分析。学界通用内部一致性信度(Cronbach's α)来检验数据的可靠性。本研究运用 SPSS 计算内部一致性系数,当测量题项数目小于 6 时,如果内部一致性系数大于 0.6,即可判断通过信度检验,数据具有可靠性,如果大于 0.7,表明信度较高。表 4-4 中正式制度环境、契约治理、关系治理、信任和项目治理绩效的内部一致性系数均大于 0.7,表明各测量变量可靠性较高,相关题项之间均具备较高的一致性,量表的信度较好。

　　本研究通过 KMO 和 Barlett 球形检验来判断数据是否适合进行因子分析,如果 KMO 值大于 0.7,Barlett 显著,则判断数据适合做因子分析。表 4-4 中,正式制度环境、契约治理、关系治理、信任和项目治理绩效 KMO 值均大于 0.7,Barlett 球形值均显著,表明样本的相关系数矩阵之间存在共同因素,适合进行因子分析。

表4-4 测量量表的初始检验

量表	分量表	测量题项	Cronbach's α	KMO	Barlett 球形值
契约治理 (CG)	契约完备性 CG1	CG11-CG14	0.915	0.951	5608.906 (P<0.05)
	契约柔性 CG2	CG21-CG23	0.891		
	履约严格性 CG3	CG31-CG32	0.861		
关系治理 (RG)	联合计划 RG2	RG11-RG14	0.847	0.930	2968.303 (P<0.05)
	联合解决问题 RG3	RG21-RG24	0.948		
信任 (T)		T1-T5	0.953	0.904	2107.905 (P<0.05)
正式制度环境 (FI)	制度体系完善性 FI1	FI11-FI13	0.870	0.926	3048.766 (P<0.05)
	制度实施规范性 FI2	FI21-FI23	0.878		
项目治理绩效 (GP)		GP1-GP6	0.956	0.891	2799.965 (P<0.05)

资料来源：作者自制。

四、研究方法

本研究采用结构方程（Structure Equation Modeling，SEM）来透析契约治理、关系治理、信任以及制度环境对基础设施PPP项目治理绩效的影响。SEM是基于统计分析技术来研究变量之间因果关系的研究方法学，它是将回归分析、路径分析和因素分析相结合的一种数理统计分析方法，综合运用一般线性分析技术来整合模型中的变量，通过比较多个协方差矩阵并同时处理多个因果关系[1]。SEM包含测量模型和结构模型。二者

---

[1] 吴明隆：《结构方程模型——AMOS的操作与应用》，重庆大学出版社2014年版，第6页。

都是理论导向的，测量模型是通过验证性因素分析（CFA）来检验观察变量与潜在构念（因素）之间关系，而结构模型则检验因素之间的因果关系。[①] 因此，本研究使用 SEM 来验证前文提出的研究假设。本研究具体使用 SPSS24.0 和 AMOS24.0 软件，对收集的样本数据进行确认性因子分析、信度检验、效度检验、SEM 模型验证。

第二节　测量模型的 CFA 验证

本研究中，正式制度环境、契约治理、关系治理和信任构成外生潜在变量测量模型，项目治理绩效构成内生潜在变量测量模型。本研究通过对正式制度环境、契约治理、关系治理、信任及项目治理绩效进行确认性因子分析、收敛效度检验及区分效度检验，来评估测量模型的质量。

一、确认性因子分析（CFA）

CFA 模型适配度的评价标准是 $1<X^2/df<2$ 或 3（适配度较佳）、GFI>0.90、CFI>0.90，SRMR<0.05，RMSEA<0.08（适配合理）、<0.05（适配良好）。[②] 当测量题项在相对应测量维度上的因子载荷系数 $I \geq 0.71$ 表示非常理想，表示收敛效度理想。[③] 需要结合模型适配度标准和因子载荷系数结合来看，测量模型是否需要修正。

---

① 吴明隆:《结构方程模型——AMOS 的操作与应用》，重庆大学出版社 2014 年版，第 8 页。

② 吴明隆:《结构方程模型——AMOS 的操作与应用》，重庆大学出版社 2014 年版，第 42、52 页。

③ 邱皓政、林碧芳:《结构方程模型的原理与应用》，中国轻工业出版社 2012 年版，第 54 页。

（一）契约治理测量量表的确认性因子分析

本研究中，契约治理是一个二阶因子，由契约完备性、契约柔性和履约严格性三个一阶因子构成，对该测量量表进行确认性因子分析，具体 CFA 模型结果如图 4-1 所示。契约治理的标准化估计 CFA 模型的 $X^2/df=3.900$，GFI=0.955，CFI=0.977，SRMR=0.0220，RMSEA=0.085，由此可见，模型需要进一步修正。根据 AMOS 24.0 提供的修正信息对契约治理的测量模型进行了修正，去掉了测量变量 CG12 和 CG21，其修正结果如图 4-2 所示。契约治理的标准化估计 CFA 模型修正后，$X^2/df=2.674$，GFI=0.981，CFI=0.991，SRMR=0.0147，RMSEA=0.064，各测量题项在相对应的测量维度上的因子载荷系数都大于 0.7，表明模型的适配度良好，且收敛效度较好。

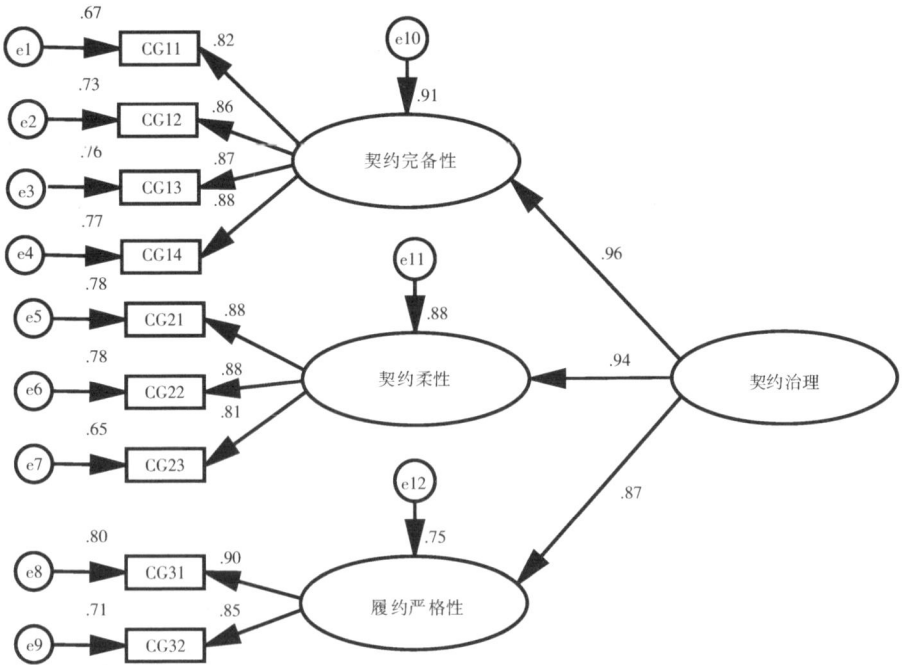

$X^2/df=3.900$ ；GFI=0.955 ；CFI=0.977 ；SRMR=0.0220 ；RMSEA=0.085

图 4-1　契约治理的标准化估计 CFA 模型图

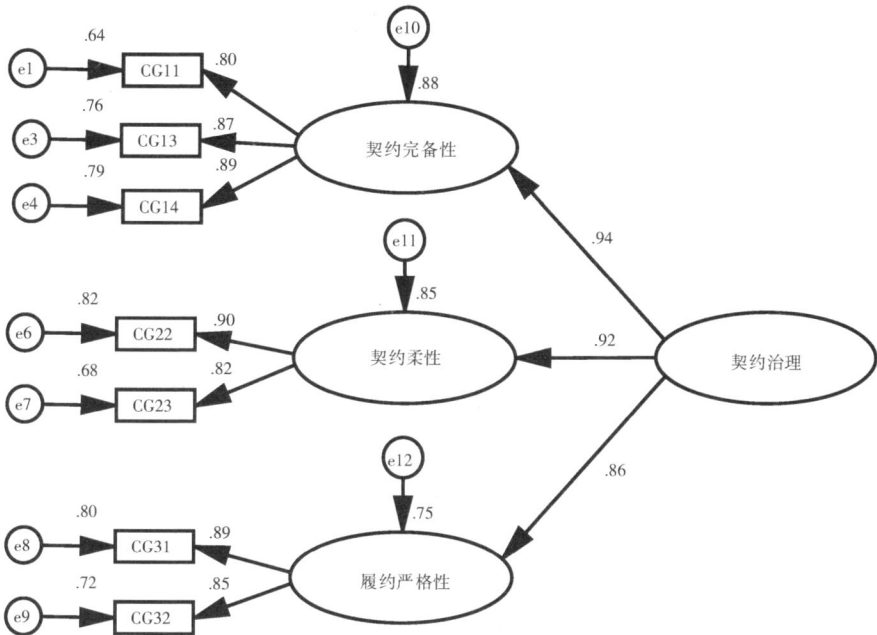

X²/df=2.674；GFI=0.981；CFI=0.991；SRMR=0.0147；RMSEA=0.064

图 4-2　契约治理的标准化估计 CFA 修正模型图

（二）关系治理测量量表的确认性因子分析

本研究中，关系治理是一个二阶因子，由联合计划和联合解决问题两个一阶因子构成，对该测量量表进行确认性因子分析，具体 CFA 模型结果如图 4-3 所示。关系治理的标准化估计 CFA 模型的 X²/df=5.328，GFI=0.940，CFI=0.971，SRMR=0.0303，RMSEA=0.104，由此可见，模型需要进一步修正。根据 AMOS 24.0 提供的修正信息对关系治理的测量模型进行了修正，去掉了测量变量 RG11 和 RG13，关联了残差 e7 和残差 e8 之间相关性，其修正结果如图 4-4 所示。关系治理的标准化估计 CFA 模型修正后，X²/df=2.691，GFI=0.984，CFI=0.994，SRMR=0.0125，RMSEA=0.065，各测量题项在相对应的测量维度上的因子载荷系数都大于 0.7，表明模型的适配度良好，且收敛效度较好。

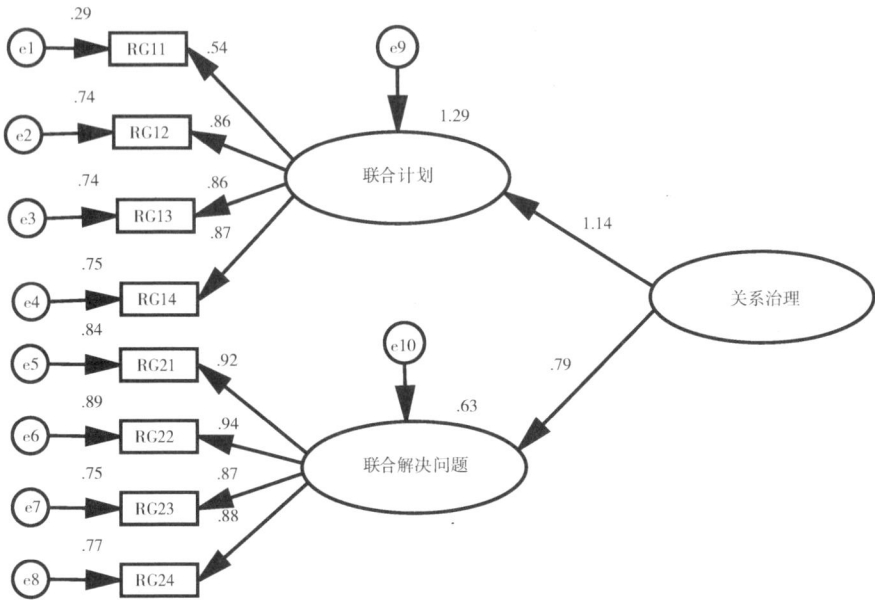

X²/df=5.328；GFI=0.940；CFI=0.971；SRMR=0.0303；RMSEA=0.104

图 4-3　关系治理的标准化估计 CFA 模型图

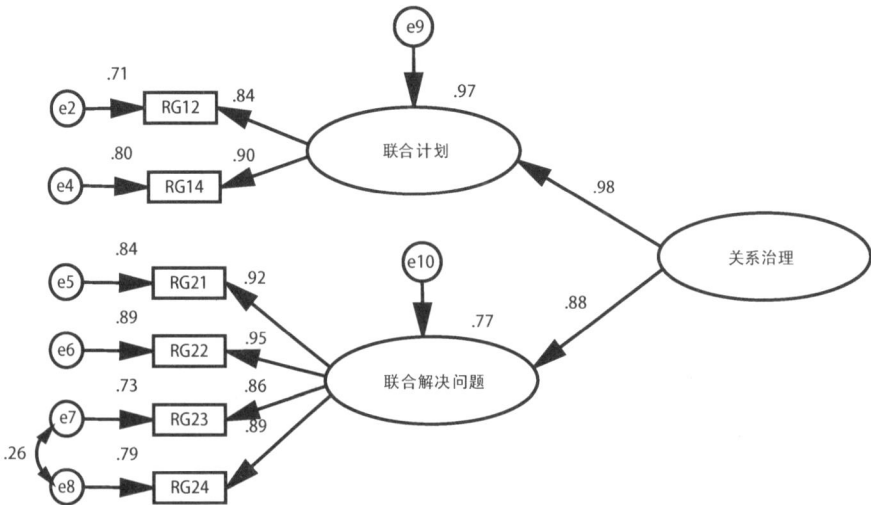

X²/df=2.691；GFI=0.984；CFI=0.994；SRMR=0.0125；RMSEA=0.065

图 4-4　关系治理的标准化估计 CFA 修正模型图

（三）信任测量量表的确认性因子分析

本研究中，信任是一个一阶因子，对该测量量表进行确认性因子分析，具体 CFA 模型结果如图 4-5 所示。项目治理绩效的标准化估计 CFA 模型的 $X^2/df=5.568$，GFI=0.974，CFI=0.989，SRMR=0.0128，RMSEA=0.106，由此可见，模型需要进一步修正。根据 AMOS 24.0 提供的修正信息对正式制度环境的测量模型进行了修正，关联了残差 e1 和残差 e2 之间以及残差 e2 和残差 e4 之间的相关性，其修正结果如图 4-6 所示。信任的标准化估计 CFA 模型修正后，$X^2/df=1.885$，GFI=0.994，CFI=0.999，SRMR=0.0059，RMSEA=0.047，各测量题项在相对应的测量维度上的因子载荷系数都大于 0.7，表明模型的适配度良好，且收敛效度较好。

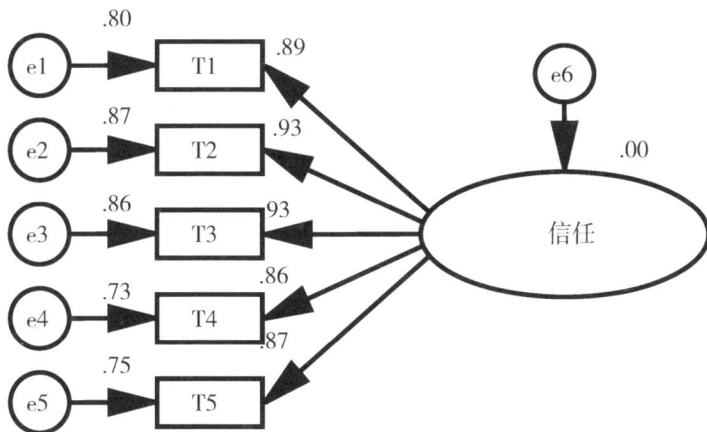

$X^2/df=5.568$；GFI=0.974；CFI=0.989；SRMR=0.0128；RMSEA=0.106

图 4-5　信任的标准化估计 CFA 模型图

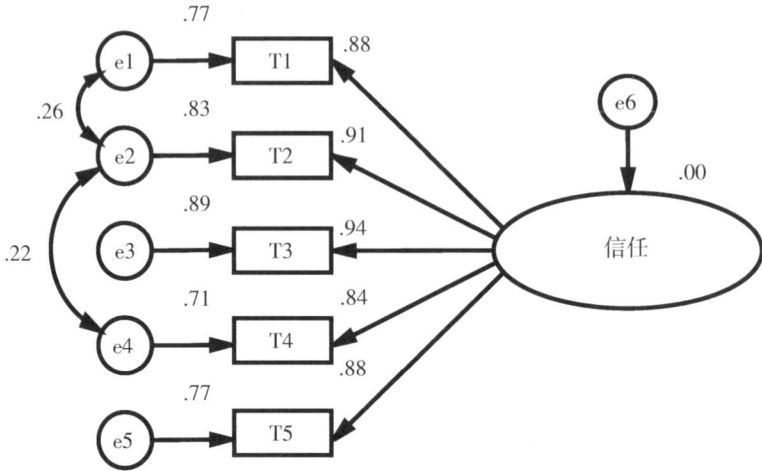

X²/df=1.885；GFI=0.994；CFI=0.999；SRMR=0.0059；RMSEA=0.047

图 4-6　信任的标准化估计 CFA 修正模型图

（四）正式制度环境测量量表的确认性因子分析

本研究中，正式制度环境是一个二阶因子，由制度体系完善性和制度实施规范性两个一阶因子构成，对该测量量表进行确认性因子分析，具体 CFA 模型结果如图 4-7 所示。正式制度环境的标准化估计 CFA 模型的 X²/df=8.370，GFI=0.944，CFI=0.957，SRMR=0.0419，RMSEA=0.135，由此可见，模型需要进一步修正。根据 AMOS 24.0 提供的修正信息对正式制度环境的测量模型进行了修正，关联了残差 e3 和残差 e4 之间、残差 e2 和残差 e4 之间以及残差 e3 和残差 e5 之间的相关性，其修正结果如图 4-8 所示。正式制度环境的标准化估计 CFA 模型修正后，X²/df=2.739，GFI=0.986，CFI=0.993，SRMR=0.0242，RMSEA=0.066，各测量题项在相对应的测量维度上的因子载荷系数都大于 0.7，表明模型的适配度良好，且收敛效度较好。

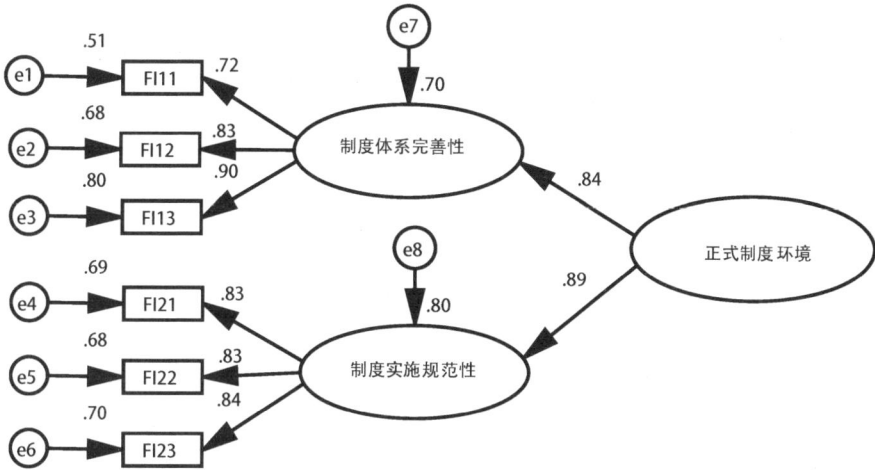

$X^2/df=8.370$ ；GFI=0.944 ；CFI=0.957 ；SRMR=0.0419 ；RMSEA=0.135

图 4-7　正式制度环境的标准化估计 CFA 模型图

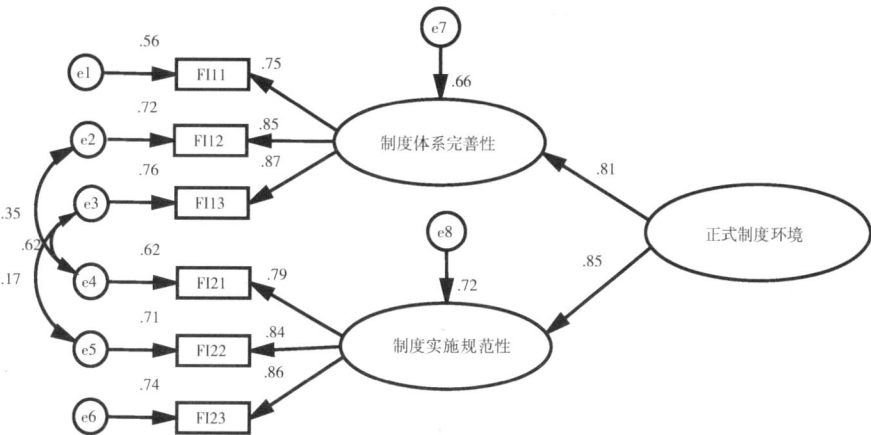

$X^2/df=2.739$ ；GFI=0.986 ；CFI=0.993 ；SRMR=0.0242 ；RMSEA=0.066

图 4-8　正式制度环境的标准化估计 CFA 修正模型图

（五）项目治理绩效测量量表的确认性因子分析

本研究中，项目治理绩效是一个一阶因子，对该测量量表进行确认性因子分析，具体 CFA 模型结果如图 4-9 所示。项目治理绩效的标准化估计 CFA 模型的 X^2/df=29.354，GFI=0.831，CFI=0.909，SRMR=0.0386，RMSEA=0.265，由此可见，模型需要进一步修正。根据 AMOS 24.0 提供的修正信息对正式制度环境的测量模型进行了修正，去掉了测量题项 GP5，其修正结果如图 4-10 所示。项目治理绩效的标准化估计 CFA 模型修正后，X^2/df=2.440，GFI=0.988，CFI=0.997，SRMR=0.0088，RMSEA=0.060，各测量题项在相对应的测量维度上的因子载荷系数都大于 0.7，表明模型的适配度良好，且收敛效度较好。

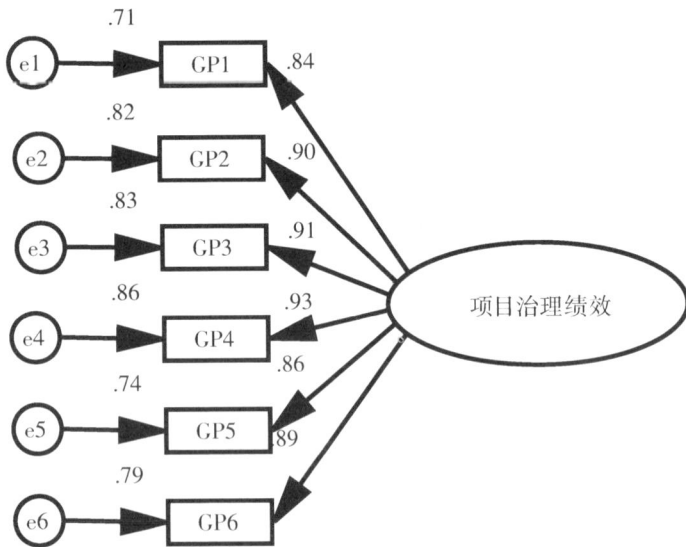

X^2/df=29.354；GFI=0.831；CFI=0.909；SRMR=0.0386；RMSEA=0.265

图 4-9　项目治理绩效的标准化估计 CFA 模型图

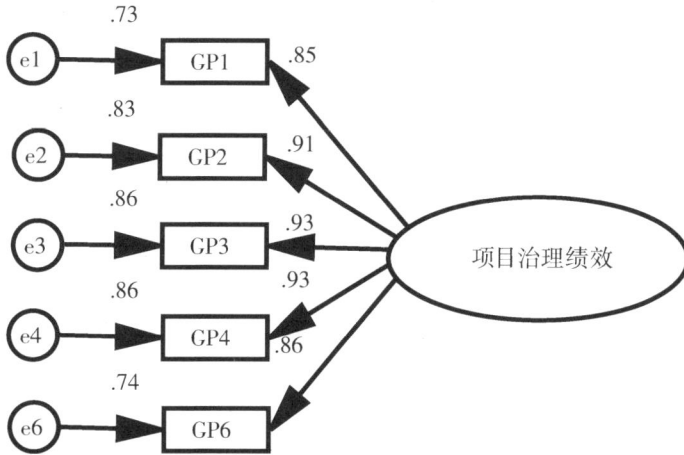

$X^2/df=2.440$；GFI=0.988；CFI=0.997；SRMR=0.0088；RMSEA=0.060

图 4-10 项目治理绩效的标准化估计 CFA 修正模型图

二、信度和效度检验

本研究从项目信度（R^2）和建构信度（CR）指标来综合评估修正后测量模型的信度，详见表 4-5 和表 4-6。表 4-5 中结果均符合适配度标准（$1<X^2/df<3$，GFI>0.90、CFI>0.90，SRMR<0.05，RMSEA<0.08），由此可见，契约治理、关系治理、信任、正式制度环境和项目治理绩效的整体模型匹配度均良好。表 4-6 中，所有测量题项的个别项目信度 R^2 均大于 0.50，潜在构念的构念信度均大于 0.70（建构信度与 Cronbach's α 系数略有差异，主要是因为修正后的模型残差之间释放了相关信度，而 Cronbach's α 系数要求残差之间相互独立，因此建构信度更加精确），由此可见，契约治理、关系治理、信任、正式制度环境和项目治理绩效的测量量表均具有

可接受的内部一致性信度。

　　本研究的测量量表都是基于大量的文献整理，以及已有的成熟量表进行的修正，因此认为具有良好内容效度。收敛效度一般通过确认性因子中因子载荷系数或 AVE 值来进行判断，从表 4-6 中结果判断，测量题项在相对应测量维度上的因子载荷系数 I 均大于 0.71，且平均变异数抽取值（AVE）均大于 0.50，表示契约治理、关系治理、信任、正式制度环境和项目治理绩效测量量表的收敛效度理想。

表 4-5　修正后测量模型的整体适配度检验

CFA 修正模型	整体模型适配度指标
契约治理 CFA 修正模型	$X^2/df=2.674$；GFI=0.981；CFI=0.991；SRMR=0.0147；RMSEA=0.064
关系治理 CFA 修正模型	$X^2/df=2.691$；GFI=0.984；CFI=0.994；SRMR=0.0125；RMSEA=0.065
信任 CFA 修正模型	$X^2/df=1.885$；GFI=0.994；CFI=0.999；SRMR=0.0059；RMSEA=0.047
正式制度环境 CFA 修正模型	$X^2/df=2.739$；GFI=0.986；CFI=0.993；SRMR=0.0242；RMSEA=0.066
项目治理绩效 CFA 修正模型	$X^2/df=2.440$；GFI=0.988；CFI=0.997；SRMR=0.0088；RMSEA=0.060

资料来源：作者自制。

表 4-6　修正后测量模型的信度／收敛效度检验

潜变量及测量指标	标准化因子负荷（I）	项目信度（R^2）	建构信度（CR）	平方差抽取（AVE）	Cronbach's α 系数
二阶因子：契约治理 CG			0.934	0.826	0.926

续表

潜变量及测量指标	标准化因子负荷（I）	项目信度（R²）	建构信度（CR）	平方差抽取（AVE）	Cronbach's α 系数
一阶因子：契约完备性 CG1	0.940		0.892	0.733	0.890
CG11	0.803	0.645			
CG13	0.875	0.765			
CG14	0.888	0.789			
一阶因子：契约柔性 CG2	0.920		0.856	0.748	0.852
CG22	0.905	0.819			
CG23	0.823	0.677			
一阶因子：履约严格性 CG3	0.865		0.862	0.758	0.861
CG31	0.894	0.800			
CG32	0.846	0.716			
二阶因子：关系治理 RG			0.931	0.871	0.946
一阶因子：联合计划 RG1	0.984		0.861	0.756	0.854
RG12	0.844	0.712			
RG14	0.894	0.804			
一阶因子：联合解决问题 RG2	0.880		0.947	0.816	0.948
RG21	0.917	0.841			
RG22	0.946	0.894			
RG23	0.856	0.732			
RG24	0.892	0.795			
一阶因子：信任 T			0.951	0.794	0.953
T1	0.877	0.770			
T2	0.909	0.827			

续表

潜变量及测量指标	标准化因子负荷（I）	项目信度（R²）	建构信度（CR）	平方差抽取（AVE)	Cronbach's α 系数
T3	0.942	0.888			
T4	0.844	0.713			
T5	0.879	0.772			
二阶因子：正式制度环境 FI			0.815	0.689	0.896
一阶因子：制度体系完善性 FI1	0.810		0.863	0.678	0.870
I11	0.748	0.560			
I12	0.847	0.717			
I13	0.870	0.757			
一阶因子：制度实施规范性 FI2	0.849		0.869	0.689	0.878
I21	0.788	0.622			
I22	0.841	0.708			
I23	0.859	0.738			
一阶因子：项目治理绩效 GP			0.953	0.803	0.951
GP1	0.854	0.729			
GP2	0.911	0.830			
GP3	0.928	0.861			
GP4	0.926	0.857			
GP6	0.858	0.735			

资料来源：作者自制。

三、效度检验

本研究的测量量表都是基于大量的文献整理，以及已有的成熟量表进行的修正，因此认为具有良好内容效度。收敛效度一般通过确认性因子中因子载荷系数或 AVE 值来进行判断，从表 4-6 中结果判断，测量题项在相对应测量维度上的因子载荷系数 I 均大于 0.71，且平均变异数抽取值（AVE）均大于 0.50，表示契约治理、关系治理、信任、正式制度环境和项目治理绩效测量量表的收敛效度理想。区别效度是检验不同的测量维度间是否存在显著差异，如果两个潜在构念之间的 AVE 估计值高于二者之间的相关系数的平方值，表明具有良好的区别效度。从表 4-7 中结果可以判断，两个潜在构念的 AVE 估计值均高于两个潜在构念间相关系数的平方值，由此可见，测量量表不同测量维度之间具有良好的区别效度。从内容效度、收敛效度和区别效度综合来看，本研究使用的修正后测量模型具有良好的质量。

表 4-7 修正后测量模型的区别效度检验

	契约完备性 CG1	契约柔性 CG2	履约严格性 CG3
契约完备性 CG1	0.733（AVE）	0.746（r^2）	0.661（r^2）
契约柔性 CG2	0.864**	0.748（AVE）	0.632（r^2）
履约严格性 CG3	0.813**	0.795**	0.758（AVE）

	联合计划 RG1	联合解决问题 RG2
联合计划 RG1	0.756（AVE）	0.760（r^2）
联合解决问题 RG2	0.872**	0.816（AVE）

	制度体系完善性 FI1	制度实施规范性 FI2
制度体系完善性 FI1	0.678（AVE）	0.501（r^2）
制度实施规范性 FI2	0.708**	0.689（AVE）

注：斜对角线数字为该潜在构念的平均方差抽取量（AVE 值），下三角形为潜在构念间的相关系数，上三角形为潜在构念间相关系数平方。*** 代表 $P < 0.001$，** 代表 $P < 0.01$，* 代表 $P < 0.05$

资料来源：作者自制。

第三节　理论模型验证

一、SEM 模型整体拟合度

本研究构建契约治理、关系治理、信任、正式制度环境为外生变量、项目治理绩效为内生变量的结果方程模型，假设契约治理、关系治理和正式制度环境对项目治理绩效有直接影响；正式制度环境对信任、契约治理和关系治理具有直接影响；信任和正式制度环境还通过契约治理和关系治理间接影响项目治理绩效。本文运用 AMOS 24.0 对提出的研究假设进行实证检验，并得到各潜在变量之间的相关关系以及研究假设是否得到支持（见图 4-11 和表 4-8）。

模型的拟合指数如图 4-11 所示，$X^2/df=3.506$，NFI=0.903，

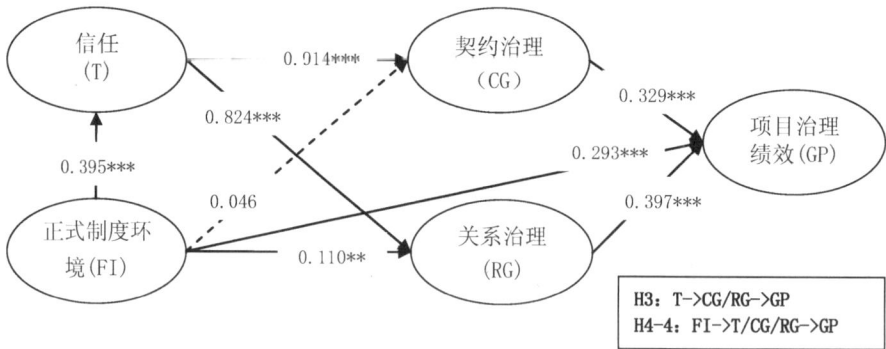

$X^2/df=3.506$；NFI=0.903；IFI=0.929；TLI=0.918；CFI=0.928；RM-SEA=0.079；SRMR=0.0456

图 4-11　SEM 模型估计结果

注：*** 代表 P < 0.01，** 代表 P < 0.05，* 代表 P < 0.1；图中省略了外生潜在变量协方差矩阵、内生潜在变量被外生潜在变量解释的误差协方差矩阵，及各观察变量到潜在变量的因子负荷矩阵。

资料来源：作者自制。

IFI=0.929，TLI=0.918，CFI=0.928，RMSEA=0.079，SRMR=0.0456。卡方与自由度之比为 3.506，$X^2/df<5$ 是较宽松的可接受标准，其他适配度标准 NFI>0.90，IFI>0.90，TLI>0.90，CFI>0.90，RMSEA<0.08，SRMR<0.05[①] 也都符合，由此可见，SEM 模型整体拟合度良好，可进行结构方程模型分析。

二、SEM 模型路径分析

本研究使用 AMOS 24.0 对 SEM 模型估计的路径系数如图 4-11 所示，并使用 Bootstrap 程序对直接效应和间接效应进行检验，利用重复随机抽样的方法在原始数据（n=404）中抽取 1000 个 Bootstrap 样本，生成 1 个近似抽样分布，用 2.5 百分位数和 97.5 百分位数估计 95% 的置信区间，如果间接效应 95% 的置信区间没有包括 0，表明中介效应有统计学意义。结果如表 4-8 所示，契约治理、关系治理与正式制度环境对治理绩效具有显著的正向影响，标准化系数分别为 0.329、0.397、0.293，显著性分别为 p=0.002、p=0.003、p=0.002，研究假设 H1、H2、H4 被支持。信任对契约治理和关系治理具有显著的正向影响，标准化系数为 0.914、0.824，显著性分别为 p=0.004、p=0.002，研究假设 H3-1、H3-2 被支持。正式环境制度对契约治理没有显著影响，对关系治理和信任具有显著的提升作用，标准化系数为 0.110、0.395，显著性分别为 p=0.020、p=0.004，研究假设 H4-1 不被支持，H4-2 和 H4-3 被支持。信任通过契约治理和关系治理对项目治理绩效的间接效应大小为 0.628，置信区间 95% CI=（0.523，0.723），显著性为 p=0.001，契约治理和关系治理在信任和项目治理绩效之间起到中介效应，研究假设 H3 被支持。正式制度环境通过信任、契约

---

① 吴明隆：《结构方程模型——AMOS 的操作与应用》，重庆大学出版社 2014 年版，第 42、52 页。

治理和关系治理对项目治理绩效的间接效应大小为 0.307，置信区间 95% CI=（0.228，0.373），显著性为 p=0.004，信任、契约治理和关系治理在正式制度环境和项目治理绩效之间起到中介效应，研究假设 H4-4 被支持。

综上所述，契约治理、关系治理、正式制度环境能够直接提升治理绩效。正式制度环境也能够直接提升信任、契约治理和关系治理。信任、契约治理和关系治理在正式制度环境与治理绩效的影响关系中具有中介作用，而契约治理和关系治理在信任和项目治理绩效的影响关系中也起到中介作用，进而间接提升项目治理绩效。

表 4-8　SEM 模型的路径系数及研究假设检验结果

路径关系	直接效应	间接效应	总效应	假设的检验结果
契约治理→治理绩效	0.329***		0.329***	H1 被支持
关系治理→治理绩效	0.397***		0.397***	H2 被支持
正式制度环境→治理绩效	0.293***	0.307***	0.600***	H4 和 H4-4 被支持
信任治理→契约治理	0.914***			H3-1 被支持
信任治理→关系治理	0.824***			H3-2 被支持
信任→契约治理 / 关系治理→治理绩效		0.628***	0.628***	H3 被支持
正式制度环境→契约治理	0.046			H4-1 不被支持
正式制度环境→关系治理	0.110**			H4-2 被支持
正式制度环境→信任	0.395***			H4-3 被支持

注：*** 代表 P < 0.01，** 代表 P < 0.05，* 代表 P < 0.1

资料来源：作者自制

三、理论模型检验结果分析

本研究的 SEM 模型估计结果（见图 4-11）和研究假设检验结果（见表 4-8）表明理论模型得到了很好的验证，契约治理、关系治理、信任和正式制度环境对项目治理绩效产生直接或间接的影响。

（一）契约治理对项目治理绩效的影响

契约治理对项目治理绩效直接路径的标准化路径系数为 0.329，总效应为 0.329，均在 0.01 水平下显著，表明在基础设施 PPP 项目中，契约治理对项目治理绩效起到了正向提升作用，这支持了研究假设 H1。契约治理包括契约完备性、契约柔性和履约严格性。契约完备性保证有据可依，基础设施 PPP 项目交易的专用性强、时间长、涉及主体多，明确详尽的正式合约条款可以保证项目有序执行，且在出现争议时依据合约解决问题。契约柔性条款减少了基础设施 PPP 项目实施过程中机会主义行为的发生，保证双方利益的均衡，减少不确定性带来的风险。履约严格性保证基础设施 PPP 项目的执行程度，各方对合同的履行程度直接决定了其最终利益的获得。契约治理是通过受法律保护的明确的合同条款，直接明确各自的权责，降低这种信任风险，增强彼此间合作，实现项目目标。

（二）关系治理对项目治理绩效的影响

关系治理对项目治理绩效直接路径的标准化路径系数为 0.397，总效应为 0.397，均在 0.01 水平下显著，表明在基础设施 PPP 项目中，关系治理对项目治理绩效起到了正向提升作用，这支持了研究假设 H2。关系治理包括联合计划和联合解决问题。由于基础设施 PPP 项目参与主体多，项目目标难以达成一致，而彼此之间的联合计划和联合解决问题能使各参与主体有效地沟通与交流，协调好各方间的利益，彼此能够建立长期稳定的合作关系，减少机会主义行为，降低因信息不对称带来的交易风险及交易成本，使各方做出更好的决策，进而有效地提高项目治理绩效。

（三）信任对项目治理绩效的影响

信任通过契约治理和关系治理对项目治理绩效产生间接的提升作用，其对契约治理和关系治理的标准化路径系数分别为 0.914、0.824，其间接效应的标准化路径系数为 0.628，均在 0.01 水平下显著，表明信任对契约治理和关系治理均起到了正向提升作用，并间接地提升基础设施 PPP 项目治理绩效,这支持了研究假设 H3-1、H3-2 和 H3。这表明在基础设施 PPP 项目治理过程中,信任不仅降低了契约治理因其不完备性而带来的交易成本,而且促进双方之间的关系治理、增强双方的合作行为,达到共赢的目的,进而提升 PPP 项目治理绩效,由此可见,信任可以通过减少机会主义行为,进而补充契约治理和关系治理的不足,进而共同提升项目治理绩效。

(四)正式制度环境对项目治理绩效的影响

正式制度环境对项目治理绩效直接路径的标准化路径系数为 0.293,间接路径的标准化系数为 0.307,总效应为 0.600,均在 0.01 水平下显著,表明在基础设施 PPP 项目中,正式制度环境对项目治理绩效起到了正向提升作用,这支持了研究假设 H4 和 H4-4。正式制度环境对契约治理没有显著影响,对关系治理和信任的标准化路径系数为 0.110、0.395,均在 0.01 水平下显著,表明正式制度环境对关系治理和信任均起到了正向提升作用,研究假设 H4-1 不被支持、H4-2 和 H4-3 被支持。

正式制度环境包括制度体系的完善性和制度实施的规范性。制度体系完善性对项目治理绩效具有正向的影响作用,这是因为 PPP 项目的投资额巨大,生命周期较长,政府与社会资本均面临着许多风险,而完善的法律制度体系能够对项目的各个不同阶段,以及 PPP 项目各方的权利义务做出明确规范,为项目各方提供良好的保障机制,保障项目的良好发展。制度实施规范性也会对项目治理绩效产生正向影响,因为根据相关的 PPP 法律法规、政策条例规定,对 PPP 项目生命周期的各个阶段有效实施,保证项目参与者的充分竞争,保证项目运作程序的合理性,保证项目监管的有效性,进而减少项目中机会主义行为的发生,发挥法律制度的治理功能。

正式制度环境不仅对项目治理绩效具有直接的影响作用,还通过信任和关系治理对项目治理绩效产生间接影响作用。正式制度环境对项目治理绩效的间接作用强于其直接作用。但是,正式制度环境对契约治理的作用不显著，这和我国目前为止还没有关于 PPP 项目的上位法有关，虽然其他相关的政策法规可以对契约治理进行监督和指导，但是 PPP 项目直接相关法律法规的缺失导致其对契约治理的作用不及对关系治理的作用。由此可见，在良好的正式制度环境下，信任和关系治理发挥着重要的中介作用。正式制度环境不仅能够增强参与方之间的信任与承诺，还能避免监管缺位、寻租等行为的发生，进而提升项目治理绩效。

　　本研究使用 SEM 模型，结合 AMOS　24.0 软件，对本研究建立的理论模型进行的实证验证，验证结果表明，契约治理、关系治理、信任和正式制度环境对基础设施 PPP 项目治理绩效均起到正向的直接或间接影响，除此之外，信任、契约治理和关系治理在正式制度环境和项目治理绩效之间发挥中介作用，契约治理和关系治理在信任和项目治理绩效之间也发挥中介作用，具体对理论假设的验证结果如表 4-9 所示。

表 4-9　结构方程模型的路径系数及假设检验结果

路径关系	路径关系	假设的检验结果
H1	契约治理→治理绩效	支持
H2	关系治理→治理绩效	支持
H3	信任→契约治理 / 关系治理→治理绩效	支持
H3-1	信任→契约治理	支持
H3-2	信任→关系治理	支持
H4	正式制度环境→项目治理绩效	支持
H4-1	正式制度环境→契约治理	不支持
H4-2	正式制度环境→关系治理	支持
H4-3	正式制度环境→信任	支持
H4-4	正式制度环境→信任 / 契约治理 / 关系治理→治理绩效	支持

第五章 制度质量对中国基础设施 PPP 项目投资影响 *

历史制度主义是新制度主义的主要流派之一，更加关注制度和行为之间的相互作用，一方面，制度对行为者产生约束作用，另一方面，行为者在面对冲突和选择时的策略产物就是制度。[①] 可见，制度环境对行为者起到结构性制约作用，进而影响政策结果。制度质量对政策结果的影响是不可忽略的重要因素之一，特别是在我国基础设施 PPP 项目建设过程中，宏观制度环境及质量起到至关重要的作用。

PPP 模式是政府为了增强公共产品和公共服务的供给能力与供给效率，通过特许经营、购买服务、股权合作等方式，与社会资本建立的利益共享、风险分担和长期合作关系。近年来，我国政府采取了一系列措施鼓励 PPP 模式发展，但在实际运行过程中许多 PPP 项目无法顺利开展，PPP 项目的成效不容乐观。自 2008 年起，受国际金融危机的影响，我国的市场资金长期处于匮乏状态，为了刺激经济增长，政府向基础设施领域投入了大量的财政资金，许多 PPP 项目转由政府主导进行投资，由于缺乏私人资本的参与，PPP 项目的效率十分低下。2014 年，PPP 模式在

　　* 本章主要内容已经发表，详见姜影、周泉：《制度质量与晋升压力：我国基础设施 PPP 项目投资的影响因素分析》，《行政论坛》2021 年第 3 期。

　　① 参见［韩］河连燮：《制度分析：理论与争议》，李秀峰、柴宝勇译，中国人民大学出版社 2014 年版，第 25 页。

我国开始了新一轮的实践，政府密集出台了一系列推广 PPP 模式发展的政策，PPP 项目出现爆发式增长。[①] 然而，尽管 PPP 项目的数量不断增加，但是自 2017 年以来，PPP 项目的成交数量及规模却整体呈下降态势。2019 年，我国 PPP 项目的成交个数为 1736 个，同比下降 33.3%，成交规模为 26451 亿元，同比下降了 21.6%。[②] 可见在 PPP 项目爆发式增长的背后，PPP 项目的投资现状不容乐观。其原因主要在于各地 PPP 项目发展的制度质量水平不足，各地政府在与社会资本开展 PPP 项目合作时存在市场监管不到位、法律制度不完善和政府的认知与操作能力不足等制度质量相关问题，无法为 PPP 项目的顺利开展营造良好的制度环境。制度环境的不完善严重影响了 PPP 项目的开展，降低了社会资本的参与意愿，这使得 PPP 项目的发展面临着阻碍，不利于 PPP 项目取得最终成功。[③]

PPP 项目投资取决于社会资本方的参与程度，而社会资本能否参与 PPP 项目合作受到政府层面和社会环境等多方面因素的影响，其中政府层面的影响举足轻重。[④] 目前针对 PPP 项目的投资，大量学者从融资和项目风险等市场经济因素做出了解释，少有人从政府层面出发针对 PPP 项目投资展开较为全面的实证分析。一方面，从 PPP 项目所处的外部制度环境来看，政府针对 PPP 项目制定的一系列政策制度为 PPP 项目的发展营造了制度环境，制度影响着 PPP 项目的开展，是 PPP 项目能否顺利完成的重要依据。目前，一些学者通过实证研究发现 PPP 项目所在地的制度

---

① 程哲、季闯:《中国 PPP 发展历程及特征分析（1984—2017）》，2017 年 7 月，见 http://www.bridata.com/report/detail?id=1172。

② 前瞻产业研究院:《2020 年中国 PPP 项目市场发展现状分析》，2020 年 5 月，见 https://www.qianzhan.com/analyst/detail/220/200513-c2a8326a.html。

③ 周正祥等:《新常态下 PPP 模式应用存在的问题及对策》，《中国软科学》2015 年第 9 期。

④ 王秀芹等:《公私伙伴关系 PPP 模式成功的关键因素分析》，《国际经济合作》2007 年第 12 期。

质量是影响项目投资的一个重要因素。① 在我国,由于各地的政治、经济和社会环境不同,各地的制度质量存在着较大的差异。制度质量若较差,存在政策公开公正程度低、市场化程度较低和法律制度有缺陷等问题,就会使得投资者和政府之间不能形成有效的合作机制,影响 PPP 项目顺利开展。另一方面,从政府官员内部所面临的绩效压力来看,作为 PPP 模式决策主体的地方政府,其"经济人"和"政治人"属性是影响 PPP 项目发展的重要原因。本章立足政府层面,从制度质量和官员绩效压力的角度,构建二者影响 PPP 项目投资的理论框架,实证检验制度质量和绩效压力对我国基础设施 PPP 项目投资的影响,为推动 PPP 项目在我国的顺利开展提供政策方面的建议。

第一节　制度质量对中国基础设施 PPP 项目投资影响的研究现状

目前国内外学者关于 PPP 项目投资的研究主要集中在宏观经济环境、多边金融机构的参与、制度环境和项目特征等几个角度。

首先,从宏观经济环境的影响来看,市场经济的开放程度对 PPP 项目投资有着显著的影响。市场开放程度高的国家和地区,私人资本进入市场的机会更多,这能为私人部门参与 PPP 项目提供更大的空间,从而吸引私人资本参与 PPP 项目的投资,促进 PPP 项目的开展。② 市场规模和顾客购买力等市场经济条件也通过影响社会资本的参与意愿进一步影响着 PPP 项目的投资,市场规模更大、顾客购买力更强的地区,PPP 项目的投

---

① 侯少杰、龙威:《制度质量、多边金融机构的参与对 PPP 项目成效的影响》,《财经纵横》2019 年第 14 期。

② Panayides, M Photis, Lam, JS Lee, Parola, Francesco., The Effect of Institutional Factors on Public-Private Partnership Success in Ports, *Transportation Research Part A*, Vol.71 (2015), pp.110-127.

资更能取得收益，这能够吸引私人资本参与基础设施投资，提高私人资本投资的意愿，有利于基础设施 PPP 项目取得成功。①

其次，多边金融机构的支持也被证实对 PPP 项目的投资具有重要影响。多边金融机构的参与能够明显提高 PPP 项目的投资，对促进 PPP 项目成功具有积极意义。多边金融机构的加入对于提高私人资本参与 PPP 项目的意愿具有重要影响，多边金融机构能够帮助发展中国家完善金融市场的发展，促进金融一体化的建设，从而进一步调动社会资本参与 PPP 项目的积极性，推动基础设施 PPP 项目的发展。② 此外，多边金融机构也影响私人资本在合作中的风险分担程度，多边金融机构的支持能够提高私人资本的风险分担程度，保障项目的顺利推进，这也进一步对 PPP 项目的成功产生了促进作用。③

再次，制度环境方面的因素也被证明对 PPP 项目的投资具有重要影响。政治制度和法律法规是影响 PPP 项目投资的重要因素，强有力的法治能吸引更多的私人投资，推动 PPP 项目顺利进行。④ 政治清廉的政府更愿意投资收益较低的基础设施项目，这为社会资本参与 PPP 项目提供了更多的机会，有利于 PPP 项目取得良好投资。⑤ 政府是否拥有 PPP 项目的运作经验会对社会资本的参与意愿产生重要影响，拥有 PPP 项目运作

① Yehoue E. B., Hammami M., Ruhashyankiko J. F., Determinants of Public-Private Partnerships in Infrastructure, *Social Science Electronic Publishing*, Vol.06, No.99 (2011), pp.1-37.

② Bhattacharyay, Biswa Nath, Infrastructure Development for ASEAN Economic Integration, *ADBI Working Paper*, Vol.138 (2009), pp.1-20.

③ Delmon J., Mobilizing private finance with IBRD/IDA guarantees to bridge the infrastructure funding gap, *World Bank Document*, 2007.

④ Moszoro M. W., Araya G, Ruiz-Nunez F & Schwartz J., Institutional and Political Determinants of Private Participation in Infrastructure, International Transport Forum Discussion Paper, No.2014-15, Organisation for Economic Cooperation and Development (OECD), International Transport Forum, Paris.

⑤ Galilea P, Medda F., Does the political and economic context influence the success of a transport project? An analysis of transport public-private partnerships, *Research in Transportation Economics*, Vol.30, No.1 (2010), pp.102-109.

经验的政府更容易吸引社会资本参与到 PPP 项目中。① 此外,政府的治理水平影响着 PPP 项目的投资,政府治理水平越高,社会资本更愿意参与 PPP 项目的投资,更有利于项目的顺利开展。② 随着研究的推进,政府级别和政府担保也被证实对 PPP 项目的投资有影响。不同级别的政府对社会资本参与基础设施 PPP 项目的吸引程度不同,PPP 项目由高级别的政府发起,则更容易吸引社会资本进行投资,从而获得债务和股权融资的支持。而政府是否为社会资本提供担保也影响社会资本的投资意愿,政府担保可以增强投资信心,提高社会资本的投资额。③

最后,PPP 项目的特征也对 PPP 项目的投资产生一定影响。PPP 项目的规模、周期和风险结构是影响 PPP 项目能够取得成功的因素。PPP 项目的规模大小对项目投资有重要影响,PPP 项目的规模与项目的投资呈负相关关系,规模越小的项目能够越快取得收益,这有利于吸引私人部门的投资,从而促进 PPP 项目取得成功。PPP 项目的周期也与 PPP 项目的投资呈负相关关系,项目周期越长,见效越慢,这降低了私人部门的投资意愿,不利于 PPP 项目的顺利开展。④ 项目的风险结构也是影响 PPP 项目能否取得成功的重要因素,合理的风险分担机制是 PPP 项目取得成功的重要保障,政府和私人部门只有在合同签署前确立一个双方都能接受的风险分担水平,才能促进 PPP 项目高效开展和取得成功。⑤

① 罗煜等:《制度质量和国际金融机构如何影响 PPP 项目的成效——基于"一带一路"46 国经验数据的研究》,《金融研究》2017 年第 4 期。

② 郑子龙:《政府治理与 PPP 项目投资:来自发展中国家面板数据的经验分析》,《世界经济研究》2017 年第 5 期。

③ 沈言言、刘小川:《促进社会资本 PPP 投资的政府担保政策研究——基于中低收入国家 PPP 项目的证据》,《财政研究》2019 年第 5 期。

④ De Schepper S., Haezendonck E., Dooms M., Understanding pre-contractual transaction costs for Public–Private Partnership infrastructure projects, *International Journal of Project Management*, Vol.33, No.4 (2015), pp.932-46.

⑤ Bing L., Akintoye A., Edwards P J., et al., The allocation of risk in PPP/PFI construction projects in the UK, *International Journal of Project Management*, Vol.23, No.1 (2005), pp.25-35.

通过上述分析，我们发现目前学者们主要从宏观经济环境、多边金融机构的参与、制度环境和项目特征等角度出发研究这些因素对各国 PPP 项目投资的影响，研究的关注点较为分散。目前立足政府层面对我国基础设施 PPP 项目投资展开的综合性研究有所欠缺。通过对已有的研究进行梳理可以看出，政府提供的制度质量对 PPP 项目的投资有着重要的影响，制度质量更多反映的是影响政府与社会资本开展 PPP 项目合作的外部制度环境，对 PPP 项目能否顺利开展至关重要。而从政府内部官员的角度出发来看，官员所面临的绩效压力是政府开展活动的内在动机，也是关乎 PPP 项目发展的影响因素。一些官员出于绩效压力，会选择开展有利于快速拉动经济增长的项目，不利于基础设施领域 PPP 项目的合理开展。目前很少有学者根据我国的国情分析政府提供的制度质量和官员绩效压力对基础设施 PPP 项目投资的影响。因此，本研究立足政府这一主体，从制度质量和绩效压力的角度出发，研究制度质量和绩效压力对基础设施 PPP 项目投资的影响，以期为 PPP 项目顺利开展提供政策方面的建议。

第二节　制度质量对中国基础设施 PPP 项目投资影响的研究假设

本研究的研究框架主要包括制度质量和绩效压力两个核心要素，研究对象是 2008—2017 年中国 29 个省份的基础设施 PPP 项目。首先，从以往的研究来看，项目所在地的制度质量是影响 PPP 项目投资的关键因素。PPP 项目由政府与社会资本合作而开展，项目能否取得最终的成功与当地政府所提供的制度环境息息相关，良好的政府效能和管制能力、优质的法制环境对 PPP 项目取得成功有着重要的影响。制度质量越高的地区，私人资本参与 PPP 项目投资的制度环境越好，越有利于提高私人资本的投资意愿，促进 PPP 项目取得成功。① 其次，就绩效压力而言，政府对基础设施领域的投资很大程度上受到官员绩效压力的影响。政府官员面临的绩效压力越大，为了在短期内提高政绩，就越倾向于投资容易快速拉动经济增长的项目，而忽视民生类基础设施领域的服务供给，因此绩效压力对基础设施 PPP 项目投资带来一定的负面效应，不利于基础设施领域 PPP 项目的合理投资。②

一、制度质量和中国基础设施 PPP 项目投资

制度质量反映了制度的好坏程度，良好的可持续性和稳定性等是制度的正面反映，而较强的波动性和风险性是制度的负面反映。③ 在衡量制度质量时，学者们大多使用樊纲和王小鲁在中国市场化指数报告中构建的指标，但这些指标仅考察了经济因素，而忽视了其他方面的影响。从以往研究来看，政治和法律因素也对社会资本参与 PPP 项目的程度有着重要影响。因此本研究从政治、经济和法律三个角度出发构建制度质量的衡量体系④，借鉴国际上的分类方法，并结合我国的国情，将政治制度质量细分为廉洁程度、政府效能和监管质量，将经济制度质量细分为市场化程度、财政自由度和对外开放度，法律制度质量则体现为企业经营的法治环境。

从政治制度质量来看，政治制度质量反映了政府为维护社会政治秩序

---

① 霍伟东、陈若愚：《制度质量、多边金融机构支持与 PPP 项目成效——来自非洲 PPP 项目数据的经验证据》，《经济与管理研究》2018 年第 39 期。

② 杨刚强、程恒祥、吴斯：《晋升压力、官员任期与公共服务供给效率——基于中国 70 个城市的实证》，《云南财经大学学报》2020 年第 2 期。

③ 薛有志、严子淳、杨慧：《制度质量：回顾、评述与展望》，《现代管理科学》2014 年第 8 期。

④ 谢孟军：《基于制度质量视角的我国出口贸易区位选择影响因素研究——扩展引力模型的面板数据实证检验》，《国际贸易问题》2013 年第 6 期。

而运用权力所建立的制度环境，主要表现为廉洁程度、政府效能以及政府对市场的监管质量。其中，廉洁程度通过影响私人资本的参与意愿进一步影响着 PPP 项目的成效。政府若具备较强的防腐败控制能力，就更容易让社会资本对其产生信任，这有利于增强社会资本的信任度，提高其参与 PPP 项目的意愿，有利于 PPP 项目取得成功。[①] 政府效能是政府治理效率的体现。PPP 模式能够充分发挥社会资本的优势，提高政府公共服务供给的效率。因此政府倾向于推广 PPP 模式，为社会资本提供参与机会，这有利于 PPP 项目取得最终成功。[②] 监管质量反映了政府制定和实施健全政策法规，允许和促进社会资本发展的能力。政府的监管质量高，反映了地区具有完善和健全的政策法规体系，这为社会资本的参与提供了有力保障，有利于 PPP 项目获得成功。[③]

从经济制度质量来看，经济制度质量反映了地区的经济发展环境。一个良性稳定的经济环境能够给社会资本实现盈利提供保障，提高社会资本投资 PPP 项目的意愿，从而提高 PPP 项目的投资。[④] 经济制度质量主要表现为市场化水平、财政自由度和对外开放度。其中，市场化程度是反映地区经济发展质量的重要指标，市场化程度高的地区，政府对市场的干预较少，资本和信息能够自由流动，社会资本愿意参与 PPP 项目，从而推动项目取得成功。[⑤] 财政自由度衡量了政府自主配置财政收入和支出的能力，财政分权高的政府能自主和灵活地配置财政收入和支出，通过积极

[①]　李学乐、吴健、褚昭华：《PPP 项目落地水平的影响因素研究——基于区域发展成熟度与政府信誉的对比分析》，《金融与经济》2017 第 9 期。

[②]　郭雪萌、王卓君：《中国 PPP 项目落地难现象探究——基于地方政府管理效能视角》，《财会月刊》2019 年第 10 期。

[③]　徐玉德、李化龙：《我国 PPP 发展制约因素解析与路径优化》，《中国行政管理》2020 年第 1 期。

[④]　刘穷志、芦越：《制度质量、经济环境与 PPP 项目的效率——以中国的水务基础设施 PPP 项目为例》，《经济与管理》2016 年第 30 期。

[⑤]　王卓君、郭雪萌、李红昌：《地区市场化进程会促进地方政府选用 PPP 模式融资吗？——基于基础设施领域的实证研究》，《财政研究》2017 年第 10 期。

配置资本参与投融资，提高 PPP 项目的收益，这能够吸引社会资本参与 PPP 项目，有利于 PPP 项目取得成功。[①] 对外开放度反映了地区经济对外开放的程度，对外开放高的地区，政府能够与国际经济接轨，不断开拓市场，带动相关产业的发展，这为社会资本营造了良好的投资环境，有利于 PPP 项目取得成功。[②]

从法律制度质量来看，法律制度质量反映了地区的法制环境和法律完善程度，由于 PPP 项目合作是一个长期的过程，项目在建设过程中面临着各种不确定性因素和复杂风险。一个完备的法律体系能够明确合作双方的风险分担机制，节省双方在谈判过程中的交易成本，从而提高资源配置的效率，实现收益的最大化。[③] 由于公私双方的地位不对等，合作双方容易产生信息不对称的问题，导致交易成本过高，影响合作的开展。法律制度质量高的地区，PPP 相关的组织和管理机构发展得更加完善，政企双方的职责能得到明确的划分和监管，这有利于为私人资本的参与营造公平的法律环境。除此之外，法律也能够明确项目具体的操作流程和相关细则，使项目的进度安排更加规范，为项目顺利进行提供依据。[④] 可见，一个完善的法律体系是私人资本参与 PPP 项目的保障，良好的法治环境能够传递政府的决心，加强市场的信心，给企业一个合理的预期，提高社会资本的参与意愿和参与程度，从而有利于 PPP 项目取得成功。

综上所述，制度质量对基础设施 PPP 项目的投资有着重要影响，政治、经济和法律制度质量的完善都能促进私人部门参与到 PPP 项目的合作当中，从而提高基础设施 PPP 项目的投资水平，推动项目的发展，促进项目取得最终的成功。因此，我们提出以下假设：

---

① 潘雅茹、罗良文：《财政分权视角下基础设施投资与中国经济的包容性增长》，《学习与探索》2019 年第 1 期。

② 兰宜生：《对外开放度与地区经济增长的实证分析》，《统计研究》2002 年第 2 期。

③ 管斌、赵晶：《PPP 项目的法律制度建设研究》，《社会科学动态》2018 年第 6 期。

④ 孙学工、刘国艳、杜飞轮等：《我国 PPP 模式发展的现状、问题与对策》，《宏观经济管理》2015 年第 2 期。

H1：制度质量与基础设施 PPP 项目的投资呈正相关。

二、绩效压力和中国基础设施 PPP 项目投资

改革开放以来，我国经济迅速发展，经济建设成为党和国家的工作重心。官员的绩效考核开始转向以经济发展的绩效为标准，考核注重 GDP 相关的经济指标。这种考核标准使得政府官员的绩效与地方经济发展的绩效相挂钩，各级政府官员热衷于刺激本地的 GDP 发展。当上级政府提出某个经济发展的具体指标时，下级政府官员会竞相追随，希望完成甚至超出考核指标的要求。在以 GDP 考核指标为主的绩效压力激励之下，政府官员关心的是任职期间地区经济增长的速度，而教育、环保和医疗等民生类基础设施类项目需要较长的时间才能取得收益，无益于短期内提高经济绩效。在这种情况下，政府官员在任期内会倾向于投资那些能在短期内迅速带来收益的项目（比如交通类基础设施 PPP 项目），而不愿意投资周期长、见效慢的民生类基础设施类项目。[①] 除此之外，我国的各省、市、地区、县、乡之间具有许多相似性，各地区政府官员之间的绩效可以相互比较。因此我国对政府官员的考核强调的是一种相对绩效，上级政府对下级政府官员的考核评分建立在相对得分的基础之上，上级政府不仅仅注重官员自身的经济绩效，也会将官员的绩效与其他地区同级官员的绩效进行比较，考核注重绩效排名的相对位次，而不是绝对成绩。这使得各地区政府官员之间存在着高度竞争关系，官员不仅需要促进本地区经济的发展，还需要注重其他地区的经济发展状况。官员为了在竞争中取得胜利，必须使自身的经济绩效在众多竞争者之中取得排名靠前的位次。[②] 官员相较于前

---

① 曹春方、马连福、沈小秀：《财政压力、晋升压力、官员任期与地方国企过度投资》，《经济学（季刊）》2014 年第 4 期。

② 周黎安：《晋升博弈中政府官员的激励与合作——兼论我国地方保护主义和重复建设问题长期存在的原因》，《经济研究》2004 年第 6 期。

任的经济绩效也是相对绩效考核的一项重要内容，这也在无形之中增大了官员的绩效压力。[①] 因此，一些官员在绩效压力的影响下会倾向于投资能迅速获得收益的政绩类工程，而忽视民生领域的基础设施建设。官员的绩效压力会提升政绩类基础设施领域项目的建设，进而大幅提升地区总体基础设施项目的投资。基于此，我们提出以下假设：

H2：政府官员的绩效压力与 PPP 项目的投资呈正相关。

三、制度质量和绩效压力之间的交互作用

在关于基础设施 PPP 项目投资的研究当中，制度质量和官员绩效压力越来越受到重视。制度质量和绩效压力不仅分别对基础设施 PPP 项目的投资产生影响，二者之间还存在交互作用。政府官员强调经济绩效，这是刺激官员展开竞争的关键所在。政府官员在绩效压力的刺激下会倾向于投资短时间内见效快的经济性项目，而不愿投资见效慢的民生类基础设施项目。而良好的制度质量能够纠正官员的不良投资偏好，抑制官员在绩效压力影响下对政绩类基础设施 PPP 项目过度需求而产生的负面效应。从经济制度质量来看，地区良好的经济发展环境能够对官员绩效激励形成一定的约束，避免官员在绩效压力刺激下仅仅追求政绩性的经济增长。经济和金融环境较好的地区，金融市场化的程度较高。随着地区金融市场化水平的提高，政府官员对要素市场的控制能力会下降，这有利于地区市场的完善和经济的良性发展。从法律制度质量来看，地区法律环境的完善同样能够规制官员绩效压力的负面效应。法律环境较好的地区，法制体系较为完善，地区的执法力度更强，执法程序也更为严格。在这种情况下，政府官员为了个人绩效而对市场进行干预行为会受到严格的约束和控制，这有

---

① 周黎安、李宏彬、陈烨：《相对绩效考核：中国地方官员晋升机制的一项经验研究》，《经济学报》2005 年第 1 期。

利于抑制官员在绩效压力刺激下对当地经济发展所带来的负面效应。[①] 从政治制度质量来看，考核制度的改革和制度安排的完善则能够缓解官员绩效压力给经济发展带来的负面效应，有效克服地区重复建设和资源配置不均等问题，为基础设施项目的建设营造良性的发展环境。由此可以看出，地区制度质量的完善能够抑制绩效压力对政绩类基础设施 PPP 项目过度需求而产生的负面效应，使地区的民生类基础设施建设能够得到更多的关注，这有利于促进基础设施 PPP 项目取得良好的投资。综上所述，制度质量和绩效压力之间存在密切的联系，制度质量的提高能够抑制绩效压力对基础设施 PPP 项目发展所带来的负面效应。因此，我们提出如下假设：

H3：制度质量和绩效压力在对基础设施 PPP 项目投资影响时具有交互作用。

第三节　制度质量对中国基础设施 PPP 项目投资影响的实证研究

一、模型构建

考察制度质量和绩效压力对基础设施 PPP 项目投资影响，构建模型一如下：

$$Y=\alpha_1+\alpha_2 institution+\alpha_3 press+\alpha_4 control+\varepsilon \tag{1}$$

考察制度质量和绩效压力的交互作用，构建模型二如下：

$$Y=\alpha_1+\alpha_2 institution+\alpha_3 press+\alpha_4 institution\times promotion+\alpha_5 control+\varepsilon \tag{2}$$

---

① 戴魁早：《地方官员激励、制度环境与要素市场扭曲——基于中国省级面板数据的实证研究》，《经济理论与经济管理》2016 年第 8 期。

其中，Y 代表基础设施 PPP 项目投资额，*institution* 代表制度质量，*press* 代表绩效压力，*control* 代表控制变量集合，ε 是随机误差项。

二、变量选择与数据来源

本研究选取 2008—2017 年中国内地省级层面的基础设施 PPP 项目数据进行实证分析，其中数据缺失的省份为青海省和西藏自治区，最终获得 29 个省份的有效数据。主要的变量选择和数据来源如下。

（一）被解释变量

为有效度量基础设施 PPP 项目的投资，本研究选择中国基础设施 PPP 项目投资额的对数作为被解释变量，并对于部分缺失值采取加 1 取对数的处理方式 ①，数据来自世界银行 PPI 数据库。

（二）解释变量

本研究的核心解释变量为制度质量和绩效压力。在衡量制度质量时，本研究从政治制度质量、经济制度质量和法律制度质量三个方面来构建制度质量指标，其中政治制度质量主要包括政府的廉洁程度、监管质量和政府效率，经济制度质量包括市场化水平、财政自由度和对外开放度，法律制度质量体现为企业经营的法治环境。对于绩效压力的衡量，本研究采用各省外商直接投资占 GDP 的比重来衡量官员的绩效压力。具体的计算方法与数据来源如下。

1. 制度质量

制度质量指标从政治制度质量、经济制度质量和法律制度质量三个方面构建。在政治制度质量方面，廉洁程度使用各省职务犯罪立案侦查人数/各省人口数量来表示②，数据来自各省的统计年鉴。监管质量使用《中

---

① 李增福、汤旭东、连玉君：《中国民营企业社会责任背离之谜》，《管理世界》2016 年第 9 期。

② 昝哲：《地区腐败与公司透明度的关系研究——基于省际面板数据的分析》，《时代金融》2017 年第 18 期。

国分省企业经营环境指数 2017 年报告》和《中国分省企业经营环境指数
2013 年报告》中政策公开公平公正这一指标来表示。由于报告中只包含
2006、2008、2010、2012、2016 年的数据，数据并不连续，因此本研究
使用线性内插法补足缺失年份的数据，并用 2016 年数据代替 2017 年的数
据。[1] 政府效率使用地区生产总值 / 地区一般预算财政支出来表示[2]，数据
均来自各省的统计年鉴。经济制度质量方面，市场化水平使用《中国分省
份市场化指数报告（2016）》中的市场化总指数来表示，由于报告中的数
据只更新到 2016 年，因此本研究以历年市场化指数的平均增幅预测 2017
年数据。[3] 财政自由度使用各省政府的财政分权程度来表示，具体计算方
法为省本级预算内财政收入 / 省本级预算内财政总支出[4]，数据来自各省
的统计年鉴。对外开放度使用各省进口商品服务与出口商品服务的总额与
GDP 的比重来表示[5]，数据均来自各省统计年鉴。法律制度质量方面，本
研究使用《中国分省企业经营环境指数 2017 年报告》和《中国分省企业
经营环境指数 2013 年报告》中企业经营的法治环境这一指标来表示各省
的法律制度质量，缺失年份的数据同样使用线性内插法补足。本研究使用
熵值法构造制度质量这一综合指标，由于各指标之间存在量纲差异，需要
先对数据进行标准化处理。各项指标标准化处理之后，计算各个三级指标
的得分，在本研究中 m 代表年份，n 代表指标的个数，X_{ij}（i=1，2，…
m;j=1，2，…,n）代表具体某个指标的数值，具体的计算步骤为：第一步，

① 王飞、贾晓雯、翁伟斌：《政府治理机制、法制水平与银行信贷质量——基于我国银行业的研究》，《浙江金融》2017 年第 1 期。

② 祁怀锦、李晖、刘艳霞：《政府治理、国有企业混合所有制改革与资本配置效率》，《改革》2019 年第 7 期。

③ 马连福、王丽丽、张琦：《混合所有制的优序选择：市场的逻辑》，《中国工业经济》2015 年第 7 期。

④ 陈硕、高琳：《央地关系：财政分权度量及作用机制再评估》，《管理世界》2012 年第 6 期。

⑤ 宋文月、任保平：《政府治理对产业结构变迁的影响及区域差异》，《中国软科学》2020 年第 7 期。

计算第 i 年第 j 项指标的权重 $P_{ij}=Y_{ij}/\Sigma_{i=1}^{m}\,Y_{ij}$；第二步，计算第 j 项指标的熵值 $E_{j}=-K\Sigma_{i=1}^{m}\,P_{ij}\ln(P_{ij})$；第三步，计算第 j 个评价指标的差异性系数 $G_{j}=1-E_{j}$；第四步，计算第 j 项指标的权重 $W_{j}=G_{j}/\Sigma_{j=1}^{n}\,G_{j}$；最后，计算指标的得分 $F_{j}=\Sigma_{i=1}^{n}\,W_{j}\cdot Y_{ij}$。根据熵值法指标得分可叠加性原则，将对应的三级指标得分加权求和可得二级指标的得分，同理得出一级指标的得分。[①]

2. 绩效压力

本研究采用各省实际利用外资占 GDP 的比重来衡量绩效压力这一指标，数值越小，绩效压力越大。已有学者的研究指出，外商直接投资是地方政府官员推动当地经济增长的重要手段。[②] 外商投资在地方政府官员的绩效竞争中具有重要的作用，官员往往会通过吸引外商投资来促进当地的经济增长，从而在绩效竞争中取胜。[③] 因此，采用外商直接投资占 GDP 的比重能够很好地反映地方政府官员的绩效压力。

3. 控制变量

本研究使用的控制变量包括城镇化率、人口密度、人均 GDP 和通货膨胀率。其中，城镇化率用地区城镇人口占总人口的比值来表示，城镇化水平影响着社会资本的参与程度，城镇化水平低的地区往往需要更多的财政投入，来促进当地城镇化的发展，这为社会资本参与 PPP 项目提供了大量机会，有利于当地的基础设施 PPP 项目的顺利开展。[④] 人口密度用各省常住人口数与陆地面积的比值来表示，人口密度会对 PPP 项目投资产生负向影响。由于基础设施项目的非竞争性，人口密度越大的

① 李靖、李春生、董伟玮：《我国地方政府治理能力评估及其优化——基于吉林省的实证研究》，《吉林大学社会科学学报》2020 年第 4 期。

② 林江、孙辉、黄亮雄：《财政分权、晋升激励和地方政府义务教育供给》，《财贸经济》2011 年第 1 期。

③ 张延、赵艳朋：《财政分权、晋升激励与基础设施投资——基于中国省级面板数据的空间计量分析》，《经济问题探索》2017 年第 12 期。

④ 张旭、耿昊昊、黄森：《山东省县域 PPP 项目投资规模影响因素探究》，《东方论坛》2019 年第 3 期。

地区并不会增加基础设施领域的投资，此外，人口密度大的地区在人力资源和健康医疗等方面的需求较多，这会降低对基础设施 PPP 项目的需求，不利于基础设施 PPP 项目取得成功。[①] 人均 GDP 用各省 GDP 与人口规模的比值来表示，人均 GDP 反映了地区的经济发展水平，经济越发达的地区基础设施建设的需求越大，政府也有更多的财力投资进行基础设施的建设。[②] 通货膨胀率用价格指数的增长率来表示，通货膨胀率反映了物价水平的波动，通货膨胀率越高则当地的经济越不稳定，这会增加 PPP 项目的风险，不利于项目顺利开展。[③] 数据均来源于各省的统计年鉴。

三、描述性统计

各变量的统计性描述结果如表 5-1 所示。可以看出，基础设施 PPP 项目投资额的均值为 7.939，最大值为 15.361，最小值为 0，各省基础设施 PPP 项目投资额存在着较大的差异。制度质量的均值为 0.687，最大值为 0.867，最小值为 0.491。绩效压力的均值为 0.272，最大值为 1.759，最小值为 0.004。城镇化率均值为 0.55，最大值为 0.9，最小值为 0.29。人均 GDP 均值为 4.376，最大值为 12.66，最小值为 0.99，各省人均 GDP 的差异较为明显。人口密度的均值为 4.7，最大值为 38.257，最小值为 0.128，各省的人口密度存在较大的差异。通货膨胀率的均值为 1.027，最大值为 1.09，最小值为 0.98。

---

① 张延、赵艳朋：《财政分权、晋升激励与基础设施投资——基于中国省级面板数据的空间计量分析》，《经济问题探索》2017 年第 12 期。

② 杨丽花、王喆：《私人资本参与 PPP 项目的影响因素分析——基于亚投行背景下的经验分析》，《亚太经济》2018 年第 1 期。

③ 王立国、王昱睿：《私人资本参与"一带一路"沿线基础设施项目的影响因素分析——基于沿线 41 个发展中国家的实证分析》，《投资研究》2019 年第 10 期。

表 5-1　变量的描述性统计

变量名称	含义	观察值	均值	标准差	最小值	最大值
lninvestment	基础设施投资额对数	290	7.939	5.314	0	15.361
institution	制度质量	290	0.687	0.092	0.491	0.867
press	绩效压力	290	0.272	0.299	0.004	1.759
urban	城镇化率	290	0.550	0.134	0.290	0.900
pergdp	人均 GDP	290	4.376	2.213	0.990	12.660
density	人口密度	290	4.700	6.763	0.128	38.257
inflation	通货膨胀率	290	1.027	0.019	0.980	1.090

资料来源：作者整理。

四、回归结果分析

本研究选取 2008—2017 年我国 29 个省份的面板数据，从制度质量和绩效压力出发对我国基础设施 PPP 项目的投资展开综合的实证分析。实证分析主要包括基准回归分析和交互作用分析：首先检验制度质量和绩效压力共同作用于基础设施 PPP 项目投资的效果；其次加入制度质量和绩效压力的交互项，检验制度质量和绩效压力之间交互作用。

本研究使用 Stata 软件进行面板数据的回归分析，首先进行 Hausman 检验，结果显示 P 值大于 0.05，拒绝了固定效应，选择随机效应模型。方程（1）展示了绩效压力单独作用于基础设施 PPP 项目投资的影响，方程（2）展示了制度质量单独作用于基础设施 PPP 项目投资的影响，方程（3）展示了绩效压力和制度质量共同作用于基础设施 PPP 项目投资的影响，方程（4）展示了引入交互项后，绩效压力和制度质量对基础设施 PPP 项目投资产生的影响。具体的结果分析如下。

表 5-2　整体回归结果

	(1) Investment	(2) Investment	(3) Investment	(4) Investment
press	-1.436** (-2.19)		-1.415** (-2.27)	-0.802 (-0.88)
institution		1.084* (1.82)	1.053* (1.77)	1.088* (1.65)
promotion* institution				-0.436* (-1.90)
urban	-6.707 (-1.40)	-14.98*** (-2.75)	-10.64** (-1.98)	-11.08* (-1.83)
pergdp	0.666*** (2.67)	0.773*** (2.78)	0.649*** (2.60)	0.419 (1.37)
density	-0.0397 (-0.59)	-0.225*** (-5.31)	-0.0736 (-1.04)	-0.0800 (-0.75)
inflation	-14.77 (-1.22)	-22.20* (-1.82)	-20.42 (-1.64)	-18.69 (-1.04)
_cons	24.07* (1.89)	36.66*** (2.81)	32.28** (2.38)	31.34 (1.63)
N	290	290	290	290
R^2	0.31	0.44	0.44	0.52

注：括号内为稳健标准误，***、**、* 分别表示通过 1%、5%、10%水平的显著性检验。

资料来源：作者整理。

（一）基准回归结果分析

表 5-2 展示了制度质量和绩效压力对基础设施 PPP 项目投资的影响。从模型（2）和（3）中的制度质量来看，制度质量在 10%的水平上对基础设施 PPP 项目投资具有显著的正向影响（系数分别为 1.084 和 1.053），良好的制度质量为基础设施 PPP 项目的开展提供了优质的环境，能够促进基础设施 PPP 项目顺利开展，有利于基础设施 PPP 项目取得最终的成功。从模型（1）和（3）中的绩效压力来看，绩效压力在 5%的水平上对基础设施 PPP 项目投资具有显著的正向影响（系数分别为 -1.436 和 -1.415，

数值越小，绩效压力越大），这表明政府官员的绩效压力越大，基础设施 PPP 项目投资的可能性越高。官员在绩效压力作用下大多会倾向于投资见效快的政绩类的经济性项目，而不愿投资民生类基础设施项目。从模型（3）中的控制变量来看，城镇化率在 5% 的水平下对基础设施 PPP 项目投资具有显著的负向影响（系数为 -10.64），这表明城镇化率低的地区基础设施建设和完善的需求较大，更有利于 PPP 项目的成功。人均 GDP 在 1% 的水平下对基础设施 PPP 项目投资具有显著的正向影响（系数为 0.649），表明地区的人均 GDP 越高，越有利于促进基础设施 PPP 项目取得成功。人口密度和通货膨胀率的回归系数为负，但效果不显著，说明二者对基础设施 PPP 项目投资影响也不显著。

（二）交互作用分析

为了进一步分析制度质量和绩效压力之间的交互作用，检验制度质量是否对官员绩效压力产生影响，本研究引入了制度质量和绩效压力的交互项来进行检验。表 5-2 展示了交互效应回归的结果。从回归结果中可以看到，交互项的系数在 10% 的水平下显著，这表明制度质量和绩效压力之间存在交互作用。此外，交互项系数显著为负，而且绩效压力的系数在 10% 水平变得不再显著，而制度质量的系数在 10% 水平下仍然显著且系数变大（从 1.053 变成 1.088），这些实证结果表明，制度质量能够显著抑制绩效压力对政绩类基础设施 PPP 项目过度需求所带来的负向效应，制度质量越高的地区，绩效压力对政绩类基础设施 PPP 项目投资会减小。制度质量能够在一定程度上缓解官员绩效压力的负面作用，规避官员的过度投资行为，使官员不再过度注重经济的短期增长而忽视民生类基础设施领域的建设，这能为基础设施 PPP 项目的顺利开展提供更多的机会，促进基础设施 PPP 项目取得成功。随着制度质量的提高，官员绩效压力导致的负面效应得以显著下降。

五、稳健性检验

为了验证模型的稳定性，本研究进一步进行了稳健性检验。采取替换核心变量的方式，以制度质量中三个维度的平均值代替综合制度质量，来检验制度质量和绩效压力对基础设施 PPP 项目投资的影响，以及制度质量和绩效压力之间的交互作用。[①] 稳健性检验的结果如表 5-3 所示。

表 5-3　稳健性检验结果

	(1) Investment	(2) Investment	(3) Investment	(4) Investment
press	-1.534***		-1.544***	-1.407***
	(-4.13)		(-3.86)	(-2.78)
institution		0.426*	0.436**	0.420*
		(1.76)	(2.09)	(1.77)
promotion* institution				-0.696***
				(-2.72)
urban	-15.29**	-25.39***	-14.92**	-17.36***
	(-2.52)	(-3.79)	(-2.42)	(-2.85)
pergdp	3.905***	4.619***	3.432**	4.053***
	(2.81)	(2.85)	(2.32)	(2.65)
density	1.209**	1.019*	1.482**	0.936***
	(2.01)	(1.71)	(2.51)	(2.72)
inflation	-12.37	-11.76	-8.877	-7.627
	(-0.99)	(-0.91)	(-0.67)	(-0.60)
_cons	10.20***	14.96***	10.28***	18.88
	(5.19)	(7.92)	(5.18)	(1.42)
N	290	290	290	290
R^2	0.36	0.42	0.41	0.38

注：括号内为稳健标准误，***、**、* 分别表示通过 1%、5%、10% 水平的显著性检验。

资料来源：作者整理。

---

① 王锋正、刘宇嘉、孙玥：《制度环境，开放式创新与资源型企业转型》，《科技进步与对策》2020 年第 5 期。

从稳健性检验的结果中可以看出，制度质量对基础设施 PPP 项目投资的影响在 10%的水平下显著为正，绩效压力对基础设施 PPP 项目投资的影响在 1%的水平下显著为负。加入交互项之后，制度质量和绩效压力的交互项也在 1%的水平下显著为负。结果显示制度质量、绩效压力以及制度质量与绩效压力的交互项系数均为显著，检验结果与前述结果一致，因此本研究的模型通过了稳健性检验，模型较为稳定。

六、结果分析

本研究采用 2008—2017 年中国 29 个省份基础设施 PPP 项目的面板数据，实证检验了制度质量和绩效压力对我国基础设施 PPP 项目投资的影响。研究表明，制度质量对我国基础设施 PPP 项目的投资具有显著的正向影响，绩效压力对我国基础设施 PPP 项目的成效具有显著的正向影响，制度质量和绩效压力之间存在交互作用。

首先，制度质量能够显著提高基础设施 PPP 项目的投资，制度质量越好的地区，基础设施 PPP 项目的投资越好。各地的制度质量影响着私人资本投资的意愿，高水平的制度质量为地区基础设施 PPP 项目的开展提供了良好的发展环境，这能够降低私人资本合作的风险，为私人资本参与 PPP 项目提供有效的保障。因此，制度质量越高，基础设施 PPP 项目的发展环境越好，私人资本参与基础设施 PPP 项目投资的意愿越强，从而有利于促进基础设施 PPP 项目顺利开展，使项目取得最终的成功。

其次，政府官员的绩效压力会显著提升基础设施 PPP 项目的投资，绩效压力越大的地区，政绩类基础设施 PPP 项目的投资越大、成效越好。尽管官员出于绩效的考虑，会减少民生类基础设施 PPP 项目的投资，但是，总体来看，地区的基础设施 PPP 项目投资有所提升。

再次，从制度质量和绩效压力的交互作用来看，制度质量能够抑制绩效压力对政绩类基础设施 PPP 项目过度需求而产生的负面效应。官员受绩效压力的影响会过度投资见效快的经济性项目，以刺激经济在短期内得到快速增长，这不利于民生类基础设施项目的开展。而制度质量的完善则能够缓解绩效压力所带来的这一负面效应，对政府官员的行为进行有效约束，合理地引导官员进行投资。因此，制度质量和绩效压力的交互作用能够弱化绩效压力本身导致的负面效应，进而提升对基础设施 PPP 项目的合理投资。

最后，从控制变量来看，城镇化率会显著降低基础设施 PPP 项目的投资。城镇化率高的地区往往基础设施建设比较完善，而城镇化率低的地区基础设施建设水平往往比较落后，建设和完善基础设施的需求更大，因此基础设施 PPP 项目更容易取得成功。人均 GDP 会显著提高基础设施 PPP 项目的投资。人均 GDP 高的地区，经济发展水平也越高，地区基础设施建设的需求越大，更有利于促进 PPP 项目取得成功。

第四节　政策启示

作为基础设施 PPP 项目的重要参与者，政府的行为对基础设施 PPP 项目能否取得明显投资有着重要影响。通过上文的分析我们可以看出，制度质量对我国基础设施 PPP 项目的投资有着重要影响，良好的制度质量能够促进基础设施 PPP 项目取得成功，而绩效压力也会显著提升基础设施 PPP 项目的投资。由于制度质量和绩效压力之间存在交互作用，制度质量能够有效抑制绩效压力对政绩类基础设施 PPP 项目投资的过度需求。基于此，本研究提出如下政策建议。

第一，政府应当致力于推动地区的制度环境建设，优化制度安排。由于制度质量体现为政治、经济和法律三个方面，政府应当从这三个方面入手着力提升地区的制度质量。具体来看，政府应当完善政治制度安排。在目前官员考核体制已经较为成熟和稳定的情况下，政府应当努力深化改革，推动社会转型，可尝试从官员任期更替和外地任职等方式入手，优化官员考核制度。除此之外，政府需要推进地区的金融市场化水平，深化市场化改革，并通过政策支持等方式吸引外商投资，提高地区的对外开放程度。上级政府也应当进一步扩大地方政府的财政自主权，提高地方政府收入在支出中的比重，以利于地方政府开展竞争，将地方政府的注意力更多地转移到辖区居民的需求和利益上，进一步推动基础设施领域的建设。同时，地方政府要加强法律制度建设，通过完善产权保护制度等方式，建立起完善的法律法规体系，从而降低私人投资的风险，增强私人资本投资的意愿，为私人资本参与 PPP 项目提供强有力的法治保障。

第二，政府应当采取措施改变现有的绩效激励方式。绩效压力本身会对政绩类基础设施 PPP 项目过度需求而产生负面效应，政府官员在唯GDP 论的考核机制下会倾向于投资能在短期内取得收益的项目，而忽视民生类基础设施领域的建设。为了引导官员进行良性的绩效竞争，政府应当完善官员的绩效考核体系，将有利于民生的环保、教育、医疗等指标纳入考核体系当中，突出对地方经济发展质量和效益方面的评价，从而引导官员投资有利于公共服务的项目，促进基础设施领域的建设和发展。因此，各地政府应当对完善官员的考核机制予以重视，纠正以 GDP 为单一考核标准的激励机制，如此才能促使政府官员将注意力转移到民生领域，合理地发挥绩效压力的作用，为基础设施领域的建设提供更多的机会，从而促进基础设施 PPP 项目取得成功。

本研究的实证结果表明：制度质量对我国基础设施 PPP 项目的投资具有显著的正向影响，绩效压力对我国基础设施 PPP 项目的投资具有显著的正向影响，制度质量和绩效压力之间存在交互作用。首先，制度质量越好的地区，基础设施 PPP 项目的投资越好，而绩效压力越大的地区，政绩类基础设施 PPP 项目的投资越大。其次，制度质量和绩效压力之间存在交互作用，制度质量能够抑制绩效压力所导致的负面效应，进而产生提高基础设施 PPP 项目投资的积极影响。

第六章　中国 PPP 模式发展困境与发展趋势

第一节　中国 PPP 模式的发展困境

政府和民众对于 PPP 模式是否能健康良性地发展拭目以待。从我国 PPP 模式的发展历程来看，其在迅猛发展的同时，也出现了一系列的问题及隐患。例如，PPP 模式出现过热，地方政府推出项目数量以万计，投资总额以万亿计，但是落地率却不高，落地项目也多显现出之前被忽略的问题和弊端。为了规范 PPP 模式的监督体系，确保 PPP 模式的理性发展，政府已经有针对性地推进了立法。但是只有充分理解问题的本质，才是解决问题并保证 PPP 模式健康发展的基本前提。结合我国 PPP 模式发展的历程，以及前文政策主体网络演变分析的结果，本章进一步梳理和透析 PPP 模式政策面临的问题及成因。

一、政策导向不清导致 PPP 泛化和异化

PPP 模式在我国以 BOT 形式开始，通过特许经营的方式开展实践，但是由于政策导向的不清晰，使得很多地方政府把 PPP 模式看作是一个新生事物，当成地方财政融资手段，通过使用 PPP 这一模式来吸引社会资本分担政府财政负担。除此之外，国家层面对于 PPP 模式的大力优惠

政策，也使得 PPP 模式被看作是进行财政融资的"灵丹妙药"，社会资本的大量加入，进而出现了 PPP 模式这一政策工具的职能被扩大化、泛化甚至夸张化，伪 PPP 项目就是其直接导致的现实问题。PPP 模式的泛化和异化直接导致明股实债、固定回报以及政府回购等一系列问题。[1] 如果政府和投资者达成若干年后从投资者手中回购股权的协议，这就是明股实债；如果政府对投资者作出保底承诺，这也违背了 PPP 模式的初衷。因此，财政部于 2015 年发布《关于进一步做好政府和社会资本合作项目示范工作的通知》（财金〔2015〕57 号），严禁通过保底承诺、回购安排、明股实债等方式进行变相融资，将项目包装成 PPP 项目。笔者认为，还需要进一步健全相关法律法规，以减少借 PPP 模式之名行变相融资之实。一些地方政府为了自身职责和利益考量，把 PPP 模式的财政融资手段过于焦点化，而忽略了 PPP 模式的其他职能作用。PPP 模式作为公共产品和公共服务的一种政策工具，从国际经验上来看，其公共投资所占的比例也不高，最高不超过 15%（见表 6-1）。可以说，如何正确使用这一政策工具来提供公共产品和公共服务是保证 PPP 模式良性发展的重中之重。

表 6-1　部分国家 PPP 投资占公共投资的比例

国家	公共投资中 PPP 所占比例（%）
澳大利亚	10—15
英国	10—13
韩国	5—10
德国	3—5
西班牙	3—5

资料来源：世界银行和亚洲开发银行数据。

---

[1]　史川：《论 PPP 发展方向和趋势》，《经济师》2018 年第 5 期。

二、政策主体协同度低导致操作低效

目前，我国 PPP 项目已经涵盖多个公共领域，各级政府部门都不同程度地参与 PPP 项目的各个阶段，甚至有跨领域、跨区域的 PPP 项目，因此需要专门的机构和配套有效的工作机制，来对 PPP 项目的整个过程进行管理和监督。

在我国占主导地位的 PPP 政策主体是财政部和发展改革委，大多数 PPP 相关政策均由这两个部门牵头制定。但是这两个部门的协同度却不高，例如，两部门各自下发政策文件、各自建立数据库、各自的下属部门依据不同的政策文件进行 PPP 项目的操作和管理等，出现多部门主导或者上下级政府主导部门不同、部门之间政策不一致、部门之间协调成本加大的局面，这必然导致 PPP 项目的低效。2016 年，财政部和发展改革委分别发布了《关于在公共服务领域深入推进政府和社会资本合作工作的通知》（财金〔2016〕90 号）和《关于切实做好传统基础设施领域政府和社会资本合作有关工作的通知》（发改投资〔2016〕1744 号），这两份文件在基础设施和公共服务项目的论证与法律使用的规定上出现不一致，涉及能源、交通等七大领域，造成了 PPP 项目的实际操作困难。

目前，在中央政府层面还没有建立专门的 PPP 项目管理机构，因此，如何处理部门之间协同制定政策文本，使多部门及上下级部门之间共同操作 PPP 项目有法可依、有规可循，是 PPP 项目政策有效制定和执行的前提和保证。

三、重融资轻管理带来潜在隐患

2015 年，李克强总理在国务院常务会议上提出鼓励通过特许经营的方式在重点领域开展市场化融资。PPP 模式就被地方政府当成了解决财政负担、融资社会资本来保证地方经济稳增长的重要工具。然而 PPP 模式的初衷是通过引进私人部门在生产、管理及运营等方面先进有效的技术及技能，进而提高公共产品及公共服务的效率和质量。从政府角度来看，只考虑融资功能的 PPP 模式仅仅是延长了政府支付时间。

地方政府重融资轻管理带来最直接的后果就是：第一，通过政府回购、明股实债及保底承诺等方式，地方政府利用 PPP 模式吸引社会资本介入达到融资的目的，实际上在项目选择、效率提升、质量保证方面没有任何改善，即仅仅融资成功，而公共产品和公共服务的质量和效率没有任何提升。第二，长期来看，地方政府的财政负担以及债务风险并没有减低。短期内，通过 PPP 项目融资看似解决了地方政府的财政负担，但是如果长期没有通过提高质量和效率而取得一定的收益，那么地方政府的债务风险并没有得到任何减轻。因为政府对 PPP 项目的补贴以及没有提升的未来收益，仅仅是暂时推延了地方政府的财政负担，隐藏了其债务风险。第三，PPP 项目的特有属性要求地方政府具有较高的管理能力，然而地方政府如果仅注重 PPP 项目的融资功能，则会出现半途而废的现象，出现 PPP 项目"烂摊子"的现象。另一方面，在政府保底承诺的前提下，社会资本在运营等方面提高效率的动力大大降低，也不利于 PPP 项目的健康发展，给政府和社会资本没有带来任何方面的改善。

四、"国强民弱"导致政策实践困境

2017 年我国各个领域的 PPP 项目成交 3269 个，总投资额高达 4.7 万亿元。但是，在中标的社会资本中，国有企业中标项目数有 1800 多个，占总成交项目数的 55.8%，项目额达到了 3.6 万亿元，占总成交项目额的 77.1%。而民营企业也是 PPP 项目的重要参与方，其成交项目数及成交项目额为 1435 个和 1.1 万亿元，占比分别为 44.2% 和

22.9%。① 这种明显的"国强民弱"格局,引起了政府的高度重视。国务院和发展改革委分别出台了一系列的政策文件,鼓励社会资本参与 PPP 项目,参与到真正的实体经济建设中来,但是政策落实却遇到了"冷待遇"。究其原因,一方面是社会资本面临的困难:垄断行业市场开放度低造成社会资本进入困难,加上市场准入门槛过高也增加了社会资本进入 PPP 项目的难度。另一方面是政府自身职能及利益的衡量:相比于社会资本在信贷、风险以及财政可靠度方面的实力与水平,地方政府更加倾向于选择国有企业以确保自身的安全。由此便导致了以国有企业为 PPP 模式主力军的市场格局。

2017 年 11 月,国资委发布了《关于加强中央企业 PPP 业务风险管控的通知》(国资发财管〔2017〕192 号),从国有企业 PPP 项目风险的角度,提出了央企参与 PPP 项目的"六大要求"和"八项禁令",对央企参与 PPP 项目的规模和负债率进行了严格的双重规定;财政部发布了《关于规范政府和社会资本合作(PPP)综合信息平台项目库管理的通知》(财办金〔2017〕92 号),在明确新项目入库原则和负面清单的同时,还明确了已入库项目的清退清单,进一步保证新入库和已入库 PPP 项目的质量,并规定了当前及以后年度财政承受能力超过 10% 上限的部门不适宜继续使用 PPP 模式,这就抑制了纯政府付费的 PPP 项目的入库或者被清退。这两个文件被称为史上最为严格的 PPP 项目规范性文件,能有效抑制 PPP 项目盲目过热的乱象。

虽然规范性文件已经出台,但是由于 PPP 项目本身投资大、周期长、参与方多等固有特点,已经落实的 PPP 项目是否能依据 PPP 模式的初衷开展,以及新入库的 PPP 项目是否会改变"国强民弱"的市场格局,这在很大程度上依赖于政策实施及落实的具体程度。因此,地方政府以及社

---

① 北京明树数据科技有限公司:《2018 中国 PPP 发展展望》,《中国勘察设计》2018 年第 3 期。

会资本如何在已有的 PPP 规范性文件形成的制度框架下互动、博弈进而达到利益均衡，还需要很长的时间来见证格局的转变。

五、体制不健全提高交易成本

PPP 项目建立在契约的基础之上，因此，PPP 契约的长期性、政治经济环境的不确定性、合作关系的多样性等都使得 PPP 契约具有天生的不完全性，也因此无法避免在体制上存在一些缺陷，造成交易成本的提高。依据财政部的 PPP 项目操作流程，PPP 项目的运行包括项目识别、项目准备、项目采购、项目执行以及项目移交几个阶段。① 依次来看每个阶段存在的体制问题：

第一，项目识别阶段。地方政府在项目选择上拥有绝对话语权，有可能因为政绩上的短期需求而导致对公共需求的评估不科学，造成选择的项目并不一定是最优选择。

第二，项目准备阶段。PPP 项目的审批面临"条块分割""多头管理"的监管局面，财政部、财政部 PPP 中心、发展改革委、地方政府等多个部门对同一个 PPP 项目往往要进行多次审核。除此之外，PPP 项目风险分担合理公平分配的复杂性以及公共服务定价机制的不完善，也使得 PPP 项目的交易成本必然存在浪费的部分。

第三，项目采购阶段。招投标的竞争性以及透明性决定了在政府采购以及招投标过程中是否存在合谋以及腐败的现象发生，避免无生产力的资本转移产生的交易成本。

第四，项目执行阶段。PPP 项目的不完全契约特性、合同的长期性以及经济和社会环境的变化，都决定了在项目执行阶段会有多次的再谈判，以进一步完善 PPP 项目合同。但是，目前我国关于 PPP 项目再谈判的具体规则还不完善，再谈判机制的缺乏容易导致 PPP 项目的失败。

第五，项目移交阶段，该阶段包括移交准备、资产评估、资产交割和绩效评价等工作。但是，目前我国第三方监督机构的不足导致政府部门既是"运动员"又是"裁判员"，而评估的公平性将决定项目的整体效率。

因此，健全的机制有利于 PPP 项目所需的各项配套设施的完善，包括项目全周期的流程推进、减少交易成本、提高项目的整体效率等。

第二节　中国 PPP 模式的发展趋势

中国 PPP 模式经过 30 多年的发展，经历了 2014 年之后的 PPP 项目热潮，也经历了 2017 年之后的 PPP 市场降温。依据明树数据科技有限公司 2017 年的 PPP 项目数据，从入库 PPP 项目行业分布来看，交通运输和市政工程是项目数量和规模最大的两大行业，接下来依次为生态建设和环境保护、旅游、城镇综合开发、教育、水利建设、医疗卫生、保障性安居工程、文化、养老等；从项目数量的地区分布来看，西南与华东地区较多，其次为西北、华中和华北地区，而东北与华南地区较少；从项目流程来看，处于识别阶段的 PPP 项目数量占 50.67%，项目规模占 41.16%，而进入执行阶段项目数量和规模都偏少；从项目的运作方式来看，大多以 BOT 模式为主，其次为 BOO 模式；从回报机制来看，政府仍承担主要责任，政府付费类 PPP 项目数量最多，可行性缺口补助类 PPP 项目的总规模最大。[1] 特别是在 2019 年 3 月财政部出台了《关于推进政府和社会资本合作规范发展的实施意见》（财金〔2019〕10 号）之后，PPP 模式继续以前的规范式发展，退库项目数量上升，落地率下降，对 PPP 项目数量的增长从管理源头上

---

[1]　北京明树数据科技有限公司：《2018 中国 PPP 发展展望》，《中国勘察设计》2018年第 3 期。

进行了规范。由此可见，PPP 项目从过热走向了理性的回归，PPP 模式在我国的发展趋势主要有以下几个方面。

一、法治化趋势

自 2014 年国家大力推进 PPP 模式以来，PPP 模式一直是推动供给侧结构性改革的重要途径，PPP 项目增长速度不断加快，但是伴随而来的却是地方政府泛化或滥用 PPP 项目变相融资、地方政府债务隐性隐患等一系列问题。针对 PPP 项目增长速度过快、发展不规范、财政金融风险扩大等问题，2017 年以来党中央、国务院均开始强调要防控地方政府的隐性债务风险，对 PPP 项目的不规范行为进行纠正。2017 年，财政部和国资委分别颁布了《关于规范政府和社会资本合作（PPP）综合信息平台项目库管理的通知》（财办金〔2017〕92 号）（以下简称"92 号文"）和《关于加强中央企业 PPP 业务风险管控的通知》（国资发财管〔2017〕192 号）（以下简称"192 号文"）。92 号文的目的是进一步规范 PPP 项目的运作，推动 PPP 项目创新，促进 PPP 模式的可持续发展。而 192 号文的目的是应对央企在 PPP 项目风险、运营及管理方面的挑战。尽管两个文件都是加强 PPP 风控管控，但是 92 号文是从地方政府角度出发，来防控地方政府利用 PPP 项目变相融资，而 192 号文是从央企的监督出发，来防止央企在参与 PPP 项目的过程中风险过高。这两份文件被称为"史上最严的 PPP 规范性文件"，被认为是 PPP 模式热潮退去，PPP 项目由量到质、从重建设到重运营的转变标志，PPP 模式开始进入理性发展阶段。2017 年 7 月，国务院法制办就《基础设施和公共服务领域政府和社会资本合作条例（征求意见稿）》公开征求意见。意见稿明确，国家保障各种所有制形式的社会资本方依法平等参与政府和社会资本合作项目。

2019 年 3 月，财政部出台的《关于推进政府和社会资本合作规范发展的实施意见》（财金〔2019〕10 号）（以下简称"10 号文"）对 PPP 模式的进一步规范起到关键性作用。2019 年 5 月，国务院正式发布《政府投资条例》。2019 年 7 月，发展改革委发布《国家发展改革委关于依法依规加强 PPP 项目投资和建设管理的通知》（发改投资规〔2019〕1098 号）（以下简称"1098 号文"）。《政府投资条例》将政府投资行为纳入了法制轨道，成为对政府投资行为进行规范的"上位法"，2017 年 2 月施行的《企业投资项目核准和备案管理条例》则是规范企业投资行为的"上位法"。发展改革委的 1098 号文是对这两部"上位法"在 PPP 领域内的具体解释，为PPP 模式的规范化进一步提供了法律依据。①

但是，PPP 立法法规总体来说还需要进一步完善。依据目前已有的法规条例来看，在法治层面将会凸显出以下几个方面的问题。

（一）在央企管控方面

央企在 PPP 项目中参与的主导地位，以及目前出现的风险问题，使得对于国企的风险管控凸显出来。PPP 项目落地的先决条件是 PPP 项目的财政可承受能力评审通过。② 根据 2015 年财政部发布的《政府和社会资本合作项目财政承受能力论证指引》的规定，每一年度全部 PPP 项目需要从预算中安排的支出责任，占一般公共预算支出比例应当不超过 10%。这个 10% 红线会继续得到严控，进而以控制地方政府隐性债务风险，抑制违规变相融资行为。92 号文也进行了明确规定：进入采购阶段，但是地方政府当前以及以后年度财政承受能力超过 10% 上线的，不适宜继续采用 PPP 模式。10% 红线已经成为 PPP 项目合规检查和入库的重要前提条件，有利于约束政府购买服务行为的滥用和抑制地方政府违规举债的行为，因此，财政承受能力的 10% 红线将会继续得到严控。

除此之外，地方政府在稳增长压力下鼓励央企参与 PPP 项目投资，

---

① 周秘、王守清：《补短板、增后劲：中国 PPP 发展回顾与趋势展望》，《项目管理评论》2020 年第 1 期。

② 北京明树数据科技有限公司：《2018 中国 PPP 发展展望》，《中国勘察设计》2018年第 3 期。

出现了央企在 PPP 项目中过度投资、全方位投资和加杠杆投资等不合理的市场现象。针对这一问题，192 号文对央企参与 PPP 项目进行了总体上严格管控，要求央企谨慎对待 PPP 项目的采用，明确央企必须进行内部负债规模控制以及财务风险控制，避免出现债务风险，在预防央企加杠杆的同时，也为社会资本留出了更多的空间。可以看出，央企参与 PPP 项目将日趋走向规范，加强风险防控，为社会资本提供更多空间。

（二）在信息公开方面

PPP 项目信息公开是有效规范 PPP 项目运作、转变政府职能、实现信息对称管理、提高公众参与度管理的重要手段。[1]《关于在公共服务领域推广政府和社会资本合作模式指导意见的通知》规定 PPP 模式的基本原则是公开透明，操作是阳光化运作，通过依法充分披露 PPP 项目重要信息，保障公众知情权，对参与各方形成有效监督和约束。伴随 PPP 项目的加速落地，PPP 项目信息缺失或信息不对称所产生的政府监管、市场环境营造、公众知情权保障等问题随之而来。[2] 为推动 PPP 信息公开、促进 PPP 市场科学、规范和可持续发展，财政部建立了国家 PPP 综合信息平台。全国 PPP 综合信息平台（包含项目库、机构库、资料库三部分）是我国目前公开的基础平台，92 号文通过对 PPP 项目综合信息平台的规范管理，进一步提出要对 PPP 项目的合规性的要求。PPP 项目的合规性审查是对 PPP 项目信息和文件的全面审查，进一步规范 PPP 信息公开工作，达到全社会有效监督和约束 PPP 项目各参与方行为，并保障公众知情权以及参与感，促进 PPP 市场公平竞争、规范发展[3]。10 号文将"公开透明"进一步列为 4 项原则之内，要求 PPP 项目要实现全过程公开披露、

---

[1]　财政部 PPP 中心：《政府和社会资本合作（PPP）综合信息平台信息公开管理暂行办法解读》，《招标与投标》2017 年第 3 期。

[2]　财政部 PPP 中心：《政府和社会资本合作（PPP）综合信息平台信息公开管理暂行办法解读》，《招标与投标》2017 年第 3 期。

[3]　财政部 PPP 中心：《政府和社会资本合作（PPP）综合信息平台信息公开管理暂行办法解读》，《招标与投标》2017 年第 3 期。

统计汇总和分析检测。2019 年 11 月，发展改革委的全国 PPP 项目信息检测服务平台也正式上线，项目库包含但不限于涉密项目以外的全部 PPP 项目。

目前，尽管 PPP 项目信息公开对信息公开的内容、信息公开的方式、监督管理等方面给出了相关要求，但是，全国 PPP 综合信息平台关于 PPP 项目的信息公开存在更新不及时、项目信息不全等问题，这就要求针对 PPP 项目的实操落实，进一步全面公开 PPP 相关法律法规、政策文件、项目进展、专家库、项目流程全阶段等全方位信息。[①] 财政部和发展改革委这两个平台的数据也希望尽快能实现互通，让 PPP 项目实现全过程社会监督。除此之外，目前的政策趋势还有建议加强社会信用体系的建设，可把 PPP 项目各方的信用记录，纳入全国信用信息共享平台，以供后续各部门和各地区共享共用、互联互通。在提高 PPP 信息公开质量的同时，接受 PPP 信息公开的监督，推进 PPP 模式良性、可持续发展。

（三）在监管规范方面

经过 PPP 热潮之后，2017 年迎来了 PPP 项目的理性规范之年，也可以说是监管深化的一年。党中央、国务院为了整顿 PPP 市场的乱象，要求把 PPP 项目风险防控放在突出的重要位置上，指导 PPP 项目由量到质的转变，引领 PPP 模式理性、可持续发展。财政部强化地方政府债务管理，规范地方政府融资行为，详细规定政府购买服务负面清单，严禁利用 PPP 项目进行违规举债。财政部等多部门发布了《进一步规范地方政府举债融资行为的通知》（财预〔2017〕50 号），严禁地方政府变相举债，防止 PPP 项目被泛化和异化。92 号文也以规范项目库为手段，明确新项目入库的原则和负面清单，以及已入库项目的清退清单，保证 PPP 入库项目的质量，强化 PPP 项目的绩效管理与融资管理。192 号文从央企的角

---

　　① 北京明树数据科技有限公司：《2018 中国 PPP 发展展望》，《中国勘察设计》2018 年第 3 期。

度来进行风险管控，规范央企参与 PPP 项目的"六大要求"和"八大禁令"，致力于 PPP 项目资本金融资的合规性提升。10 号文也体现了严控风险、规范管理的政策主线，要求项目本身要规范化，不仅对隐性债务的边界（即存在回购资本金、固定回报或最低收益保障的，以及政府以担保、还款承诺等方式实际兜底项目风险的）进行了界定，还对 PPP 的范围和边界进行了规范化（即以"正、负面清单"的形式给出了 6 项条件、5 条红线和政府付费类项目的 3 项要求），对规范的项目要鼓励、推进，对不规范的项目要退库、问责。1098 号文进一步对决策程序和操作程序要求规范化，项目的决策要严格履行审批、核准、备案并通过可行性论证和审查，采购过程要确保公平竞争、不得排斥民间资本，监管要纳入在线平台、进行全过程动态监管。

目前，我国政策对于 PPP 项目的项目流程、项目合规性、项目融资渠道等方面进行了规范化，以抑制 PPP 项目的泛化及异化，降低地方政府的隐性债务风险，降低 PPP 项目在执行阶段的风险隐患，进而实现纠偏的目的，改变 PPP 市场的乱象，扭转"国强民弱"的格局。将来，还会根据 PPP 项目落地实操过程中出现的问题，进一步加强政策的指导、规范以及监管的作用，促进 PPP 项目理性、可持续的健康发展。

二、市场发展趋势

（一）"一带一路"国际 PPP 市场需求

我国 PPP 模式的推广，除了是推动供给侧结构性改革的重要途径以外，也是顺应"一带一路"倡议要求。我国在国际经济层面的参与度与重要性也为我国 PPP 模式的发展提供了经验，反之，在我国的 PPP 模式推广过程中，规范化的提升、国有企业改革的深入、"一带一路"对 PPP 模式偏好等，都对我国 PPP 模式的发展提出了进一步完善的要求。我国需要进一步改进和完善 PPP 工作机制，进而与"一带一路"沿线国家进行基础设施 PPP 项目的合作，通过政策支持来鼓励中国企业参与国际 PPP 项目。如何通过政策的指导来帮助中国企业走向国际 PPP 市场，是我国政府和企业共同面临的挑战。我们要在加强自身 PPP 体制建设的同时，重视国际交流合作，参与"一带一路"PPP 项目并通过学习国际经验完善我国 PPP 法律体系。

（二）PPP 项目由量到质转变

尽管我国 PPP 项目推广深入，PPP 项目出现过热，但是《基础设施和公共服务领域政府和社会资本合作条例（征求意见稿）》的发布，代表国家要把 PPP 纳入立法层面，增加社会资本投资 PPP 项目的信心。[①]PPP 市场将会出现整体收缩状态，后续的一系列约束性法规文件将抑制或禁止地方政府、社会资本以及金融机构等在以往常用的一些违规做法，各参与方需要依据新规来规范性地参与 PPP 项目。可以说，这必然会导致 PPP 项目落地速度降低，但是会提高 PPP 项目的质量。[②]

除此之外，很多地方政府接近财政承受能力 10% 红线，项目类型也要求从政府付费型向使用者付费型或者可行性缺口补助模式转变，由此可见，良好经济型的 PPP 项目偏少，以招商引资或政府补贴形式落地的 PPP 项目的收益太低。而且，社会资本及民营企业的实力也很难在短时间内达到 PPP 项目的要求，来填补央企退出的空缺。因此，PPP 市场将会在数量减少的同时质量慢慢提升，这是对政府和社会资本的一次挑战及改革。

（三）PPP 投资向社会资本的倾斜

我国一直在进行国有企业改革，2017 年发布的《中央企业公司制改制工作实施方案》，要求 69 家集团公司及 2600 多家下属企业应完成 8 万亿元的改革。这是顺应党中央、国务院战略部署的要求，而且也是有助于

---

① 徐松林：《研究 PPP 项目的融资困境与对策建议》，《首席财务官》2019 年第 20 期。
② 北京明树数据科技有限公司：《2018 中国 PPP 发展展望》，《中国勘察设计》2018年第 3 期。

推动央企市场化运营的重要举措。在为未来混合所有制改革奠定基础的同时，也有利于央企进行资产重组或者资本运作。规范化的市场运作是进入国际市场，顺应"一带一路"发展战略的前提条件。① 尽管央企一直在 PPP 市场中处于主导地位，地方市场也倾向于选择央企来进行 PPP 项目合作，但是为了避免 PPP 的泛化、异化和违规举债等问题，192 号文件针对性地对央企参与 PPP 项目进行了约束，进而来防控风险、控制隐性负债。"国强民弱"一直是我国 PPP 模式发展的市场格局，2017 年财政部的 92 号文对央企 PPP 业务实行了总量上的控制；2017 年国务院办公厅印发的《关于进一步激发民间有效投资活力促进经济持续健康发展的指导意见》（国办发〔2017〕79 号）鼓励民间资本参与 PPP 项目；2018 年《中共中央国务院关于防范化解地方政府隐性债务风险的意见》（中发〔2018〕27 号）和 2019 年《财政部办公厅关于梳理 PPP 项目增加地方政府隐性债务情况的通知》要求降低国企负债率，清理隐性债务的 PPP 项目，进而限制国企、鼓励民企参与 PPP 项目。由于民企参与 PPP 项目出现的问题，使得民企参与 PPP 项目不够积极，因此 2019 年的 10 号文和 1098 号文具体给出了对民企的激励措施，并鼓励优先支持民企参与 PPP 项目。2019 年印发的《国务院关于加强固定资产投资项目资本金管理的通知》（国发〔2019〕26 号）要求对于补短板的基础设施项目的最低项目资本金可下调不超过 5%，进而降低了民企参与 PPP 项目的门槛。

国务院、财政部和发展改革委通过规范条例来鼓励社会资本积极参与 PPP 项目，从政策层面为社会资本创造了良好的市场环境，尤其鼓励社会资本运用 PPP 项目盘活存量资产。民营企业需要依据自身的实力以及政策环境、市场环境的完善，来适时抓住参与 PPP 项目的机遇，填补央企收紧带来的空间，还需要各方配合来调动各类主体参与到 PPP 模式中来，

---

① 北京明树数据科技有限公司：《2018 中国 PPP 发展展望》，《中国勘察设计》2018 年第 3 期。

进而推进 PPP 健康发展。

三、结构理性趋势

（一）行业分布优化

尽管我国 PPP 模式已经覆盖了 19 个行业领域，但是市政工程类和交通运输类一直是 PPP 项目的主力军，占据领先地位，2017 年占总成交规模的 61%。国家收紧央企参与 PPP 项目必然会带来市政工程类项目占比减少。

一方面，目前我国重视环保生态法律法规政策的制定，随着这些政策的不断完善以及落实，国家对环保以及绿色经济的重视，势必会提升环保生态建设类项目的占比。"十三五"期间规划的全社会环保投资达到 17 万亿元，意味着环保类 PPP 项目将会给环境提升方面的供给侧改革提供巨大的空间。

另一方面，农林类 PPP 项目数量也会有所提升。2017 年，财政部在田园综合体建设领域提出积极探索并应用 PPP 模式，国家发展改革委在林业生态和农业领域推出了第一批试点名单。可见，在农林等行业 PPP 模式应用会有增加，在第一产业方面的供给侧改革的发展空间巨大。2017 年 12 月，发展改革委和水利部发布了《政府和社会资本合作建设中重大水利工程操作指南（试行）》（发改农经〔2017〕2119 号），水利工程建设运营优先考虑社会资本参与，意味着水利类 PPP 项目将会有所增加。同时可预见，PPP 模式将继续在我国供给侧结构性改革中发挥巨大作用。

（二）从重融资向重管理、重效率转变

PPP 项目一直被用作地方政府融资的工具，未来 PPP 将会逐渐转变成一种管理模式的创新。社会资本参与政府 PPP 项目建设和运营，将和地方政府构成公平对等的合作关系。PPP 模式改变传统融资模式，不再为政府举债融资，不再有政府提供偿债保证，转变成企业和项目信用担保、

独立盈亏的运营模式及市场化的融资模式。国家对 PPP 项目金融监管的加强，也意味着利用 PPP 项目来违规举债融资将会越来越困难。92 号文也在针对性地对不合规范的 PPP 项目进行清理的同时，加强对新入库项目的审查。除此之外，PPP 项目的绩效捆绑评价不仅能提高项目的质量，也会彻底改变 PPP 模式为滥用、为违规举债的局面。之前 PPP 项目尽管在融资层面短期解决了政府的财政负担，但是并没有在项目上提高收益，最终政府偿债，仅仅是延长了偿债的时间。

PPP 项目运营的绩效进一步决定了 PPP 项目的成效，因此 PPP 项目应该重视项目运营，进而提升项目的绩效。财政部在 2017 年发布的 92 号文要求政府支付不少于 30% 并且要与绩效挂钩，而 2019 年发布的 10 号文进一步建立了与项目产出绩效相挂钩的付费机制。2019 年 4 月发布的《政府和社会资本合作项目绩效管理操作指引（征求意见稿）》也要求明确 PPP 项目目标与绩效指标管理。如果加强绩效的管理，则意味着项目将会带来一定的收益，这才是 PPP 模式运用和推广的初衷，利用私有部门先进的管理和技术来提高项目绩效，进而使地方政府和私有资本均获收益，进一步提供 PPP 项目，提高公共产品和公共服务的质量。

（三）资产证券化创新

目前，我国 PPP 项目资产证券化前景开阔。2014 年国务院发布《关于创新重点领域投融资机制鼓励社会投资的指导意见》，2014 年证券投资基金业协会发布《资产证券化业务基础资产负面清单指引》，2015 年发展改革委等六部门发布《基础设施和公用事业特许经营管理办法》，上述这些政策文件明确 PPP 项目收费收益可以作为基础资产，为 PPP 领域开展资产证券化创新提供了政策依据。[1]2016 年底，国家发展改革委和证监会联合发文推进资产证券化在 PPP 领域的应用，并明确适用资产证券化

---

① 袁政、刘金栋、周惠亮、周立群：《PPP 项目资产证券化研究》，《环渤海经济瞭望》2017 年第 10 期。

的 PPP 项目条件。除此之外，2017 年 6 月，财政部、中央人民银行以及中国证监会联合发文再次明确 PPP 领域开展资产证券化活动的要求。PPP 项目资产证券化是以 PPP 项目未来所产生的现金流为基础资产，为社会资本提供多元化、规范化的市场化退出机制。

目前，随着 PPP 项目的陆续落地及执行，早期项目已经投入运营，为未来现金流作为基础资产提供了空间。我国目前有 9 个 PPP 资产证券化项目落地，在政策支持和实践上都为 PPP 项目资产证券化提供了有利的空间。随着央企收紧，PPP 项目资产证券化也将成为企业增加资金的重要途径之一。因此，PPP 项目资产证券化面临着巨大的提升空间。

参考文献

中文参考文献

1. 毕蕾：《公共事业特许经营 PPP 模式的契约治理研究》，《公共管理》2015 年第 6 期。

2. 财政部 PPP 中心：《政府和社会资本合作（PPP）综合信息平台信息公开管理暂行办法解读》，《招标与投标》2017 年第 3 期。

3. 蔡长昆：《制度环境、制度绩效与公共服务市场化：一个分析框架》，《管理世界》2016 年第 4 期。

4. 曹启龙等：《基于声誉效应的 PPP 项目动态激励契约模型》，《软科学》2016 年第 12 期。

5. 陈超美等：《CiteSpace Ⅱ：科学文献中新趋势与新动态的识别与可视化》，《情报学报》2009 年第 3 期。

6. 陈都：《中国高铁基础设施 PPP 项目模糊综合绩效评价研究——以京沪高铁项目为例》，《理论月刊》2017 年第 12 期。

7. 陈帆、王孟钧：《基于关系契约的 PPP 项目业主与承包商合作机制研究》，《项目管理技术》2010 年第 5 期。

8. 陈芳：《政策扩散、政策转移和政策趋同：基于概念、类型与发生机制的比较》，《厦门大学学报（哲学社会科学版）》2013 年第 6 期。

9. 陈芳：《政策扩散理论的演化》，《中国行政管理》2014 年第 6 期。

10. 陈硕、高琳：《央地关系：财政分权度量及作用机制再评估》，《管理世界》2012 年第 6 期。

11. 陈自立：《智慧城市政策创新扩散过程中推动力因素分析及其启示》，《天水行政学院学报》2015 年第 6 期。

12. 程言美:《基于 DEA 法的水环境 PPP 项目绩效评价与支付设计》,《财会月刊》2016 年第 18 期。

13. 仇娟东等:《"一带一路"沿线国家 PPP 项目发起政府级别如何影响社会资本的投资额:"差序信任"还是"贴近市场"?》,《财政研究》2020 年第 1 期。

14. 戴魁早:《地方官员激励、制度环境与要素市场扭曲——基于中国省级面板数据的实证研究》,《经济理论与经济管理》2016 年第 8 期。

15. 董再平:《中国 PPP 模式的内涵、实践和问题分析》,《理论月刊》2017 年第 2 期。

16. 杜亚灵、尹贻林:《基于治理的代建项目管理绩效改善研究》,《北京理工大学学报(社会科学版)》2010 年第 6 期。

17. 杜亚灵等:《基于扎根理论的 PPP 项目履约绩效影响因素》,《中国科技论坛》2017 年第 4 期。

18. 傅春燕、贺昌政:《工程建设项目中业主为主导的委托代理研究》,《经济体制改革》2009 年第 6 期。

19. 郜建人、李世蓉:《市场化条件下城市基础设施项目的建设管理体制创新》,《建筑经济》2004 年第 6 期。

20. 管斌、赵晶:《PPP 项目的法律制度建设研究》,《社会科学动态》2018 年第 6 期。

21. 郭巍青、涂锋:《重新建构政策过程:基于政策网络的视角》,《中山大学学报(社会科学版)》2009 年第 3 期。

22. 郭雪萌、王卓君:《中国 PPP 项目落地难现象探究——基于地方政府管理效能视角》,《财会月刊》2019 年第 10 期。

23. 韩洪云、李寒凝:《契约经济学:起源、演进及其本土化发展》,《浙江大学学报(人文社会科学版)》2018 年第 2 期。

24. 侯少杰、龙威:《制度质量、多边金融机构的参与对 PPP 项目成效的影响》,《财经纵横》2019 年第 14 期。

25. 霍伟东、陈若愚:《制度质量、多边金融机构支持与 PPP 项目成效——来自非洲 PPP 项目数据的经验证据》,《经济与管理研究》2018 年第 3 期。

26. 贾康、孙洁:《公私伙伴关系(PPP)的概念、起源、特征与功能》,《财政研究》2009 年第 10 期。

27. 姜影、王茜:《政策扩散视角下我国 PPPs 政策创新的扩散》,《科技管理研究》2020 年第 1 期。

28. 姜影、周泉：《制度质量与晋升压力：我国基础设施 PPP 项目投资的影响因素分析》，《行政论坛》2021 年第 3 期。

29. 姜影：《我国公私合作关系（PPP）研究热点与前沿趋势——基于国内文献的知识图谱可视化分析》，《项目管理技术》2012 年第 4 期。

30. 兰宜生：《对外开放度与地区经济增长的实证分析》，《统计研究》2002 年第 2 期。

31. 李健：《公益创投政策扩散的制度逻辑与行动策略：基于我国地方政府政策文本的分析》，《南京社会科学》2017 年第 2 期。

32. 李靖等：《我国地方政府治理能力评估及其优化——基于吉林省的实证研究》，《吉林大学社会科学学报》2020 年第 4 期。

33. 李瑞昌：《关系、结构与利益表达——政策制定和治理过程中的网络范式》，《复旦学报（社会科学版)》2004 年第 6 期。

34. 李瑞昌：《政策网络：经验事实还是理论创新》，《中共浙江省委党校学报》2004 年第 1 期。

35. 李维安：《公司治理学》，高等教育出版社 2005 年版。

36. 李显冬、李彬彬：《试论我国 PPP 法律系统规范的构建》，《财政科学》2016 年第 1 期。

37. 李晓东：《基于 AHP 法的公共项目 PPP 模式选择》，《企业经济》2010 年第 11 期。

38. 李晓光等：《关系治理对 PPP 项目控制权影响的实证研究》，《北京理工大学学报（社会科学版)》2018 年第 3 期。

39. 李新春、陈灿：《家庭企业的关系治理：一个探索性研究》，《中山大学学报（社会科学版)》2006 年第 6 期。

40. 李新春：《转型时期的混合式契约制度与多重交易成本》，《学术研究》2000 年第 4 期。

41. 李学乐等：《PPP 项目落地水平的影响因素研究——基于区域发展成熟度与政府信誉的对比分析》，《金融与经济》2017 第 9 期。

42. 李增福等：《中国民营企业社会责任背离之谜》，《管理世界》2016 年第 9 期。

43. 连红军：《中小企业参与 PPP 模式与技术创新关系的实证研究》，《改革与战略》2011 年第 5 期。

44. 刘赤、张瑶：《基于 DPSIR 模型的垃圾焚烧发电 PPP 项目绩效评价》，《绥化学院学报》2017 年第 9 期。

45. 刘凤朝、徐茜：《中国科技政策主体合作网络演化研究》，《科学学研究》2012

年第 2 期。

46. 刘家明等:《项目管理承包:PMC 理论与实践》,人民邮电出版社 2005 年版。

47. 刘军:《社会网络分析导论》,社会科学文献出版社 2004 年版。

48. 刘军:《整体网分析》,上海人民出版社 2014 年版。

49. 刘穷志、芦越:《制度质量、经济环境与 PPP 项目的效率——以中国的水务基础设施 PPP 项目为例》,《经济与管理》2016 年第 6 期。

50. 刘薇:《PPP 模式理论阐释及其现实例证》,《改革》2015 年第 1 期。

51. 刘伟:《国际公共政策的扩散机制与路径研究》,《世界经济与政治》2012 年第 4 期。

52. 刘新平、王守清:《试论 PPP 项目的风险分配原则和框架》,《建筑经济》2006 年第 2 期。

53. 娄黎星:《信任对项目管理绩效影响研究:合同柔性的中介作用》,《工程管理学报》2015 年第 5 期。

54. 楼海军:《国际 EPC 工程风险分担原则研究》,《混凝土与水泥制品》2010 年第 4 期。

55. 罗春晖:《基础设施民间投资项目中的风险分担研究》,《现代管理科学》2001 年第 2 期。

56. 罗家德:《社会网分析讲义》,社会科学文献出版社 2010 年版。

57. 罗煜等:《制度质量和国际金融机构如何影响 PPP 项目的成效——基于"一带一路"46 国经验数据的研究》,《金融研究》2017 年第 4 期。

58. 马东生、陈国荣:《从公司治理系统分析公司治理结构与公私治理机制的关系》,《当地经济管理》2005 年第 3 期。

59. 马连福等:《混合所有制的优序选择:市场的逻辑》,《中国工业经济》2015 年第 7 期。

60. 米运生等:《不完全契约自我履约机制研究综述》,《商业研究》2015 年第 11 期。

61. 慕继丰:《信任在知识型企业网络组织中的作用》,《预测》2003 年第 1 期。

62. 潘雅茹、罗良文:《财政分权视角下基础设施投资与中国经济的包容性增长》,《学习与探索》2019 年第 1 期。

63. 亓霞等:《基于案例的中国 PPP 项目的主要风险因素分析》,《中国软科学》2009 年第 5 期。

64. 祁怀锦等:《政府治理、国有企业混合所有制改革与资本配置效率》,《改革》2019 年第 7 期。

65. 邱皓政、林碧芳:《结构方程模型的原理与应用》,中国轻工业出版社 2012 年版。

66. 任勇:《政策网络:流派、类型与价值》,《行政论坛》2007 年第 2 期。

67. 沈言言、刘小川:《促进社会资本 PPP 投资的政府担保政策研究——基于中低收入国家 PPP 项目的证据》,《财政研究》2019 年第 5 期。

68. 石凯、胡伟:《政策网络理论:政策过程的新范式》,《国外社会科学》2006 年第 3 期。

69. 石莎莎、杨明亮:《城市基础设施 PPP 项目内部契约治理的柔性激励机制探析》,《中南大学学报(社会科学版)》2011 年第 6 期。

70. 石莎莎:《城市基础设施 PPP 项目内部契约治理的柔性激励机制探析》,《中南大学学报(社会科学版)》2011 年第 6 期。

71. 史川:《论 PPP 发展方向和趋势》,《经济师》2018 年第 5 期。

72. 史富文:《保障性住房 PPP 项目绩效评价指标体系研究》,《财政科学》2018 年第 6 期。

73. 宋文月、任保平:《政府治理对产业结构变迁的影响及区域差异》,《中国软科学》2020 年第 7 期。

74. 孙慧等:《基于 SEM 方法的 PPP 项目绩效影响因素分析》,《天津大学学报(社会科学版)》2012 年第 6 期。

75. 孙学工等:《我国 PPP 模式发展的现状、问题与对策》,《宏观经济管理》2015 年第 2 期。

76. 孙玉国、山珊:《契约治理对 PPP 项目管理绩效的影响研究》,《财经理论研究》2019 年第 5 期。

77. 佟庆远、高建:《PPP 模式影响公共事业财务绩效的实证研究》,《技术经济》2018 年第 5 期。

78. 汪贤裕、颜锦江:《委托代理关系中的激励和监督》,《中国管理科学》2000 年第 3 期。

79. 王超等:《基于 CSF 和 KPI 的 PPP 项目绩效评价指标研究》,《项目管理技术》2014 年第 8 期。

80. 王飞等:《政府治理机制、法制水平与银行信贷质量——基于我国银行业的研究》,《浙江金融》2017 年第 1 期。

81. 王锋正等:《制度环境、开放式创新与资源型企业转型》,《科技进步与对策》2020 年第 5 期。

82. 王华、尹贻林:《基于委托—代理的工程项目治理结构及其优化》,《中国软科学》2004 年第 11 期。

83. 王俊豪、金暄暄:《PPP 模式下政府和民营企业的契约关系及其治理——以中国城市基础设施 PPP 为例》,《经济与管理研究》2016 年第 3 期。

84. 王立国、王昱睿:《私人资本参与"一带一路"沿线基础设施项目的影响因素分析——基于沿线 41 个发展中国家的实证分析》,《投资研究》2019 年第 10 期。

85. 王浦劬、赖先进:《中国公共政策扩散的模式与机制分析》,《北京大学学报(哲学社会科学版)》2013 年第 6 期。

86. 王清晓:《契约治理与关系治理耦合的供应链知识协同机理研究》,《中国商论》2015 年第 16 期。

87. 王贤彬等:《地方官员更替与经济增长》,《经济学》2009 年第 3 期。

88. 王晓州:《建设项目委托代理关系的经济学分析及激励与约束机制设计》,《中国软科学》2004 年第 6 期。

89. 王秀芹等:《公私伙伴关系 PPP 模式成功的关键因素分析》,《国际经济合作》2007 年第 12 期。

90. 王盈盈等:《中国 PPP 项目中政治风险的变化和趋势》,《建筑经济》2008 年第 12 期。

91. 王玉梅、严丹良:《基于平衡计分卡的 PPP 项目绩效评价体系研究》,《会计之友》2014 年第 2 期。

92. 王卓君等:《地区市场化进程会促进地方政府选用 PPP 模式融资吗?——基于基础设施领域的实证研究》,《财政研究》2017 年第 10 期。

93. 温来成、宋樊君:《我国 PPP 法律制度建设现状,问题及对策建议》,《财政监督》2017 年第 4 期。

94. 吴迪、简迎辉:《组织间信任与风险分担对 PPP 项目绩效影响的实证研究》,《经济研究导刊》2018 年第 2 期。

95. 吴明隆:《结构方程模型——AMOS 的操作与应用》,重庆大学出版社 2014 年版。

96. 吴贤国等:《基于 SEM 的 PPP 项目绩效关键影响因素分析》,《工程管理学报》2017 年第 5 期。

97. 伍迪、王守清:《PPP 模式在中国的研究发展与趋势》,《工程管理学报》2014 年第 6 期。

98. 向鹏成等:《基于 SEM 的 PPP 项目监管绩效影响因素分析》,《建筑经济》

2017 年第 4 期。

99.向鹏成等:《信息不对称理论及其在工程项目管理中的应用》,《重庆建筑大学学报》2006 年第 1 期。

100.谢孟军:《基于制度质量视角的我国出口贸易区位选择影响因素研究——扩展引力模型的面板数据实证检验》,《国际贸易问题》2013 年第 6 期。

101.徐松林:《研究 PPP 项目的融资困境与对策建议》,《首席财务官》2019 年第 20 期。

102.徐玉德、李化龙:《我国 PPP 发展制约因素解析与路径优化》,《中国行政管理》2020 年第 1 期。

103.许劲、任玉珑:《项目关系质量、项目绩效及其影响关系实证研究》,《预测》2010 年第 1 期。

104.许凌飞:《中国公共政策扩散动力机制研究》,《中国公共政策评论》2015 年第 9 期。

105.薛卫等:《关系资本、组织学习与研发联盟绩效关系的实证研究》,《中国工业经济》2010 年第 4 期。

106.薛有志等:《制度质量:回顾、评述与展望》,《现代管理科学》2014 年第 8 期。

107.严玲、尹贻林:《公共项目治理》,天津大学出版社 2006 年版。

108.严玲、赵黎明:《论项目治理理论体系的构建》,《上海经济研究》2005 年第 11 期。

109.严玲、赵黎明:《政府投资项目多层级委托代理链的分析》,《财经问题研究》2005 年第 12 期。

110.杨超、唐莹:《PPP 项目投资决策的优化研究综述》,《企业家天地》2011 年第 4 期。

111.杨德才:《新制度经济学》,中国人民大学出版社 2015 年版。

112.杨丽花、王喆:《私人资本参与 PPP 项目的影响因素分析——基于亚投行背景下的经验分析》,《亚太经济》2018 年第 1 期。

113.杨其静:《合同与企业理论前沿综述》,《经济研究》2002 年第 1 期。

114.杨瑞龙、聂辉华:《不完全契约理论:一个综述》,《经济研究》2006 年第 2 期。

115.杨中宣、杨洋洋:《基础设施 PPP 项目绩效评价研究综述》,《科技创新与应用》2017 年第 19 期。

116.姚海琳等:《1987—2015 年中国城市矿产政策的文献量化研究》,《资源科学》2017 年第 6 期。

117. 叶晓、徐春梅：《我国公共项目公私合作(PPP)模式研究述评》，《中国软科学》2013年第6期。

118. 叶晓甦等：《PPP项目控制权本质探讨》，《科技进步与对策》2011年第13期。

119. 尹贻林、杜亚灵：《基于治理的公共项目管理绩效改善》，科学出版社2010年版。

120. 尹贻林、王垚：《合同柔性与项目管理绩效改善实证研究：信任的影响》，《管理评论》2015年第9期。

121. 余文恭：《政府与社会资本合作（PPP）模式政策及法律文件汇编》，中国建筑工业出版社2015年版。

122. 俞可平主编：《治理与善治》，社会科学文献出版社2000年版。

123. 袁竞峰等：《基础设施建设PPP项目关键绩效指标识别研究》，《重庆大学学报(社会科学版)》2012年第3期。

124. 袁竞峰等：《PPP模式立法规制及其在我国的应用研究》，《建筑经济》2007年第3期。

125. 袁政等：《PPP项目资产证券化研究》，《环渤海经济瞭望》2017年第10期。

126. 云虹、胡明珠：《供应链中的关系治理模式比较研究》，《物流技术》2004年第11期。

127. 訾哲：《地区腐败与公司透明度的关系研究——基于省际面板数据的分析》，《时代金融》2017年第18期。

128. 张剑等：《中国公共政策扩散的文献量化研究：以科技成果转化政策为例》，《中国软科学》2016年第2期。

129. 张水波、高颖：《国际BOT项目合同框架分析以及风险防范》，《国际经济合作》2010年第1期。

130. 张水波、何伯森：《工程项目合同双方风险分担问题的探讨》，《天津大学学报(社会科学版)》2003年第3期。

131. 张水波、郑晓丹：《经济发展和PPP制度对发展中国家基础设施PPP项目的影响》，《中国软科学》2015年第7期。

132. 张维迎：《博弈论与信息经济学》，上海三联书店1996年版。

133. 张维迎：《所有制、治理结构及委托—代理关系——兼评崔之元和周其仁的一些观点》，《经济研究》1996年第9期。

134. 张五常：《经济解释》，商务印书馆2000年版。

135. 张旭等：《山东省县域PPP项目投资规模影响因素探究》，《东方论坛》2019

年第 3 期。

136. 张羽等:《不完全契约视角下的 PPP 效率影响因素分析》,《理论月刊》2012 年第 12 期。

137. 张云宁等:《信任水平、互惠性偏好与 PPP 项目绩效协同关系研究》,《资源开发与市场》2018 年第 8 期。

138. 张喆等:《不完全契约及关系契约视角下的 PPP 最优控制权配置探讨》,《外国经济与管理》2007 年第 8 期。

139. 郑子龙:《政府治理与 PPP 项目投资:来自发展中国家面板数据的经验分析》,《世界经济研究》2017 年第 5 期。

140. 钟云等:《PPP 项目利益相关者关系演化动力的实证研究》,《工程管理学报》2015 年第 3 期。

141. 周秘、王守清:《补短板、增后劲:中国 PPP 发展回顾与趋势展望》,《项目管理评论》2020 年第 1 期。

142. 周阳:《我国城市水务业 PPP 模式中的政府规制研究》,《中国行政管理》2010 年第 3 期。

143. 周正祥等:《新常态下 PPP 模式应用存在的问题及对策》,《中国软科学》2015 年第 9 期。

144. 朱德米:《公共政策扩散、政策转移与政策网络:整合性分析框架的构建》,《国外社会科学》2007 年第 5 期。

145. 朱桂龙、程强:《我国产学研成果转化政策主体合作网络演化研究》,《科学学与科学技术管理》2014 年第 7 期。

146. 朱守鹏:《PPP 模式在我国的发展历程、运用困境及对策研究》,《工程经济》2016 年第 3 期。

147. 朱旭峰、赵慧:《政府间关系视角下的社会政策扩散:以城市低保制度为例 (1993—1999)》,《中国社会科学》2016 年第 8 期。

148. 朱亚鹏:《政策创新与政策扩散研究述评》,《武汉大学学报(哲学社会科学版)》2010 年第 4 期。

149. [德] 斯蒂芬·沃依格特:《制度经济学》,史世伟等译,中国社会科学出版社 2016 年版。

150. [韩] 河连燮:《制度分析:理论与争议》,李秀峰、柴宝勇译,中国人民大学出版社 2014 年版第 2 版。

151. [美] 奥利弗·E. 威廉姆森:《市场与层级制——分析与反托拉斯含义》,蔡晓月等译，上海财经大学出版社 2011 年版，第 25—27 页。

152.[美] 奥利弗·E.威廉姆森：《资本主义经济制度》，段毅才等译，商务出版社 2002 年版。

153.[美] 道格拉斯·诺斯著：《经济史上的结构和变革》，厉以平译，商务出版社 1992 年版。

154.[英] 达霖·格里姆赛等：《PPP 革命：公共服务中的政府和社会资本合作》，济邦咨询公司译，中国人民大学出版社 2016 年版。

英文参考文献

1.Abednego M P, Ogunlana S O, Good project governance for proper risk allocation in public–private partnerships in Indonesia, International Journal of Project Management, Vol.24, No.7 (2006), pp.622-634.

2.Akerlof George A., The Market for "Lemons": Quality Uncertainty and the Market Mechanism, Quarterly Journal of Economics, Vol.84, No.3 (1970), pp.488-500.

3.Alchian Armen and Demsetz Harold, Production, Information Costs and Economic Organization, American Economic Review, Vol.62, No.50 (1972), pp.777-795.

4.Anderlini L., Felli L & Postlewaite A., Should Courts Always Enforce What Contracting Parties Write?, Review of Law & Economics, Vol.7, No.1 (2006), pp.14-28.

5.Anderson, J. C., & Narus, J. A., A model of distributor firm and manufacturer firm working partnerships, Journal of marketing, Vo.54, No.1 (1990), pp.42-58.

6.Antia K. D. & Frazier A G L, The Severity of Contract Enforcement in Interfirm Channel Relationships, Journal of Marketing, Vol.65, No.4 (2001), pp.67-81.

7.Arrow K. J. & Debreu G., Existence of an Equilibrium for a Competitive Economy, Econometrica: Journal of the Econometric Society, Vol.22, No.3 (1954), pp.265-290.

8.Arrow K. J., Uncertainty and the Welfare Economics of Medical Care: Reply, American Economic Review, No. 55 (1965), pp.154-158.

9.Arrow Kenneth J., "Collected papers of Kenneth J". Arrow, volume 4: the economics of information. Cambridge, Massachusetts: Belknap Press, 1984.

10.Arrow Kenneth J., "The Economics of Agency", Principles and Agents: The Structure of Business, in Pratt and Zeckhauser(eds.), Boston: Harvard Business School Press, 1985, pp.37-51.

11.Asian Development Bank. Public- Partnership Handbook, 2008.

12.Atkinson, M.M& Coleman, W.D, Policy Networks, Policy Communities and the Problems of Governance , Governance, Vol.5, No.2 (1992), pp.172-175.

13.Baker G., Gibbons R. & Murphy K. J., Relational Contracts and the Theory of the Firm, Quarterly Journal of Economics, Vol.117, No.1 (2002), pp.39-84.

14.Barry R. Weingast, "Rational-Choice Institutionalism" in Political Science: The State of the Discipline, Ira Katznelson & Helen V Milner(eds), New York: W W. Norton & Co, 2002, pp.660-692.

15.Bensaou, M., & Venkatraman, N., Configurations of interorganizational relationships: A comparison between US and Japanese automakers, Management science, Vol.41, No.9 (1995), pp.1471-1492.

16.Bercovitz J, Jap S D, Nickerson J A., The antecedents and performance implications of cooperative exchange norms, Organization Science, Vol.17, No.6 (2006), pp.724-74.

17.Bernheim D, Hinston M D., Exclusive Dealing, Journal of Political Economy, Vol.106, No.1 (1998), pp.64-103.

18.Berry, F. S, Sizing up state policy innovation research, Policy Studies Journal, Vol.22, No.3 (1994), pp.442-456.

19.Berry, F. S., & Berry, W. D, State lottery adoptions as policy innovations: an event history analysis, American Political Science Review, Vol.84, No.2 (1990), pp.395-415.

20.Bhattacharyay, Biswa Nath, Infrastructure Development for ASEAN Economic Integration, ADBI Working Paper, Vol.138 (2009), pp.1-20.

21.Bing L., Akintoye A., Edwards P J., et al., The allocation of risk in PPP/PFI construction projects in the UK, International Journal of Project Management, Vol.23, No.1 (2005), pp.25-35.

22.Black C, Akintoye A, Fitzgerald E., An analysis of success factors and benefits of partnering in construction, International Journal of Project Management, Vol.18, No.6 (2000), pp.423-434.

23.Boehmke F J, Witmer R., Disentangling diffusion: the effects of social learning and economic competition on state policy innovation and expansion, Political Research Quarterly, Vol.57, No.1 (2004), pp.39-51.

24.Borzel, Tanja, Organizing Babylon　—On the Different Conceptions of Policy Networks, 1998, pp.254-264.

25.Braun, D., Taking Galtons Problem Seriously: Towards a Theory of Policy

Diffusion, Journal of Theoretical Politics, Vol.18, No.3 (2006), pp.298-322.

26.Bromiley, Cummings. "Transaction Cost in Organizations with Trust", Research on Negotiation in Organization, Vol.5 (1995), pp.219-247.

27.Brousseau Eric & Glachant Jean-Michel, The Economics of Contracts: Theories and Applications, Cambridge University Press, 2002.

28.Brown L A , Cox K R , Empirical Regularities in the Diffusion of Innovation, Annals of the American Association of Geographers, Vol.61, No.3 (1971), pp.551-559.

29.Bstieler L , Hemmert M, Developing trust in vertical product development partnerships: A comparison of South Korea and Austria, Journal of World Business, Vol.43, No.1 (2008), pp.35-46.

30.Chen P. & Partington D., An Interpretive Comparison of Chinese and Western Conceptions of Relationships in Construction Project Management, Vol.22, No.5 (2004), pp.397-406.

31.Chen, L., & Manley, K , Validation of an instrument to measure governance and performance on collaborative infrastructure projects, Journal of construction Engineering and Management, Vol.140, No.5 (2014), pp.355-377.

32.Claro D P, Hagelaar G., Omta O., The determinants of relational governance and performance: How to manage business relationships?, Industrial Marketing Management, Vol.32, No.8 (2003), pp.703-716.

33.Claro, Danny Pimentel, Hagelaar, Geoffrey and Omta, Onno., The determinants of relational governance and performance: how to manage business relationship?, Industrial Marketing Management, Vol.32 (2003), pp.703-716.

34.Coase R. H., The Problem of Social Cost, Journal of Law and Economics, Vol.3 (1960), pp.1-44.

35.Coase Ronald H., The Nature of the Firm, Economica, Vol.16, No.4 (1937), pp.386-405.

36.Corts K. S. & Singh J., The Effect of Repeated Interaction on Contract Choice: Evidence from Offshore Drilling, Journal of Law, Economics & Organization, Vol.20, No.1(2004), pp.230-260.

37.Crocker K J, Masten S E, Pretia ex Machina? Prices and Process in Long-Term Contracts, The Journal of Law and Economics, Vol.34, No.1 (1991), pp.69-99.

38.Crocker, Keith J & Masten, Scott E., Regulation and Administered Contracts

Revisited: Lessons from Transaction-Cost Economics for Public Utility Regulation, Journal of Regulatory Economics, Vol.9, No.1 (1996), pp.5-39.

39.Cruz C O, Marques R C., Flexible contracts to cope with uncertainty in public–private partnerships, International journal of project management, Vol.31, No.3 (2013), pp.473-483.

40.Dahlgren J. & Soderlund J., Managing Inter-firm Projects on Pacing and Matching Hierarchies, International Business Review, No.10 (2001), pp.305-322.

41.David Marsh, RAW Rhodes, Policy Networks in British Government. Oxford: Clarendon Press, 1992.

42.De Schepper S., Haezendonck E., Dooms M., Understanding pre-contractual transaction costs for Public–Private Partnership infrastructure projects, International Journal of Project Management, Vol.33, No.4 (2015), pp.932-46.

43.Delmon J., Mobilizing private finance with IBRD/IDA guarantees to bridge the infrastructure funding gap, World Bank Document, 2007.

44.Dev Sharma, Merlin Stone & Yuksel Ekinci, IT Governance and Project Management: A Qualitative Study, Journal of Database Marketing & Customer Strategy Management, No.16 (2009), pp.29-50.

45.Di Vincenzo F, Mascia D. Social capital in project-based organizations: Its role, structure, and impact on project performance, International Journal of Project Management, Vol.30, No.1 (2012), pp.5-14.

46.Dobbin F , Simmons B , Garrett G , The Global Diffusion of Public Policies: Social Construction, Coercion, Competition, or Learning? Annual Review of Sociology, Vol.33, No.1 (2007), pp.449-472.

47.Doloi H., Relational partnerships: the importance of communication, trust and confidence and joint risk management in achieving project success, Construction Management and Economics, Vol.27, No.11 (2009), pp.1099-1109.

48.Doney P. M, Cannon J. P., An examination of the nature of trust in buyer-seller elationships, Journal of Marketing, Vol.61 (1997), pp.35-51.

49.Douglass C. North, A Transaction Cost Theory of Politics, Journal of Theoretical Politics, Vol. 2, No.4 (1990), pp.355-367.

50.Dye R., Costly Contract Contingencies, International Economic Review, Vol.26 (1985), pp.233-250.

51.Dyer, J. H., & Singh, H., The relational view: Cooperative strategy and sources of interorganizational competitive advantage, Academy of management review, Vol.23, No.4 (1998), pp.660-679.

52.Edgeworth F. Y., Mathematical Phychics: An Essay on the Application of Mathematics to the Moral Science, London: Kegan Paul, 1881.

53.Emirbayer, Mustafa and Jeff Goodwin, Network analysis, culture, and problem of agency, America Journal of Sociology 99, 1994, pp.1411-1454.

54.European Commission, Guidelines for Successful Public-Private Partnerships, 2003.

55.Farrell L. M., Principal-agency Risk in Project Finance, International Journal of Project Management, Vol.21, No.8 (2003), pp.547-561.

56.Ferguson R. J., Paulin M., Mcslein K, Müller C., Relational Governance, Communication and the Performance of Biotechnology Partnerships, Journal of Small Business and Enterprise Development, Vol.3 (2005), pp.395-408.

57.Florical S., Lampel J., Innovative Contractual Structures for Inter-organizational Systems, International Journal of Technology Management, Vol.16, No.1 (1998), pp.193-206.

58.Frankel R., Whipple J. S. & Frayer D. J., Formal Versus Informal Contracts: Achieving Aliiance Success, International Journal of Physical Distribution & Logistics Management, Vol.26, No.3 (1996), pp.47-63.

59.G Müller, Vercouter L , Boissier O., Towards a General Definition Of Trust and its Application to Openness in MAS., in Falcone R., Barber K., Korba L., & M. Singh(eds), Proceeding of the AAMAS-2003 Workshop on Deception, Fraud and Trust, 2003, pp.

60.Galilea P, Medda F., Does the political and economic context influence the success of a transport project? An analysis of transport public-private partnerships, Research in Transportation Economics, Vol.30, No.1 (2010), pp.102-109.

61.Garrett Hardin, The Tragedy of the Commons, Science, Vol.162 (1968), pp.1243-1248.

62.Gencturk E. F., Aulakh P. S., Norms-and control-based governance of international manufacture-distributor relational exchanges, Journal of International marketing, Vol.15, No.1 (2007), pp.92-126.

63.Genus, A., Managing large-scale technology and inter-organizational relations: the case of the Channel Tunnel, Research Policy, Vol.26, No.2 (1997), pp.169-189.

64.Ghoshal S., Moran P., Bad for Practice: A Critique of the Transaction Cost Theory, Academy of Management Review, Vol.21 (1996), pp.13-47.

65.Graham E R , Shipan C R , Volden C , The Diffusion of Policy Diffusion Research in Political Science, British Journal of Political Science, Vol.43, No.3 (2013), pp.673-710.

66.Granovetter, M., Economic action and social structure: The problem of embeddedness, American journal of sociology, Vol.91, No.3 (1985), pp.481-510.

67.Gross, E., Some Functional Concequences of Primary Controls in Formal Work Organizations, American Sociological Review, Vol.18 (1953), pp.368-373.

68.Grossman S. & Hart O., Implicit Contracts under Asymmetric Information, Quarterly Journal of Economics, Vol.98 (1983), pp.123-156.

69.Grossman Sanford & Hart Oliver, The Cost s and Benefits of Ownership: A Theory of Vertical and Lateral Integration, Journal of Political Economy, Vol.94 (1986), pp.691-719.

70.Gulati R., Familiarity Breeds Trust? The Implication of Repeated Ties on Contractual Choice in Alliances, Academy of Management Journal, Vol.1 (1995), pp.85-112.

71.Harris A, Giunipero L C, Hult G T M., Impact of organizational and contract flexibility on outsourcing contracts, Industrial Marketing Management, Vol.27, No.5 (1998), pp.373-384.

72.Hart O. D., Incomplete Contracts and the Theory of the Firm, Journal of Law, Economics & Organization, Vol.4, No.1 (1988), pp.119-139.

73.Hart Oliver & Moore John, Property Rights and Nature of the Firm, Journal of Political Economy, Vol.98, No.6 (1990), pp.1119-1158.

74.Hart Oliver, Optimal labor contracts under asymmetric information: an introduction, Review of Economic Studies, Vol.50 (1983), pp.3–35.

75.Heide, J. B., & John, G., Alliances in industrial purchasing: The determinants of joint action in buyer-supplier relationships, Journal of marketing Research, Vol.27, No.1 (1990), pp.24-36.

76.Heide, J. B., & Miner, A. S., The shadow of the future: Effects of anticipated interaction and frequency of contact on buyer-seller cooperation, Academy of Management Journal, Vol.35, No.2 (1992), pp.265-291.

77.Heinze, T. Mechanism-based thinking on policy diffusion. a review of current approaches in political science [R] . Kfg Working Papers, 2011.

78.Holmstrom B., Moral hazard and observability, Bell Journal of Economics, Vol.10,

No.1 (1979), pp.74–91.

79.James G. March & Johan P. Olsen, The New Institutionalism: Organizational Factors in Political Life, The American Political Science Review, Vol. 78, No.3 (1984), pp.734-749.

80.Jefferies M., Critical success factors of public private sector partnerships a case study of the Sydney Super Dome, Engineering, Construction and Architectural Management, Vol.13, No.5 (2006), pp.451-462.

81.JENSEN M C, MECKLING W H., Theory of the firm: Managerial behavior, agency costs and ownership structure, Journal of financial economics, Vol.3, No.4 (1976), pp.305-360.

82.Jensen Michael & Meckling William, Theory of the Firm: Managerial Behavior, Agency Costs and Ownership Structure, Journal of Financial Economics, Vol.3, No.4 (1976), pp.305-360.

83.Jensen Michael & Meckling William, Theory of the Firm: Managerial Behavior, Agency Costs and Ownership Structure, Journal of Financial Economics, Vol.3, No.4 (1976), pp.305-360.

84.John R. Allan, Public-Private Partnerships: A Review of Literature and Practice, Saskatchewan Institute of Public Policy Public Policy Paper No.4, 1999.

85.Jonas Pontusson, From Comparative Public Policy to Political Economy: Putting Political Institutions in Their Place and Taking Interests Seriously, Comparrative Political Studies, Vol.28, No.1 (1995), pp.117-147.

86.Joskow P. L., Contract Duration and Relationship-specific Investment: Empirical Evidence from Coal Markets, American Economic Review, Vol.77, No.1 (1987), pp.168-185.

87.Keith Lambert, Project Governance, World Project Management Week, No.3 (2003):pp.8-9.

88.Kenneth A. Shepsle, "Institutional Equilibrium and Equilibrium Institutions", in Political Science: The Science of Politics, Herbert F Weisberg(ed), New York: Agathon, 1986, pp.51-81.

89.Klein, B., Contracts and incentives: The role of contract terms in assuring performance, in Werin, L., Wijkander, H. (eds.), Contract Economics, Cambridge:MA: Blackwell, pp. 149–172.

90.Klein B., Craford R. G. & Alchian A., Vertical Integration, Appropriable Rents, and the Competitive Contracting Process, Journal of Law and Economics, Vol.21, No.2 (1978), pp.297-326.

91.Klein B., The Role of Incomplete Contracts in Self-enforcing Relationships, Review Deconomie Industrille, Vol. 92, No.1 (2000), pp.67-80.

92.Klein B., Why Hold-ups Occur: The Self-enforcing Range of Contractural Relationships, Economic Inquiry, Vol.34, No.3 (1996), pp.444-463.

93.Klein, B., Craford R. G. & Alchian A., Vertical Integration, Appropriable Rents, and the Competitive Contracting Process, Journal of Law and Economics, Vol.21, No.2 (1978), pp.297-326.

94.Klein, S., Frazier, G. L., & Roth, V. J., A transaction cost analysis model of channel integration in international markets, Journal of Marketing, 1990, pp.196-208.

95.KLEINBERG J., Bursty and hierarchical structure in streams, Data Mining and Knowledge Discovery, Vol. 7, No. 4 (2003), pp.373-397.

96.Knight F. H., Risk, Uncertainty, and Profit, Boston: Houghton Mifflin Company, 1921.

97.Koch C. & Buser M., Emerging Metagovernance as an Institutional Framework for Public Private Partnership Networks in Denmark, Vol.24, No.7 (2006), pp.548-556.

98.Kreps D. M. & Wilson R., Reputation and Imperfect Information, Journal of Economic Theory, Vol. 27, No. 2 (1982), pp.253-279.

99.Larson E., Project partnering: results of study of 280 construction projects, Journal of Management in Engineering, Vol.2 (1995), pp.30-35.

100.Lau E, Rowlinson S., Interpersonal trust and inter-firm trust in construction projects, Construction Management and Economics, Vol.27, No.6 (2009), pp.539-554.

101.Leichter H M., The Patterns and Origins of Policy Diffusion: The Case of the Commonwealth, Comparative Politics, Vol.15, No.2 (1983), pp.223-233.

102.Levin, J. and Tadelis, S., Contracting for government services: Theory and evidence from U.S. cities, Journal of Industrial Economics, Vol.58, No.3 (2010), pp.508–541.

103.Lewick R. J. & Bucker B. B., Developing and Maintaining Trust in Work Relationships, in Trust in Organizations: Frontiers of Theory and Research, Kramer R. M. & Tyler T. R., Sage Publications Inc., 1996, pp. 114-139.

104.Li B, Akintoye A, Edwards P J, Hardcastle C., Critical success factors for PPP/PFI projects in the UK construction industry, Construction Management and Economics, Vol.23

(2005), pp.459-471.

105.Li B., Akintoye A., Edwards P. J., Hardcastle C., The allocation of risk in PPP/PFI construction projects in the UK, International Journal of Project Management, Vol.23, No.1 (2005), pp.25-35.

106.Li Y., Xie E., Teo H. H., et al., Formal control and social control in domestic and international buyer-supplier relationships, Journal of Operations Management, Vol.28, No.4 (2010), pp.333-344.

107.Li, B., Akintoye, A., Edwards, P. J., & Hardcastle, C., Critical success factors for PPP/PFI projects in the UK construction industry, Construction management and economics, Vol.23, No.5 (2005), pp.459-471.

108.Li, J. S., Relation based versus rule based governance: An explanation of the East Asian miracle and Asian crisis, Review of international economics, Vol.11, No.4 (2003), pp.651-673.

109.Lucas, A, Public policy diffusion research: integrating analytic paradigms, Science Communication, Vol.4, No.3 (1983), pp.379-408.

110.Luo, Y., Contract, cooperation, and performance in international joint ventures, Strategic Management Journal, Vol.1 (2002), pp.169-181.

111.Lusch, R. F., & Brown, J. R., Interdependency, contracting, and relational behavior in marketing channels, Journal of marketing, Vol.60, No.4 (1996), pp.19-38.

112.Lynne G. Zucker, Walter W. Powell & Paul J. DiMaggio, "The Role of Institutionalization in Cultural Persistence", in The New Institutionalism in Organizatinal Analysis, Chicago: University of Chicago Press, 1991, pp.83-107.

113.Macaulay S., Non-contractual Relations in Business: A Preliminary Study, American Sociological Review, Vol.28, No.1 (1963), pp.55-67.

114.Macneil I. R., The New Social Contract: An Inquiry into Modern Contractual Relations, New Haven: Princeton University Press, 1980.

115.Macniel I. R., Relational contracts theory: challenges and queries, Northwestern University Law Review, Vol.3 (2000), pp.877-907.

116.Marin&Mayntz., Policy Networks, Empirical Evidence and Theoretical Considerations, Campus Verlag: Westview Press, 1991, pp.41-42.

117.Marsh, David, Sharman, J.C, Policy diffusion and policy transfer, Policy Studies, Vol.30, No.3 (2009), pp.269-288.

118.Meng X., The effect of relationship management on project performance in construction, International Journal of Project Management, Vol.30, No.2 (2012), pp.188-198.

119.Mintrom M, Policy Entrepreneurs and the Diffusion of Innovation, American journal of political science, Vol.41, No.3 (1997), pp.738-770.

120.Mirrlees James A., "Notes on welfare economics, information, and uncertainty", Essays on economic behavior under uncertainty, 1974, pp.243-261.

121.Mirrlees James A., The optimal structure of incentives and authority within an organization, Bell Journal of Economics, Vol.7, No.1 1976, pp.105–31.

122.Morris Fiorina, Rational Choice and the New Institutionalism, Polity, Vol.36, No.1 (1995), pp.107-115.

123.Moszoro M. W., Araya G, Ruiz-Nunez F & Schwartz J., Institutional and Political Determinants of Private Participation in Infrastructure, International Transport Forum Discussion Paper, No.2014-15, Organisation for Economic Cooperation and Development (OECD), International Transport Forum, Paris.

124.Newmark, A. J, An integrated approach to policy transer and diffusion, Review of Policy Research, Vol.19, No.2 (2010), pp.151-178.

125.Ng, S. T., Rose, T. M., Mak, M., & Chen, S. E., Problematic issues associated with project partnering—the contractor perspective, International Journal of Project Management, Vol.20, No.6 (2002), pp.437-449.

126.Nunan, F, Policy Network Transformation: The Implementation of the EC Directive on Packaging and Packaging Waste, Public Administration, Vol.77, No.3 (1999), pp.623.

127.Ostrom, V., & Ostrom, E. , Public goods and public choices. Paper presented at the Polycentricity and local public economies. Readings from the workshop in political theory and policy analysis, 1999.

128.Panayides, M Photis, Lam, JS Lee, Parola, Francesco., The Effect of Institutional Factors on Public-Private Partnership Success in Ports, Transportation Research Part A, Vol.71 (2015), pp.110-127.

129.Peter A. Hall, "The Movement from Keynesianism to Monetarism Institutional Analysis and British Economic Policy in the 1970s", in Structuring Politics Historical Institutionalism in Comparative Analysis, Sven Steinmo, Kathleen Thelen & Frank Longstreth (eds), New York: Cambridge University Press, 1992, pp.91-113.

130.Peter A. Hall, Governing the Economy: The Politics of State Intervention in Britain and France, New York: Oxford University Press, 1986.

131.Peter L. Berger & Thomas Luckmann, The Social Constructuin of Reality: A Treatise in the Sociology of Knowledge, New York: Anchor Books, 1966.

132.Peterson, P. E., & Rom, M. C. Welfare magnets: a case for a national welfare standard[M] . Brookings Institution Press, 1990.

133.Pinto J. K., Slevin D. P, English B., Trust in projects: an empirical assessment of owner/contractor relationships, International Journal of Project Management, Vol.27, No.6 (2009), pp.638-648.

134.Pistor, K., Raiser, M., & Gelfer, S., Law and finance in transition economies, Economics of transition, Vol.8, No.2 (2000), pp.325-368.

135.Poppo L., Zenger T, Do formal contracts and relational governance function as substitutes or complements?, Strategic Management Journal, Vol.23, No.8 (2002), pp.707-725.

136.Predergast C., The Provision of Incentives in Firms, Journal of Economic Literature, Vol.37, No.37 (1999), pp.7-63.

137.Pryke S. D., Towards a Social Network Theory of Project Governance, Construction Management and Economics, Vol.23, No.9 (2005), pp.927-939.

138.Ring P. S., Van De Ven A. H. Developmental processes of Cooperative Inter-organizational Relationships, Academy of Management Review, Vol.19 (1994), pp.90-118.

139.Ring P. S., Van De Ven A. H., Structuring Cooperative Relationships Between Organizations, Strategic Management Journal, Vol.13 (1992), pp.483-498.

140.Rogers, E. M. Diffusion of innovations [M] . Simon and Schuster, New York, 2010.

141.Ross Stephen A., The Economic Theory of Agency: The Principal's Problem, American Economic Review, Vol.63, No.2 (1973), pp.134-139.

142.Rotter, J. B., Interpersonal trust, trustworthiness, and gullibility, American psychologist, Vol.35, No.1 (1980), pp.1-7.

143.Ryall M. D. & Sampson R. C., Formal Contracts in the Presence of Relational Enforcement Mechanisms: Evidence from Technology Development Projects, Management Scinece, Vol.55, No.6 (2009), pp.906-925.

144.Sappington D. E. M., Incentives in Principal-Agent Relationships, Journal of

Economic Perspectives, Vol.5, No.2 (1991), pp.45-66.

145.Schneider A L , Punishment Policy in the American States from 1890 to 2008: Convergence, Divergence, Synchronous Change, and Feed-Forward Effects, Policy Studies Journal, Vol.40, No.2 (2012), pp.193-210.

146.Schwartz A., Relational Contracts in the Courts: An Analysis of Incomplete Agreement and Judicial Strategies, The Journal of Legal Studies, Vol.21, No.2 (1992), p.48.

147.Shavell S., Damage Measures for Breach of Contract, Bell Journal of Economics, Vol.11 (1980), pp.466-490.

148.Shipan C R., Volden C., Policy Diffusion: Seven Lessons for Scholars and Practitioners, Vol.72, No.6 (1969), pp. 880-899.

149.Smyth H., Edkins A., Relationship management in the management of PFI/PPP projects in the UK, International Journal of Project Management, Vol.25, No.93 (2007), pp.232-240.

150.Spence A. M. & Zeckhauser R., Insurance, information, and individual action, American Economic Review, Vol.61, No.2 (1971), pp.380–87.

151.Stephan Heichel, Jessica Pape, Thomas Sommerer, Is there convergence in convergence research? an overview of empirical studies on policy convergence, Journal of European Public Policy, Vol.12, No.5 (2005), pp.817-840.

152.Stiglitz J. E., Incentives and Risk Sharing in Sharecropping, Review of Economic Studies, Vol.41, No.2 (1974), pp.219-255.

153.Sue E. S. Crawford & Elior Ostrom, A Grammar of Institutions, American Political Science Review, Vol.89, No.3 (1995), pp.582-599.

154.Susarla A., Contractual flexibility, rent seeking, and renegotiation design: An empirical analysis of information technology outsourcing contracts, Management Science, Vol.58, No.7 (2012), pp.1388-1407.

155.Sward A. R. S., Lunnan R., Trust and control in fixed duration alliances, International Journal of Strategic Business Alliances, Vol.2, No.1 (2011), pp.41-68.

156.Telser L. G., A Theory fo Self-enforcing Agreement, Journal of Business, Vol.53, No.1 (1980), pp.27-44.

157.Tews K., The Diffusion of Environmental Policy Innovations: Cornerstones of an Analytical Framework, European Environment, Vol.15, No.2 (2005), pp.63-79.

158.Thompson W K, The Impact of Federal Incentives on State Policy Innovation,

American Journal of Political Science, Vol.24, No.4 (1980), pp.715-729.

159.Tirole J., Incomplete Contracts: Where Do We Stand? Econometrica, Vol.67, No4 (1999), pp.741-781.

160.Turner J R, Müller R., On the nature of the project as a temporary organization, International journal of project management, Vol.21, No.1 (2003), pp.1-8.

161.Turner J. R. & Keegan A., The Versatile Project-based Organization: Governance and Opertional Control, European Management Journal, Vol.17, No.3 (1999), pp.296-309.

162.Turner J. R., Müller R., On the nature of the project as a temporary organization, International Journal of Project Management, Vol.21, No.1 (2003), pp.1-8.

163.United Nations Institute for Training and Research, PPPs-For Sustainable Development, 2000.

164.Uzzi B., Social Structure and Competition in Inerfirm Networks: The Paradox of Embeddedness, Adminsitrative Science Quarterly, Vol.42, No.2 (1997), pp.35-67.

165.Walker, Jack L., The Diffusion of Innovations among the American States, American Political Science Review, Vol.63, No.3 (1969), pp.880-899.

166.Walter W. Powell & Paul J. DiMaggio(eds), Expanding the Scope of Instituional Analysis, in The New Institutionalism in Organizatinal Analysis, Chicago: University of Chicago Press, 1991, pp.83-203.

167.Walter W. Powell & Paul J. DiMaggio, The New Institutionalism in Organizatinal Analysis, Chicago: University of Chicago Press, 1991.

168.Wang E. T. G., Chen J. H. F., The influence of governance equilibrium on ERP project success, Decision Support Systems, Vol.41 (2006), pp.708-727.

169.Wang W., Hawwash K. & Perry J., Contract Type Selector(CTS): A KBS for Training Young Engineeres, Intenational Journal of Project Management, Vol.14, No.2 (1996), pp.95-102.

170.Wejnert B , Integrating Models of Diffusion of Innovations: A Conceptual Framework, Annual Review of Sociology, Vol.28, No.1 (2014), pp.101-111.

171.Wellman, B., and Berkowitz, S.D., 1988, (eds.) , "Social Structures: A Network Approach" , Cambridge, England: Cambridge University Press.

172.Williamson O.E., Transaction-cost Economics: The Governance of Contractual Relations, Journal of Law and Economics, Vol.22, No.2 (1979), pp.233-261.

173.Williamson Oliver E., The Economic Institute of Capitalism, New York: Free

Press, 1985.

174.Williamson O. E., The Mechanisms of Governance, OUP Catalogue, Vol.44, No.1 (1999), pp.799-802.

175.Williamson, O. E., The theory of the firm as governance structure: from choice to contract, Journal of economic perspectives, Vol.16, No.3 (2002), pp.171-195.

176.Winch G. M., Governing the Project Process: A Conceptual Framework, Construction Management and Economics, No.19 (2003), pp.799-808.

177.Winch G., The Construction Firm and the Construction Project: A Transaction Cost Approach, Construction Management Economics, No.74, pp.331-345.

178.World Bank. 2006. Public-Private Partnership Units: Lessons for Their Design and Use in Infrastructure. Washington, DC: World Bank.

179.Yehoue E .B., Hammami M., Ruhashyankiko J. F., Determinants of Public-Private Partnerships in Infrastructure, Social Science Electronic Publishing, Vol.06, No.99 (2011), pp.1-37.

180.Yli-Renko, H., Sapienza, H. J., & Hay, M., The role of contractual governance flexibility in realizing the outcomes of key customer relationships, Journal of Business Venturing, Vol.16, No.6 (2001), pp.529-555.

181.Zaheer A., McEvily B. & Perrone V., Does Trust Matter? Exploring the Eff ects of Interorganizational and Interpersonal Trust on Performance, Organization Science, Vol.9, No.2 (1998), pp.141–159.

182.Zaheer, A., & Venkatraman, N., Relational governnace as an inter-organizational strategy: An empirical test of the role of trust in economic exchange, Strategic Management Journal, Vol.16 (1995), pp.373-392.

183.Zhang X. Q., Critical success factors for public-private partnerships in infrastructure development, Journal of Construction Engineering and Management, Vol.131, No.1 (2005), pp.3-14.

184.Zheng J., Roehrich K., Lewis M. A., The dynamics of contractual and relational governance: Evidence from long-term public-private procurement arrangements, Journal of Purchasing & Supply Management, Vol.14 (2008), pp.43-54.

185.Zou, W., Kumaraswamy, M., Chung, J., & Wong, J., Identifying the critical success factors for relationship management in PPP projects, International Journal of Project Management, Vol.32, No.2 (2014), pp.265-274.

附 件

基础设施 PPP 项目治理情况调查问卷

尊敬的先生 / 女士：

您好！非常感谢您参与此次问卷调查。

本问卷的目的在于通过调查我国基础设施 PPP 项目治理绩效情况，探究契约治理和关系治理对基础设施 PPP 项目治理绩效的影响。请您根据自己的工作实践与专业知识，给出您认为最能反映现状的选择。我们承诺问卷中的所有问题仅作学术研究使用，不涉及工作机密与个人隐私，绝不透露任何个人信息。

衷心感谢您的配合！

大连理工大学公共管理系

基础设施 PPP 项目治理课题组

2018 年 10 月

联系电话：18018951012

Email：jiangying@dlut.edu.cn

通讯地址：辽宁省大连市甘井子区凌工路 2 号文科楼 406 室

邮编：116023

答卷说明

请您基于近期参与的或参与过的某个 PPP 项目的基本情况，答卷人需要根据真实情况选择正确的选项，并在该选项前打"√"或填写具体答案。请您认真填答，谢谢您的配合！

第一部分：答卷人基本信息调查

序号	问题	请选择或填写具体答案
1	您所在单位性质	□政府部门 □国有企业 □私营企业 □事业单位 □科研单位 □其他 _____
2	您的工作岗位	□单位领导 □部门领导 □项目经理 □一般管理 / 技术人员 □项目顾问 □其他 _____
3	您的年龄范围	□≤ 30 岁 □ 30-40 岁 □ 40-50 岁 □≥ 50 岁
4	您的受教育情况	□博士 □硕士 □本科 □专科及以下
5	您从事 PPP 项目工作年限	□ 3 年以下 □ 3-5 年 □ 6-10 年 □ 10 年以上
6	您从事该 PPP 项目的领域	□能源动力项目（石油、煤炭、天然气、电力等） □交通运输项目（铁路、公路、航空、水运、桥梁、隧道、港口等） □供水排水项目（水资源保护、自来水厂、供水管网、排水和污水处理） □环保环卫项目（园林绿化、垃圾收集与处理、污染治理等） □建筑工程项目（居住、教育、卫生、市政等） □其他 _____
7	该 PPP 项目运作模式	□外包类（□管理外包 □服务外包 □委托运营 □设计 - 建造 - 运营 DBO） □特许经营类（□转让 - 运营 - 移交 TOT □改建 - 运营 - 移交 ROT □建造 - 运营 - 移交 BOT □建造 - 租赁 - 运营 - 移交 BLOT □建造 - 拥有 - 运营 - 移交 BOOT □建造 - 租赁 - 移交 BLT □建造 - 移交 - 运营 BTO □设计 - 建造 - 融资 - 运营 DBFO） □私有化（□建造 - 拥有 - 运营 BOO □购买 - 更新 - 运营 PUO □股权转让）
8	该 PPP 项目的合同期	□ 10 年以下 □ 10-20 年 □ 20-30 年 □ 30 年以上
9	您所在单位在该 PPP 项目中的角色（单选）	□政府方 □合作企业方 □项目公司 □承包方 □咨询方 □其他 _____

第二部分：基础设施 PPP 项目治理情况调查

序号	问题	选项				
		非常同意	同意	基本同意	不同意	完全不同意
契约治理（CG）		**5**	**4**	**3**	**2**	**1**
1	合同包含详细的专用条款（项目特征、奖励、违约处理办法等）					
2	合同条款是完全详尽的					
3	合同对各方责权利的规定是明确的					
4	合同规定了未来可能出现的争议因素时，双方的具体应对措施					
5	合同条款包含了可以变更、补救的再谈判过程					
6	合同制定了灵活可行的价格调整机制					
7	合同制定了具有弹性的控制权让渡激励机制					
8	合同对各方都具有很强的法律约束力					
9	合同各方都会自觉履约					

序号	问题	5	4	3	2	1
关系治理（RG）		**5**	**4**	**3**	**2**	**1**
10	各方彼此信赖，可以履行诺言					
11	各参与方能够有效地完成任务					
12	合作方的行为与我方的预期基本是一致的					
13	项目的所有信息是对各参与方公开的					
14	各参与方间的信息沟通是及时、准确、全面的					

序号	问题	5	4	3	2	1
信任（T）		5	4	3	2	1
15	各合作方共同制定大部分的项目计划					
16	各参与方都愿意接受项目计划					
17	项目计划充分考虑了合作方的利益					
18	项目计划充分考虑了项目现场和环境情况					
19	各参与方能积极、持续地执行项目计划					
20	各参与方愿意共同执行应急计划					

| 21 | 相关参与方对项目出现的问题没有推卸责任 | | | | | |
| 22 | 各参与方能够相互提供支持 | | | | | |

正式制度环境（FI）		5	4	3	2	1
23	相关政策、法律、法规、条例等制度是稳定连续的					
24	项目投资、管理、监管等制度是完善的					
25	相关政策、法律、法规、条例等制度的法律效力强					
26	制度实施过程中存在寻租、监管不到位等现象					
27	制度实施过程中存在竞争不充分等现象					
28	制度过程中存在陪标、明招暗定等现象					

项目治理绩效（GP）		5	4	3	2	1
29	项目建设中政府与私人部间的合作关系是平等的					
30	项目建设中能在合理时机内做出正确的决策					
31	项目建设中能在合理时限内做出重要决策					
32	项目建设中持续存在着合理、有效的监督					
33	项目完成后，各参与方对项目交付结果感到满意					
34	项目完成后，各参与方都实现了各自的目标					

若您对本研究有其他建议，请在下面横线处提出：

_____

问卷到此结束，麻烦您再认真检查一遍是否有遗漏的问题未答！

再次感谢您对我们工作的支持，敬祝万事顺意！

若您需要本调研的结果，请您留下您的联系方式，以便我们及时向您反映。

通信地址：_____

邮　　编：_____

联系电话：_____

电子邮箱：_____

责任编辑：池　溢
封面设计：胡欣欣
版式设计：吴　桐
责任校对：王春然

图书在版编目（CIP）数据

中国基础设施 PPP 项目"契约—关系"二元治理机制研究 / 姜影 著 . —
　北京：人民出版社，2022.7
ISBN 978－7－01－023968－2

I. ①中…　II. ①姜…　III. ①政府投资－合作－社会资本－应用－
　基础设施项目－研究－中国　IV. ① F299.249

中国版本图书馆 CIP 数据核字（2021）第 232464 号

中国基础设施 **PPP** 项目"契约—关系"二元治理机制研究
ZHONGGUO JICHU SHESHI PPP XIANGMU QIYUE-GUANXI
ERYUAN ZHILI JIZHI YANJIU

姜　影　著

人民出版社 出版发行
（100706　北京市东城区隆福寺街 99 号）

北京九州迅驰传媒文化有限公司印刷　新华书店经销

2022 年 7 月第 1 版　2022 年 7 月北京第 1 次印刷
开本：710 毫米 ×1000 毫米 1/16　印张：13.75
字数：200 千字

ISBN 978－7－01－023968－2　定价：46.00 元

邮购地址 100706　北京市东城区隆福寺街 99 号
人民东方图书销售中心　电话（010）65250042　65289539